교양의 아카이브

영어어원
백과사전

길벗
이지:톡

역사, 지리, 문화, 신화, 잡학 등
영어 어원은 교양의 아카이브!

세계에는 도대체
얼마나 많은 언어가 있을까?

partner
서로 나누는 사람 ➡ 배우자

part
나눈 것 ➡ 일부

세계 언어에 관한 백과사전이라고 할 수 있는 《에스놀로그 Ethnologue》에 따르면, 사라진 사어(死語)를 포함해 전 세계에는 무려 7,200개에 가까운 언어가 있다고 한다. 그리고 역사 언어학과 비교 언어학 연구를 통해 이 언어들은 공통의 조상에서 분화된 것으로 여겨지는 그룹인 '어족(語族)'으로 분류할 수 있다는 것이 밝혀졌다.

주요 어족으로는 인도유럽어족(Indo-European languages)을 비롯해 셈어족, 우랄어족, 오스트로네시아어족, 알타이어족 등이 있다. 이 중에서 인도유럽어족의 공동 조상이라고 여겨지는 가설상의 언어를 '인도유럽조어(Proto-Indo-European language)'라고 부른다.

인도유럽조어의 발상지는 흑해의 북방으로 알려져 있으며, 현재의 우크라이나 남부에 존재했던 '쿠르간 문화(Kurgan culture)' 시대에 이 언어가 생겨났다는 설이 가장 유력하다. 다만, 문자가 없었던 시대이므로 확실히 증명하기는 어렵다.

인도유럽어족은 오른쪽 [그림 1]과 같이 다시 11개의 어파로 나뉘어져 있다(발트어파와 슬라브어파를 하나로 묶어서 10개의 어파로 보기도 한다).

영어는 독일어, 네덜란드어와 같은 계통의 '서게르만어군'의 언어이다.

이에 반해 프랑스어, 스페인어, 이탈리아어, 포르투갈어 등은 '라틴어군'에 속한다.

이처럼 속한 어군은 다르더라도 영어에는 '라틴어군'에서 유래한 단어가 많이 있다.

영어에는 왜 라틴어에서 유래한 단어가 많을까?

그 대답은 영어의 역사에서 찾을 수 있다.

4세기부터 6세기까지 약 200년 동안 유럽에서는 이른바 '게르만족의 대이동'이 있었다. 450년경에 앵글족,

partner
그 장소에서 떨어지다 ➡ 출발하다

색슨족, 유트족(이들을 총칭하여 '앵글로색슨족'이라고 함)이 브리튼 섬에 침입하여 기원전부터 살던 켈트족을 북부와 아일랜드로 몰아내고 그 땅을 지배한다.

'잉글랜드(England)'라는 지명은 「앵글족(Angle)이 사는 땅(land)」이라는 뜻이며, English(영어)는 앵글족이 사용하는 언어에서 유래했다.

앵글족은 지금의 독일 주변에 살았던 부족으로, 그들이 사용하던 언어가 현재 영어의 원형이 되었다.

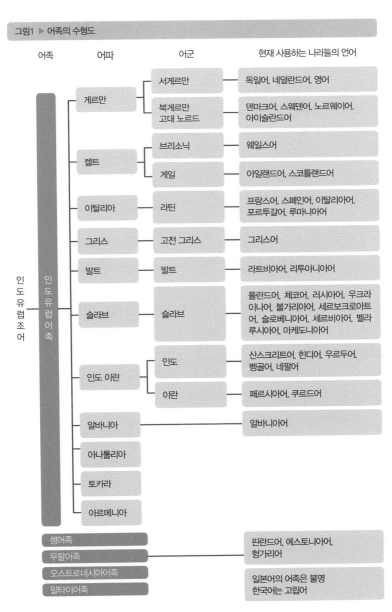

그림1 ▶ 어족의 수형도

어족	어파	어군	현재 사용하는 나라들의 언어
	게르만	서게르만	독일어, 네덜란드어, 영어
		북게르만 고대 노르드	덴마크어, 스웨덴어, 노르웨이어, 아이슬란드어
	켈트	브리소닉	웨일스어
		게일	아일랜드어, 스코틀랜드어
	이탈리아	라틴	프랑스어, 스페인어, 이탈리아어, 포르투갈어, 루마니아어
	그리스	고전 그리스	그리스어
	발트	발트	라트비아어, 리투아니아어
	슬라브	슬라브	폴란드어, 체코어, 러시아어, 우크라이나어, 불가리아어, 세르보크로아트어, 슬로베니아어, 세르비아어, 벨라루시아어, 마케도니아어
	인도 이란	인도	산스크리트어, 힌디어, 우르두어, 벵골어, 네팔어
		이란	페르시아어, 쿠르드어
	알바니아		알바니아어
	아나톨리아		
	토카라		
	아르메니아		

인도유럽조어 / 인도유럽어족

셈어족
우랄어족 — 핀란드어, 에스토니아어, 헝가리어
오스트로네시아어족
알타이어족 — 일본어의 어족은 불명 한국어는 고립어

3

그 후 9~11세기 전반에 걸쳐, 영국은 지금의 덴마크 주변에 살았던 바이킹 일파인 '데인족(Danes)'의 지배를 받으며, 이 기간 동안 그들의 언어인 '고노르드어'의 영향을 받게 된다. 고노르드어는 현재 덴마크어, 스웨덴어, 노르웨이어의 근간이 된 언어이다.

그리고 1066년, 영어의 역사에 대전환을 가져온 중요한 사건인 '헤이스팅스 전투'가 일어난다. 이 전투는 노르망디 공작 윌리엄이 잉글랜드 국왕 해럴드 2세를 물리치고 이른바 '노르만 정복(Norman Conquest)'을 완수한 전투이다. 노르만 정복 이후 300년에 걸쳐 잉글랜드에서는 프랑스어를 공용어로도 사용하게 된다.

프랑스어가 공용어가 되었다고 해도, 프랑스어를 사용하는 것은 귀족 등 지배 계급의 사람들뿐이었고 피지배계급인 일반 서민들은 영어를 사용했다.

그러나 이 기간에 프랑스어는 영어에 지대한 영향을 끼치게 된다. 예를 들어, 당시 cow는 '소'와 '쇠고기'의 두 가지 의미로 사용되었는데, 지배 계급이 사용하던 프랑스어의 bœuf[뵈프]를 모방해 beef라는 단어가 탄생했다. 마찬가지로 '돼지'와 '돼지고기'라는 의미로 쓰이던 pig가 있었지만, 돼지고기를 뜻하는 프랑스어 porc에서 유래한 pork가 쓰이게 되었다.

이후에도 이탈리아에서 시작된 '르네상스(Renaissance)'에 의해 많은 라틴어와 그리스어가 들어온 것은 말할 필요도 없다. 이렇게 해서 영어는 게르만어족임에도 불구하고 프랑스어의 직접적인 조상어인 라틴어에서 유래한 단어들을 많이 받아들였다.

그림2 ▶ 인도유럽조어가 유럽에 전파된 경로

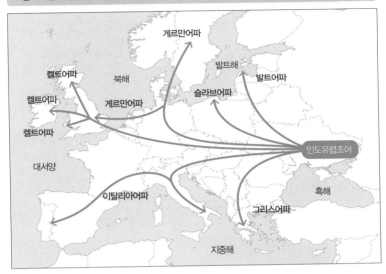

그림3 ▶ 인도유럽조어에서 파생한 어파의 분포도

● 주: 핀란드어, 에스토니아어, 헝가리어는 고대인도유럽어족이 아니라 우랄어족에 속한다.

5

단어의 어원을 아는 것은 최고의 교양이다!

party
서로 나눈 사람들의 모임 ➡ 정당

자, 다음 단어들을 살펴보자.

perfect(완전한), problem(문제), professor(교수), airport(공항), support(지지하다), present(선물), prince(왕자), ferry(페리), forward(앞으로).

언뜻 보면 아무런 연관성이 없어 보이는 단어들이지만, 그 어원을 추적해 보면 인도유럽조어로 '전에, 앞으로'라는 의미인 단어, per로 귀결된다.

per와 관련해서는 본책 Part 2에서 자세히 설명하기로 하고, 이처럼 영단어의 어원을 밝히다 보면 '인도유럽조어', '게르만어', '라틴어', '그리스어'는 키워드가 된다.

어원을 알면 지리까지 저절로 알 수 있다!

어원을 알면, 이렇게 언뜻 보기에 아무 관련이 없어 보이는 단어들 사이에 연관성을 발견하게 되면서 단어의 의미를 유추할 수 있으며, 그 단어가 쓰인 지역의 옛 모습과 역사도 떠올릴 수 있게 된다.

department
나눈 것 ➡ 부문

예를 들어, 독일의 수도인 '베를린(Berlin)'과 스위스의 수도인 '베른(Bern)'은 발음이 비슷할 뿐만 아니라 두 도시의 문장(紋章)에 동물인 곰이 들어가 있다. 그 때문에 두 도시의 이름이 독일어 Bär(곰)에서 유래했다고 오해하는 사람이 많은데, 실제로는 인도유럽조어 ber(늪지)가 정확한 어원이다(167쪽 참조). 이 책을 읽어가다 보면, 영국의 Oxford(옥스퍼드), 오스트리아의 Salzburg(잘츠부르크), 독일의 Hamburg(함부르크), 고대 문명 발상지 Mesopotamia(메소포타미아), 포르투갈의 Porto(포르투)가 과거 어떤 땅이었는지 알 수 있다.

또한, 지명 외에도 서로인(sirloin) 스테이크, 브륄레(brûlée), 디저트, 살라미, 샐러드, 소시지, 브랜디 등 우리에게 친숙한 음식과 음료의 어원을 알 수 있다.

그러다 보면 어원을 통해서 계속해서 지식과 교양을 넓혀갈 수 있다.

어원 학습법은 가장 효과적인 학습법!

vise/view
보다

sun visor
태양을 보는 것
➡ 햇빛가리개, 선바이저

view
보는 것 ➡ 전망

인도유럽조어, 라틴어, 그리스어, 게르만어 등 다양한 경로를 거쳐 영어가 지나온 길을 되돌아가 보자. 영어 단어를 암기의 대상이 아니라 하나의 읽을거리로 부담 없이 접하면서 자칫 단조로울 수 있는 학습을 배움의 즐거움으로 바꿨으면 한다. 더 나아가 입체적이면서 수준 높은 교양지식을 쌓게 하는 것이 바로 이 책의 주된 목적이다.

그리고 무엇보다 '가장 효과적인 영어 단어 학습법은 바로 어원 학습법'이라는 것이 40년 영어 교사로서의 경험을 바탕으로 한 나의 결론이기도 하다.

어원 학습법은 하나의 영어 단어를 의미 있는 최소 단위인 어원별로 나누어 그 의미를 연결하여 암기하는 방법이다.

예를 들면, 9쪽의 [그림 4]와 같이 expression이라는 영어 단어는 〈ex+press+ion〉의 세 가지 어원으로 나뉜다.

중간에 있는 press는 단어 expression에서 의미의 핵심을 이루는 부분으로 '어근'이라고 한다. press는 '누르다'라는 이미지를 나타내는 어근이다.

어두의 ex는 '접두사'라고 하며, '~에서 밖으로'라는 어근의 방향성을 나타내는 이른바 '방향 지시기'와 같은 역할을 한다.

이 두 어원이 합쳐진 express는 「밖으로+밀어내다」에서 '표현하다'라는 의미가 되었다.

마지막 ion은 그 단어가 명사라는 것을 나타내는 '접미사'이다. 그래서 expression은 '표현하다'의 명사형이 되며, 단어의 뜻은 '표현'이다.

참고로, express는 '밖으로 힘껏 밀고 나가는' 이미지로 명사일 때는 '급행열차'나 '속달'의 의미도 있다.

정확한 이해를 위해 또 다른 예를 들면, impress는 〈im(위에서)+press(누르다)〉로 「사람의 머리에 밀어 넣는다」에서 '(깊은) 인상을 주다'라는 의미가 되었고, 명사형 impression은 '인상'이라는 뜻이다.
depress는 〈de(아래로) + press(누르다)〉로 '사람의 감정을 눌러서 아래로 끌어내

depress
아래로 누르다
➡ 우울하게 만들다

리다'에서 '우울하게 만들다', '경기를 내리게 하다'에서 '불경기로 만들다'라는 의미가 되었고, 명사형 depression은 '우울, 불경기'이다.

그림4 ▶ expression을 최소 단위의 어원별로 구별하면…

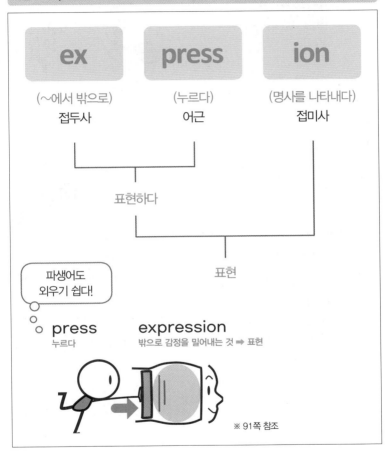

한자에서 부수와 방(旁)이 그 한자의 의미를 알 수 있는 단서가 되는 것처럼 영어에도 그런 단서가 있는데, 그것이 바로 어원이다. 어원을 알면 단어의 의미도 쉽게 기억할 수 있고, 여기에 다양한 접두사와 접미사를 붙이면 어휘력을 비약적으로 늘릴 수 있다. 그리고 모르는 단어를 접했을 때 어원을 통해 그 의미를 유추할 수 있다.

**네이티브 수준의 영어 실력
더 이상 꿈이 아니다!**

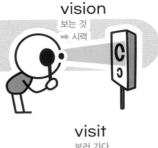

vision
보는 것
➡ 시력

미국 미네소타 대학의 제임스 아이브라운 교수는 어원학습법에 관해서 연구했는데, 20개의 접두사와 14개의 어근을 이해하는 것만으로 14,000개가 넘는 단어의 의미를 유추할 수 있는 단서를 얻을 수 있다고 보고했다.

visit
보러 가다
➡ 방문하다

이 책에서 다루고 있는 어근의 수는 그보다 훨씬 더 많은 150개 이상이고, 접두사는 30개에 달한다. 이를 조합하면 네이티브 수준의 어휘 수인 25,000~30,000단어에 훨씬 더 가까워질 수 있다.

권말에는 단어색인도 수록되어 있으므로, 한 권의 사전으로도 활용할 수 있다. 모쪼록 여러분이 영어를 학습할 때 이 책이 좋은 친구가 되었으면 좋겠다.

시미즈 켄지

survey
위에서 보다
➡ 조사하다

차례

PART 2

「대단한 어근 per」와 관련된 어원

알고 보면 번식력이 대단한 per와 함께
영어 어휘력 한 단계 앞으로 전진!

PART 3

「접두사」로 술술 풀리는 어원

무(無), 신(新), 초(超)처럼 접두사로
영어 단어의 의미를 쉽게 유추한다!

PART

4

「수」를 나타내는 영어 어원

숫자 1, 2, 3부터 수의 많고 적음까지
수와 관련된 어원을 정복해보자!

PART
5

「형용사」 같은 영어 어원

형용사로 영어 어원을 배우는 건
어떤 느낌? 아주 좋은 느낌!!

PART

6

「감각」과 얽힌 어원들

눈, 입, 머리, 손, 두뇌 등
인체의 감각에서 탄생한 단어를 만나보자.

PART
7

「자연계의 움직임」에 관련된 어원

빛, 물, 식물 등 대자연의 변화를
품고 있는 단어들을 소개한다.

PART
8

「시간과 공간」에 관련된 어원
자연의 주기와 순환, 모양, 상태를
담은 단어들을 만날 차례이다.

PART

9

「인간의 동작」을 나타내는 어원
앉다, 서다, 달리다, 자르다, 때리다 등
움직임을 품은 역동적인 단어들을 만나보자!

아는 「한자」로
잡히는 어원

영어의 어원을 알면 연관 단어들이
고구마 줄기처럼 주르륵 딸려 나온다!

「선동(demagoguery)」은 '민중'을 몰고 가는 것

dem = 백성 민(民)

demagoguery
민중을 몰고 가는 것 ➡ 선동

democratic
민중의 ➡ 민주적인

endemic
민중 속에 ➡ 한 지방 특유의

pandemic
모든 민중에게 ➡ 세계적 유행병의

epidemic
민중 사이에 도는 ➡ 전염성의

 민주주의(democracy)는 민중이 지배하는 정치

'민주주의'와 '민주정치'의 의미로 사용되는 '데모크라시(democracy)'는 그리스어 「demo(민중)+cracy(관리, 지배)」가 어원으로, '민중(국민)이 지배하는 정치'에서 유래한다. 파생어에는 democrat(민주주의자),

demoratic(민주적인) 등이 있다.

'선동행위'를 뜻하는 demo는 demagoguery를 줄여서 쓴 말로, 원래 뜻은 「민중을 몰고 가는(ago) 것(ery)」(여기서 ago는 라틴어로 '앞으로 가게 하다, 몰고 가다'라는 뜻)이다. 민중을 '선동하는 사람'이나 '선동정치가'는 '데마고그(demagogue)'라고 한다. demography는 「민중(demo)을 쓰는 것(graphy)」이므로 '인구통계(학)'이다.

한 지방에서 세계로 퍼진 바이러스

endemic은 「en(안에)+dem(민중)+ic(~의)」로 '한 지방 특유[고유]의' 또는 '풍토병'을 뜻하고, epidemic은 「epi(위에, 사이에)+dem(민중)+ic(~의)」로 endemic보다도 더 넓은 지역이나 나라에서 유행하는 '전염성의', '유행병'을 뜻한다. '팬데믹(pandemic)'은 「pan(모든)+dem(민중)+ic(~의)」로 '세계적으로 유행하는', '감염폭발'을 의미한다.

그리스어로 '민중(백성)'을 나타내는 dem(o)는 인도유럽조어(1쪽 참조)에서 '분할'을 의미하는 da로 거슬러 올라간다.

악마(demon)는 신과 인간을 나누는 것

'악마, 악령'을 나타내는 demon은 그리스 신화에서 신과 인간 사이의 중간쯤에 있는 영혼인 daimon/daemon(반신반인)에서 유래했다. demon은 원래 인도유럽어족에서 신과 인간을 「de(나누다)+mon(것)」이라는 의미가 있었다. '인간의 운명을 관장하는 자'로 인간에게 있어서 운명의 수호신이다.

그러나 유대교나 기독교와 같은 일신교에서는 유일신인 God 이외의 신은 모두 악령으로 간주한다.

'악마'의 devil은 그리스어, satan은 히브리어

한편 '악마'를 의미하는 devil은 근거 없는 말로 남을 '비방하는 사람'을 뜻하는 그리스어 diabolos에서 파생된 diabolic(악마 같은)에서 유래한다. 그리고 Satan(사탄, 악마, 마왕)은 히브리어로 '적대하는 사람'을 나타내는 satan이 어원이다.

 ### 딜러(dealer)는 나눠주는 사람

상품의 '판매인'과 '판매업자' 또는 '카드 게임의 카드를 나눠주는 사람'을 dealer라고 한다.

deal은 동사로 '주다, 나누다'라는 뜻이 있는데, 이것도 인도유럽어족의 da(나누다)에서 유래했다. da에는 '나눈 분량'이라는 의미도 있어서 deal 은 '거래'라는 명사로도 쓰인다. 이밖에 a good deal이나 a great deal 등의 형태로 '많이, 다량의'라는 의미로도 사용된다. ordeal은 「oder(명령)+deal(준다)」로 신이 인간에게 준 '엄격한 시련, 고난'을 뜻한다.

 ### time(시간)과 tide(조수)는 동의어

Time and tide wait for no man.은 "세월은 사람을 기다리지 않는다." 라는 의미의 격언인데, 이 문장 속 time(시간)과 tide(조수, 조류)도 인도유럽조어의 da(나누다)에서 유래했다. 인도유럽조어의 d 발음은 게르만어에서 t 발음으로 변화한다.

「시간(time)」과 밀물과 썰물이 들어오는 「물때, 조수간만(tide)」은 모두 일정한 길이로 '나누어진' 것이다. time의 형용사형은 timely(시기적절한, 때맞춘), tide의 형용사형은 tidy(정돈된)이다.

'집'이 함께 있는 곳
「콘도(condominium)」

dom = 집 가(家), 주인 주(主)

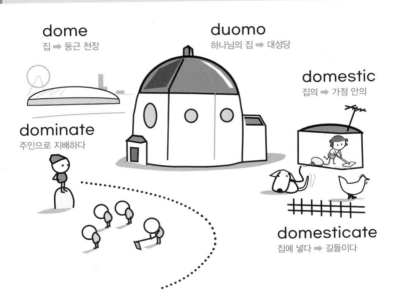

dome
집 ➡ 둥근 천장

duomo
하나님의 집 ➡ 대성당

domestic
집의 ➡ 가정 안의

dominate
주인으로 지배하다

domesticate
집에 넣다 ➡ 길들이다

madam(마담)과 madonna(마돈나)는 같은 어원

남성의 경칭은 sir이고, 여성의 경칭은 madam 또는 ma'am이다. madam은 고대 프랑스어 ma dame(나의 귀부인)에서 유래했다. 영어 madam은 이탈리아어로 madonna인데 이 단어의 어원도 같다.

모나리자(Mona Lisa)는 '마담 리사'

정관사 the를 붙인 the Madonna는 바로 귀부인 중 귀부인이라는 의미에서 '성모마리아'가 된다.

레오나르도 다빈치의 명작 《모나리자 Mona Lisa》의 Mona는 고대 이탈리아어 madonna의 단축형으로, 영어로 말하면 Madam Lisa(리자 부인)이다. dam과 don에는 '귀부인'이라는 의미가 있으며, 이들은 인도유럽조어에서 '집'과 '주인'을 뜻하는 dem으로 거슬러 올라간다.

독일 여성용 화장실이 '집'이라고?

독일을 여행해 본 사람은 알겠지만, 독일에는 표지판에 영어표기가 없는 경우도 많다. 특히 화장실 표지판에 그림이 없는 경우 외국인들은 헷갈릴 수 있다. 독일의 남녀공용 화장실은 Toilette(n)이고, 남성용 화장실은 Herren, 여성용 화장실은 Damen으로 표시한다.

damen은 인도유럽조어에서 '집'을 의미하는 dem에서 유래한 것으로 dame은 영어에서도 '여성, 귀부인'이라는 의미가 있다.

두오모(duomo)는 하나님의 집

이탈리아에서 성당 하면 밀라노의 대성당 '두오모(Duomo)'가 유명하다. '대성당'을 뜻하는 duomo는 라틴어로 '하나님의 집'이라는 의미이다. 도미노 게임의 직사각형 타일을 domino라고 부르는데, 이 말은 주님의 종인 교회 사제가 입는 후드가 달린 망토와 모양이 비슷했던 데서 유래했다는 설이 있다.

돔(dome)은 둥근 천장

인터넷상의 주소를 의미하는 '도메인(domain)'과 둥근 지붕 모양의 돔구
장을 말하는 dome도 '집'이 어원이며, '둥근 지붕, 둥근 천장'을 의미한다.
domestic은 '국내의, 가정 안의'이라는 의미로 domestic flights(국내선),
domestic violence(가정폭력) 등과 같이 사용한다.

 ## 콘도(condominium)는 집이 함께 있는 곳

domesticate는 「domestic(가정 내)+ate(하다)」로 집에서 '길들이다, 사
육하다'라는 의미이다. 우리가 '콘도'라고 부르는 condominium은 「con(함
께)+domin(집)+ium(장소)」이 어원인데 '집이 함께 있는 곳'이므로 '(분양형)
공동주택'을 말한다.

dominate는 영주로서 '지배하다'라는 뜻으로, 형용사 dominant는 '지
배적인', 명사 domination은 '지배, 통치', dominion은 '지배권, 통치권'을
의미한다. predominate는 「pre(전에)+dominate(지배하다)」로 '~보다 우위
를 차지하다'라는 의미이다.

 ## 위험(danger)은 권력을 가진 영주가 위해를 가하는 것?

danger(위험)와 dangerous(위험한)는 dominion과 같은 어원으로,
'영주의 절대적인 권력'에서 나온 '위해를 가하는 힘'에서 유래한다. 권력자
는 피지배자에게 '위험'을 주는 존재였던 것이다. despot은 「des(=dem
집)+pot(힘)」에서 '폭군, 독재자'가 되었고, '던전(dungeon)'은 「주인이 사는
곳」에서 성의 중앙탑 중 가장 높은 누각을 뜻하게 되었다. 지금은 감옥의
의미만 강조되어 정반대의 의미인 '지하 감옥'으로 쓰이고 있다.

산토도밍고는 '거룩한 일요일'

서인도 제도의 섬나라인 도미니카(Dominica) 공화국은 '안식일'이라는 스페인어에서 유래한다. 이 지역에 15세기 말 탐험가 콜럼버스가 도착한 날이 바로 '거룩한 일요일(Santo Domingo)'인 주일이었기에, 이 나라의 수도 이름을 '산토도밍고(Santo Domingo)'라고 붙였다.

라틴어로 '일요일'은 하나님께 바쳐진 날이라는 의미의 Dominus(주님의 날, 주일)이다. 기독교인들에게 일요일은 주 예수의 부활을 축하하는 안식일이다.

COLUMN 더 재미난 어원 이야기

★ 남성의 경칭 sir는 스페인에선 세뇨르(señor)

앞서 다룬 남성에 대한 존칭인 sir는, 본래 기사의 칭호로 인도유럽조어로 '나이를 먹은'을 의미하는 sen에서 유래한다.

노인이나 어르신을 칭할 때 '시니어'라는 단어를 많이 쓰는데, 영어 단어 senior는 '윗사람, 연장자'를 의미한다. seniority는 '연장자, 상급자'라는 뜻이 있고, senile은 '노인의, 노망의; 상위의', senate는 '상원', senator는 '상원의원'을 의미한다.

sir는 스페인어로 señor[세뇨르]인데, 기혼 여성은 señora[세뇨라], 미혼 여성은 señorita[세뇨리따]이다.

행운의 '별'에서 추방되는 일
「재앙(disaster)」

star = 별 성(星)

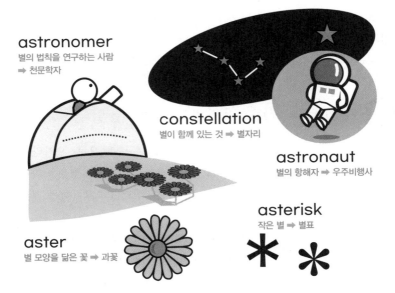

astronomer
별의 법칙을 연구하는 사람
➡ 천문학자

constellation
별이 함께 있는 것 ➡ 별자리

astronaut
별의 항해자 ➡ 우주비행사

asterisk
작은 별 ➡ 별표

aster
별 모양을 닮은 꽃 ➡ 과꽃

별 모양을 닮은 꽃 애스터(aster)

　과꽃 '애스터(aster)'는 국화과의 원예식물로 「a(~쪽으로)+ster(별)」로 이루어진 그리스어 aster(별)가 어원이다. 꽃잎이 별 모양처럼 중앙의 한 점에서 우산살처럼 사방으로 뻗어 나가는 방사형인 것에서 유래했다.

우주의 먼지(stardust)가 내뿜는 카리스마?

asterisk(별표)는 「aster(별)+isk(작은 것)」로 '작은 별'이라는 뜻이다. 여성의 이름으로 사용되는 Stella(스텔라)도 star를 어원으로 하는 단어로, 형용사 stellar는 '별과 같은, 별의'라는 뜻으로, '뛰어나고 인기 있는, 중요한'이라는 의미도 있다. stellate(별 모양의, 방사형의)는 별처럼 중앙의 한 점에서 사방으로 뻗어간 모양을 뜻한다. 영화 제목으로 친숙한 interstellar[인터스텔라]는 「inter(사이에)+stellar(별의)」로 '별 사이의'라는 의미이다. starfish는 「별의 물고기(fish)」로 '불가사리'를 말한다. starlet은 「star(별)+let(작은 것)」인데 나중에 '신인 여배우'를 지칭하는 말이 되었다. 또 stardust는 「별의 먼지(dust)」로 '우주진'을 뜻하는데, 최고의 스타가 발산하는 '카리스마'나 '황홀한 매력, 마력'이라는 의미도 포함하고 있다.

 재앙(disaster)은 행운의 별에서 추방되는 일

constellation은 「con(함께)+stella(별)+ation(하는 것)」으로, '별자리'와 '성운'을 말한다. disaster(재해)는 「dis(떨어져서)+aster(별)」로 행운을 가져오는 행성이 가까이 없을 때 '재해'나 '대참사'를 만난다고 생각하는 데서 유래했다.

astrology[아스트롤로지]는 「별의 학문(logy)」이므로 '점성학, 점성술'을 뜻한다. astronomy는 「astron(별)+nomy(법칙)」이므로 '천문학'이고, 파생어로 astronomical(천문학의)과 astronomer(천문학자)가 있다. astronaut[아스트로넛]은 「별의 항해자(naut)」이므로 '우주비행사'라는 의미가 된다. astronaut은 주로 미국인 우주비행사를 말할 때 쓰는 단어이고, 구소련과 러시아 우주비행사임을 강조할 때는 「우주(cosmo)의 선원」을 뜻하는 cosmonaut[코스모넛]을 사용한다.

천체관측창(astrodome)은 '별이 보이는 둥근 지붕'

일본 애니메이션 《우주소년 아톰》의 영어 제목은 Astro Boy이다.

지금은 없어졌지만, 과거 미국 휴스턴에 the Astrodome이라는 거대한 돔 경기장이 있었다. astrodome은 「별의 둥근 지붕, 둥근 천장(dome)」이 어원으로, 밤이 되면 별을 볼 수 있는 '천체관측창'을 뜻하는데, 주로 큰 비행기 상부에 있는 반구형의 천체관측용 유리창을 말한다.

항성의 주변을 도는 행성은 planet

star는 보통 '별'로 번역되지만, 엄밀히 말하면 '항성'이다. 항성이란 자체의 에너지로 빛을 내는 단일한 천체를 말하며, 태양도 그중 하나이다. 항성인 star와 달리 항성의 주위를 돌고 있는 '행성'은 planet[플래닛]이다. planet은 '방황'을 의미하는 라틴어 planeta에서 유래했으며, 형용사형은 planetary(행성의)이다. '천체투영관'을 뜻하는 planetarium은 「행성이 모여 있는(planetary) 장소(ium)」라는 뜻이다. '별'을 뜻하는 aster에 '~와 닮았다'라는 의미의 접미사 oid를 붙인 asteroid는 '소행성'을 뜻한다.

COLUMN 더 재미난 어원 이야기

★ 꽃잎이 일정하게 늘어선 코스모스(cosmos)

cosmos(우주)와 cosmic(우주의)은 그리스어로 '질서, 조화'를 의미하는 kosmos에서 유래한다. cosmetic(화장품; 미용의, 화장의)도 같은 어원으로, cosmetic surgery는 '미용 성형 수술, 미용 성형 외과'를 의미한다.

cosmo-는 그리스어 kosmein(배치하다, 질서를 부여하다)의 명사형 kosmos가 어원이다. cosmos(코스모스)는 꽃잎이 질서정연하게 늘어선 아름다운 모습에서 탄생한 단어로, microcosm(소우주)와 macrocosm(대우주)도 같은 어원이다.

「오드코롱(eau de Cologne)」은 쾰른의 '물'

aqua = 물 수(水) mari = 바다 해(海)

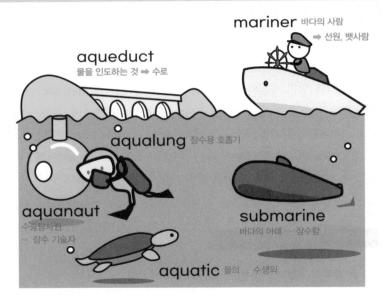

mariner 바다의 사람
➡ 선원, 뱃사람

aqueduct
물을 인도하는 것 ➡ 수로

aqualung 잠수용 호흡기

aquanaut
수중탐사원
➡ 잠수 기술자

submarine
바다의 아래 ➡ 잠수함

aquatic 물의 ➡ 수생의

물병자리는 Aquarius

　12별자리 가운데 11번째 별자리는 '물병자리'인 '아쿠아리어스(Aquarius)'이다. Aquarius와 aquarium(수족관)에 공통으로 들어가는 aqua는 라틴어로 '물'을 의미한다.

aqua(물, 청록색)는 '물'을 나타내는 인도유럽어 akwa로 거슬러 올라 간다. '잠수용 호흡기'인 '아쿠아렁(aqualung)'은 「aqua(물)+lung(폐)」이고, 3월 탄생석으로 초록빛을 띤 하늘색의 보석 '아쿠아마린(aquamarine)'은 「aqua(물)+marine(바다의)」이다. 수중에서 실시하는 에어로빅인 '아쿠아빅 스(aquabics)'는 「aqua(물)+b(i)(살아가는)+ics(체계, 학문)」이다. aquifer[애 퀴퍼]는 「aqui(물)+fer(운반하다)」으로 지하수를 품고 있는 '대수층'을 뜻한 다. 모두 물을 뜻하는 aqua에서 나온 단어들이다.

잠수함(submarine)은 바다 아래

'바다의', '해병대'라는 의미로 쓰이는 marine은 '물'과 '바다'를 나타내 는 인도유럽조어 mori에서 유래했다. submarine은 「sub(아래에)+marine (바다의)」으로 명사로는 '잠수함', 형용사로는 '해저의'라는 의미이다. 요트나 작은 배를 정박할 수 있는 시설을 갖춘 부두를 marina라고 하는데, 해변 의 종합관광 시설을 뜻하기도 한다. 싱가포르의 마리나 베이(Marina Bay) 에 있는 종합 리조트 호텔 '마리나 베이 샌즈(Marina Bay Sands)'는 '마리 나 만의 모래사장'이라는 뜻이다.

고기나 생선을 식초, 레몬즙, 올리브유 등에 담근 조리법 또는 여기에 쓰 이는 소스를 '마리네'나 '마리네이드'라고 한다. marinate(양념에 재우다) 는 라틴어 mare(바다)에서 파생된 동사 marinare(소금에 절이다)가 영어 로 유입된 단어이다. marinated herring은 '절인 청어'이다.

머라이언(Merlion)은 위가 사자, 아래가 물고기

「mari=물」과 관련된 단어에는 mermaid(여자 인어), merman(남자 인 어), Merlion(싱가포르에 있는 상반신은 사자, 하반신은 물고기 모양의 동상), 미 국 메이저리그 '시애틀 매리너스(Seattle Mariners)'의 mariner(선원, 승

조원) 등이 있다. 싱가포르(Singapore)는 고대인도문학인 산스크리트어의 「Singa(사자(의))+pore(=polis 도시)」에서 유래했다. 이밖에 marsh(습지), maritime(해안의, 해양의), mere(호수, 연못), cormorant(가마우지), ultramarine(군청색)도 모두 물과 관련된 단어이다.

 ## 미어캣(meerkat)은 호수의 고양이

아프리카 남부에 서식하는 몽구스과 동물 '미어캣(meerkat)'은 「mere (호수)+kat(고양이)」이 어원이다. 미어캣은 사막 등의 건조지대에 서식하는 몽구스의 무리인 포유류를 말하는데, 실제로는 호수나 고양이와는 아무런 연관이 없다. 그렇다면 왜 그런 이름이 붙은 걸까? 본래 meerkat은 산스크리트어로 '원숭이'를 나타내는 markata에서 유래했다고 한다. 과거 동인도 회사의 배를 탔던 네덜란드의 식민지 개척자들이 남아프리카에 markata라는 동물이 있다는 말을 들었다고 한다. 그리고 그들이 처음 미어캣을 보았을 때 '분명 이것이 markata가 틀림없다'고 생각하여 자국어인 meerkat으로 대체했다고 한다.

 ## 물을 인도하는 수로 aqueduct

이야기를 다시 akwa로 되돌려보자. aqua는 단독으로 '물'이나 '청록색'의 의미로 쓰이지만, 형용사인 aquatic은 '수생의, 물속에 사는', aqueous는 '수용성의, 수성의, 수분을 함유한' 등의 의미로 쓴다. 32쪽에 astronaut(우주비행사)이 나왔는데, 바닷속을 탐험하며 자료를 수집하는 사람을 aquanaut(수중탐사원, 잠수 기술자)이라고 한다. 로마 시대의 수도교 aqueduct(수로, 수도교)는 「aque(물)+duct(이끌다, 인도하다)」가 어원이다.

오드뚜왈렛(eau de toilette)은 화장실의 물

라틴어 aqua는 프랑스어로 와서 eau로 바뀐다. '오드뚜왈렛(eau de toilette)'의 문자 그대로의 의미는 '화장실의 물'이다. 프랑스인들은 toilette을 '변기' 말고 화장을 고치는 장소인 '화장실'의 의미로 쓰는 경우도 많다. 옷차림을 단정하게 만드는 장소라는 이미지를 강하게 포함하는 프랑스어인데, 이것이 그대로 영어(toilet)가 된 것이다. sewer는 「s(=ex 밖으로)+ew(물)+er(것)」에서 '하수도, 하수관'이 되었고, sewage는 '하수, 오수'라는 뜻이다.

 ## 오드코롱(eau de Cologne)은 쾰른의 물

흔히 '오드코롱'이라고 하는 '오드콜로뉴(eau de Cologne)'는 '쾰른(독일의 도시)의 물'이라는 의미가 있다. 쾰른에 살았던 이탈리아인 향수 장인이 1709년에 만든 것으로, 그가 쾰른에 감사하는 마음을 담아 이름 지었다고 한다. 참고로, 향료의 농도가 높은 것이 '오드퍼퓸(eau de perfume)', 향료의 농도가 낮은 것이 '오드뚜왈렛(eau de toilette)', 그보다 더욱 농도가 낮은 것이 '오드콜로뉴(eau de Cologne)'이다.

 ## 반도(peninsula)는 거의 섬

'섬'을 나타내는 island는 인도유럽조어의 akwa가 게르만어를 거쳐 ahwo에서 ieg로 변화했다가 여기서 또 고대 영어인 igland로 바뀐 것이다. island는 원래 「물 안에 있는(is) 육지(land)」라는 뜻이다. islander(섬사람), insular(섬의, 섬나라 근성의, 배타적인), insulate(분리하다, 절연하다), isolate(격리하다)도 같은 어원의 단어이다.

발견자의 이름을 따서 '랑게르한스섬(the islets of Langerhans)'이라 부르는 '췌장'에서 분비되는 호르몬을 '인슐린(insulin)'이라고 한다. 인슐린의 어원은 「insul(섬)+in(물질)」이다. '작은 섬'인 islet은 「isl(섬)+et(작은 것)」, 한국처럼 삼면이 바다로 둘러싸이고 한 면은 육지에 이어진 '반도'를 말하는 peninsula[페닌슐라]는 「pen(대부분)+insula(섬)」가 그 어원이다.

끝이 '굽은' 낚싯바늘을 기울이는 「낚시꾼(angler)」

ang/ank = 뿔 각(角), 굽을 곡(曲)

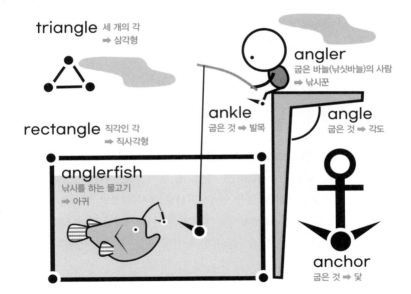

triangle 세 개의 각
➡ 삼각형

angler
굽은 바늘(낚싯바늘)의 사람
➡ 낚시꾼

ankle
굽은 것 ➡ 발목

angle
굽은 것 ➡ 각도

rectangle 직각인 각
➡ 직사각형

anglerfish
낚시를 하는 물고기
➡ 아귀

anchor
굽은 것 ➡ 닻

게르만족(Germanic peoples)의 대이동

ang/ank를 설명하기 전에 조금 옆길로 가보자. 4세기부터 6세기에 이르는 약 200년 동안 유럽에서는 이른바 '게르만족의 대이동'이 있었다. '게르만족(Germanic peoples)'은 현재의 독일 주변에 살던 사람들을 부르는 말인데, 450년경에 브리튼 섬에 침입한 민족이 바로 총칭하여 '앵글로색슨족'이라고 부르는 앵글족, 색슨족, 유트족이었다. 그들은 원주민을 정복하고, 7세기 초까지 차례로 왕국을 건설했다.

세 부족 가운데 앵글족은 북유럽의 유틀란트반도(현재 반도의 대부분은 덴마크영토, 남쪽에 가까운 지역은 독일영토) 해안을 따라 살았는데, 그곳의 지형이 낚싯바늘(고대 영어로 angel)을 닮았다고 해서 '앵글족'이라고 불리게 되었다. 현재의 영국(United Kingdom) 잉글랜드(England)의 명칭은 「앵글족(Angles)이 사는 땅(land)」에서 유래한다. 영어인 English는 원래 '앵글족이 사용하는 말'이란 뜻이다. '영국국교회(잉글랜드교회)'는 the Church of England 또는 the Anglican Church이고, '영어화하다, 영국풍이 되다'는 anglicize이다. 참고로 색슨족(Saxons)은 '칼을 든 병사'가 어원이다.

끝이 굽은 낚싯바늘을 기울이는 낚시꾼(angler)

이번 주제인 ang/ank는 인도유럽조어이다. angle(각도)의 원래 뜻은 「굽은 것」이고, 형용사 angular는 '각이 진, 몹시 여윈, 뼈가 앙상한'이다. angle이 끝이 굽은 낚싯바늘을 연상시키므로 동사로 쓰면 '낚시하다'라는 의미가 있고, '낚시꾼'은 angler이다. 또 머리에 안테나처럼 튀어나온 긴 막대기에 붙은 가짜 미끼로 먹이를 유인해 잡아 먹는 심해어 '아귀'가 바로 anglerfish이다.

구부러지는 발목에 차는 발찌(anklet)

ankle은 「굽은 것」에서 신체 중 구부러지는 부위인 '발목'을 의미하게 되었다. anklet은 「ankle(발목)+et(작은 것)」으로 '발찌=발목의 장식'이고, anchor는 「굽은(anch=bent) 것」에서 '닻'이 되었다.

미국 알래스카주 남부에 있는 연안 도시 앵커리지(Anchorage)의 A를 소문자로 한 anchorage는 「닻을 내리고 정박하는 행위(age)」에서 '정박지'라는 뜻이 되었다.

anchor에는 릴레이 경기의 '최종 주자'나 '믿고 의지하는 사람(정신적 지주)'이라는 의미도 있다. 취재해 온 뉴스 소재를 바탕으로, 최종적으로 정리해 멘트를 완성하는 사람은 anchorman(앵커맨, 뉴스캐스터)이다.

 뿔 달린 도마뱀 안킬로사우르스(Ankylosaurus)

중생대 백악기에 서식했던 초식 공룡 '안킬로사우르스(Ankylosaurus)'는 피부에서 발달한 딱딱한 갑옷 같은 장갑(裝甲)과 그 위에 튀어나온 여러 개의 삼각형 스파이크로 몸을 보호하는 공룡이다. 어원은 '뿔 달린 도마뱀(saurus)'이다.

 튀르키예의 수도 앙카라는 구부러진 지형

앙고라 토끼의 털은 순백색이고 섬유가 가늘어서 촉감이 매끄럽고 따뜻한 것이 특징으로, 스웨터나 코트 등에 주로 이용된다.

'앙고라(Angora)'는 현재 튀르키예(터키) 공화국의 수도인 앙카라(Ankara)의 옛 이름인데, 고대에는 '앙키라(Ancyra)'로 불렸다. 이 이름은 '골짜기 바닥'처럼 구부러진 지형에서 유래했다고 한다.

 사각형은 quad

직사각형은 「rect(직선)+angle(각)」로 rectangle, 삼각형은 triangle, 사각형은 quadrangle이다. 오각형 이상이 되면 인도유럽조어로 '무릎'이나 '각도'를 나타내는 어근 genu의 변화형 gon을 사용한다.(142쪽 참조)

어근의 genu는 게르만어를 거쳐 g가 k로 변화했고, 영어로 가서 '무릎'의 knee와 '무릎을 꿇다'의 kneel이 탄생했다.

★ 공룡 이름에 사용하는 '사우루스'는 '도마뱀'

안킬로사우루스(Ankylosaurus)와 연결되는 어원을 소개하려고 한다.

'공룡'을 뜻하는 dinosaur는 그리스어의 「dino(무서운)+saurus(도마뱀)」에서 유래한다. 스테고사우루스(Stegosaurus)는 「steg(덮이다)+saurus(도마뱀)」가 어원으로, 등이 검과 같은 판으로 덮여 있었던 것에서 유래한다. 티라노사우루스(Tyrannosaurus)의 어원은 「tyrant(폭군)+saurus(도마뱀)」로 '폭군 공룡'이라고도 한다. 브론토사우루스(Brontosaurus)는 몸집이 큰 것에 비해 머리가 매우 작은 공룡인데, 어원이 「bront(번개)+saurus(도마뱀)」로 '뇌룡'이라고도 불린다. 브라키오사우루스(Brachiosaurus)는 앞다리가 뒷다리보다 큰 공룡으로, 어원은 「brachi(팔)+saurus(도마뱀)」이다.

★ 팔찌(bracelet)는 작은 팔

이번엔 브라키오사우루스의 brachi(팔)와 연결되는 어원을 소개한다. '팔찌'를 뜻하는 bracelet의 어원은 '작은 팔'인데, 그리스어로 어깨에서 팔꿈치까지의 '상완(上腕)'을 의미하는 brakhion에서 유래한다. embrace는 「팔(brace) 안에(em)」에서 '껴안다, 수용하다, 포괄하다'라는 의미가 되었다.

brakhion은 라틴어로 '팔'을 뜻하는 bracchium으로 변화했고, 고대 프랑스어의 braciere(팔의 방호구, 어깨끈)에서 현대 프랑스어를 거쳐 brassier(브래지어)가 되어 영어에 들어온다.

006

「몽블랑(Mont Blanc)」은 하얀 '산'

mount/mint = 뫼 산(山), 돌출(突出)되다

amount
산 정상에 ➡ 도달하다

mountain
돌출된 것 ➡ 산

dismount
산에서 떠나다 ➡ 내리다

mount
산 ➡ 산에 오르다

prominent
앞으로 돌출된 ➡ 눈에 띈

산(mountain)은 돌출된 것

　미국 북서부에 있는 몬타나주는 북쪽으로는 캐나다와 국경을 접하고 있고 한국의 4배 크기로 41번째로 미국에 가입한 주이다. Montana의 이름은 스페인어로 '산'을 의미하는 montaña에서 유래한다.

mountain(산)은 인도유럽조어에서 '돌출되다, 튀어나오다'라는 의미인 men이 라틴어를 거쳐 영어에 유입된 단어이다. 몸에서 돌출된 부분인 '입'의 mouth도 같은 어원이다. promontory는 「pro(앞으로)+mont(돌출)+ory(장소)」이므로 바다 쪽으로 뾰족하게 뻗은 육지인 '곶'을 뜻한다.

몽타주(montage)와 산(mountain)은 같은 어원

montage(몽타주)는 프랑스어로 얼굴의 윤곽과 머리, 이마, 눈, 코, 입, 귀, 턱, 눈썹 등 부위별로 여러 가지 패턴을 준비하고 목격자가 기억에 의지하여 패턴을 선택하면서 범인의 모습을 합성하는 사진을 말한다. 부분 사진을 '산(mountain)'처럼 몇 장이나 조합한다는 데서 유래한 말이다.

몽블랑(Mont Blanc)은 '하얀 산'

mount는 동사로 '등산하다, 오르다, 타다, 시작하다' 등의 의미가 있다. 밤 케이크인 '몽블랑'은 유럽 알프스 최고봉인 Mont Blanc의 모양을 본떠서 만들었다고 한다. 그래서 프랑스어 「mont(산)+blanc(흰색)」으로 이름 지었다. 발칸 반도에 있는 작은 나라로 '아드리아해의 보물'이라고 불리는 몬테네그로(Montenegro)는 「검은(negro) 산」이 어원이다. 그리고 모나코의 휴양지이자 카지노로 유명한 몬테카를로(Monte Carlo)는 Charles' Mountain이라는 의미로, 19세기에 모나코를 통치한 샤를 3세의 이름에서 유래했다.

접미사처럼 쓰는 mount

amount는 「a(~쪽으로)+mount(산)」에서 동사로 '도달하다', 명사로 '총액, 양'이 되었다. dismount는 「dis(멀리 떨어져)+mount(산)」에서 '내려오다', remount는 「re(다시)+mount(산)」에서 '다시 시작하다', paramount는 「para(=through 통해서)+mount(산)」에서 '최고의', surmount는 「sur(넘어) +mount(산)」에서 '극복하다'가 되었다.

mount는 mint로 변화

'돌출되다, 튀어나오다'를 의미하는 어근에는 mount 외에 mint가 있다. prominence는 천문 용어로 '(태양의) 홍염'을 의미한다. 홍염은 태양의 하층 대기인 채층(chromosphere) 일부가 자력선을 따라 상층 대기인 코로나(corona) 속에서 튀어나온 것이다. prominence는 「앞으로(pro) 튀어나온 것」이므로 '홍염' 이외에도 '중요성, 저명, 탁월' 등의 의미가 있다. 형용사 prominent는 '우수한, 눈에 띄는'이다.

eminent는 「밖으로(e) 튀어나온」에서 '저명한, 뛰어난', imminent는 「위로(im) 튀어나온」에서 싫은 일이 '지금도 일어날 것 같은, 절박한'이라는 의미가 되었다.

인도유럽조어의 men이 그대로 영어가 된 예

인도유럽조어 men이 라틴어를 거쳐서 거의 원형 그대로 영어에 들어온 것이 menace/promenade/demeanor이다.

menace는 '돌출되다, 튀어나오다'에서 '위험한 사람[물건], 협박; 위협하다'라는 의미가 되었고, promenade는 「앞으로(pro) 튀어나온 것」에서 원래는 '동물을 이끌고 나아가는 길'을 뜻했다가 '산책길'이 되었다. demeanor는 「완전히(de) 튀어나오는 것」에서 그 사람의 성격이 드러나는 '몸가짐'이나 '태도'를 의미하게 되었다.

'아버지'의 땅을 지키는
「패트리엇(Patriot)」 미사일

patri/pater = 아버지 부(父)

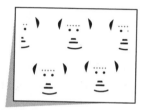

pattern 아버지처럼 흉내내야 할 것
➡ 모범

father 아버지

patron 아버지 같은 사람 ➡ 보호자

patriot
조상의 땅을 지키는 사람
➡ 애국자

 인도유럽조어 pəter는 아버지(father)

인도유럽조어에서 '아버지'를 나타내는 pəter는 게르만어로 가서 fader
로 변화했는데, 이후 고대 영어와 중세 영어를 거치면서 fader의 어미 der
가 ther로 바뀌어 현재의 father 형태가 되었다.

패트론(patron)은 아버지 같은 사람

pəter는 라틴어와 고대 그리스어를 거쳐 pater와 patri로 변화해 영어로 들어온다. paternal은 형용사로 '아버지의, 아버지 같은'이고, 명사형 paternity는 '부성, 부권, 부자관계'이다. '패트론(patron)'은 「아버지 같은 사람」에서 '보호자'나 '후원자'라는 의미로 사용되었다.

파생어로는 patronage(후원, 보호, 애용), patronize(후원하다, 특별히 돌봐주다), patronizing(내려다보는) 등이 있다. 포르투갈어에서 유래한 padre는 '종군 사제, 신부'이다. patriarch는 「patri(아버지)+arch(머리)」로 '가부장'이고, patrimony는 「아버지의 상태(mony)」에서 '(아버지에게 상속받은) 세습재산'이 되었고, patricide는 「patri(아버지)+cide(자르다)」에서 '부친 살해, 부친 살해범'이 되었다.

아버지의 땅을 지키는 패트리엇 미사일

걸프전 당시 미군이 사용했던 지대공미사일 '패트리엇(patriot)'은 조상의 땅을 지킨다고 해서 '애국자'의 의미로 쓰였다. patriotic은 '애국적인', patriotism은 '애국심, 애국주의'이다. compatriot은 「com(함께)+patriot(애국자)」에서 '동포', expatriate는 「조상 땅에서 밖으로(ex) 나오다」에서 '국외 거주자(의)', repatriate는 「다시(re) 조상 땅으로 돌아가다」에서 '(본국으로) 송환하다'라는 의미가 되었다.

패턴(pattern)은 가족의 모범이 되는 아버지로부터

pattern에는 '기본형, 모범, 무늬' 등의 의미가 있다. 아버지가 가족이나 일족의 본보기가 되는 사람이었던 데서 유래한 것으로, 「아버지처럼 흉내 내야 할 것」이 어원이다.

대부(Godfather)는 아이에게 이름을 지어주는 사람

영화 《대부》로 우리에게 친숙한 단어 Godfather는 g를 대문자로 하면 '범죄 조직의 실력자'나 '마피아의 보스'가 된다.

소문자 g를 쓴 godfather는 '이름을 지어준 아버지'나 '교부(敎父)'라는 의미인데, 유아의 세례식에 입회해서 부모를 대신하여 종교교육의 책임자가 되는 남성을 말한다.

 ### 가장 큰 목성(Jupiter)은 아버지 같은 전지전능한 신

태양계에서 가장 큰 행성인 '목성'의 영어 이름은 Jupiter이다. Jupiter는 로마 신화에서 신들의 왕이고 하늘의 통치자로, 그리스 신화에서 전지전능한 신이자 '하늘에서 빛난다'라는 의미가 있는 '제우스(Zeus)'와 어원이 같다. Zeus와 peter(아버지)의 합성어가 바로 Jupiter이다.

클레오파트라는 고대 이집트의 중요인물

클레오파트라 7세는 고대 이집트의 프톨레마이오스 왕조의 마지막 여왕인데, Cleopatra는 「cleo(중요한 인물)+patra(조국)」로 '조국에 중요한 인물'이라는 뜻이다.

stepfather(의붓아버지)의 step은 '한 걸음'이 아니라 게르만 조어(Proto-Germanic)로 '가족의 죽음을 지켜보다'라는 의미인 steupa에서 유래한다. stepfather와 stepmother(의붓어머니)는 본래 '고아를 거둔 부모'라는 의미였고, 19세기까지는 그 의미로 사용되었다.

008

'어머니'가 입는 옷
「임부복(maternity dress)」

matri/mater/metri

= 어머니 모(母)

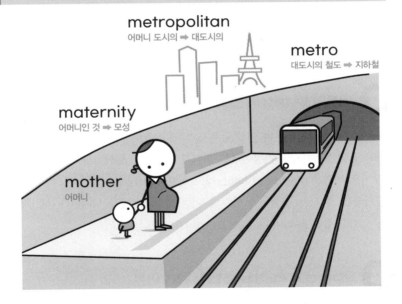

metropolitan
어머니 도시의 ➡ 대도시의

metro
대도시의 철도 ➡ 지하철

maternity
어머니인 것 ➡ 모성

mother
어머니

인도유럽조어의 mater가 mother로

인도유럽조어에서 '아버지'를 나타내는 pəter가 게르만어를 거쳐서 현대 영어인 father로 변화한 것과 마찬가지로 인도유럽조어에서 '어머니'를 나타내는 mater도 mother로 변화했다. '어머니'를 의미하는 단어는 라틴어와 그리스어를 통해 mater, matri, metri 등의 형태로 영어에 유입된다.

 ## 임부복(maternity dress)은 어머니의 옷

maternal은 '어머니의, 모계의'이고, 명사형 maternity는 '어머니(임부)인 상태, 모성'이다. 어머니가 입는 옷인 '임부복'은 영어로 maternity dresses[clothes/wear]이다.

matriarch는 「matri(어머니)+arch(머리)」이므로 '여자 가장'이고, matricide는 「matri(어머니)+cide(끊다, 죽이다)」이므로 '모친 살해'이다. matrimony는 「어머니가 된 상태(mony)」라서 '결혼(생활), 기혼(인 상태)'를 뜻한다.

 ## 매트릭스(matrix)는 모체

matron은 공공시설의 '여성 감독자'와 '기숙사 여사감' 외에 나이가 지긋하고 품위 있는 '기혼 여성'이라는 의미가 있어서 결혼식에서 신부를 돌보는 기혼 여성을 matron of honor라고 한다. matrix는 원래 '자궁'이나 '근원'이라는 뜻으로, 성장이나 발전의 '기반' 또는 '모체'를 의미한다. 예전에는 '임신한 동물'을 의미하는 단어로 쓰이기도 했다.

 ## mother와 matter(물질)는 같은 어원

alma mater는 '모교'(117쪽 참조)이고, matriculate는 「모체 안에 들어가다」에서 '대학입학을 허가하다, 대학생이 되다'라는 의미가 되었다. mother의 기초가 된 matter는 세상의 모든 것들을 만들어내는 '물질'을 뜻하며, 동사로는 '중요하다'라는 의미이다. material은 명사로 '물질, 원료', 형용사로는 '물질적인, 중요한'이다.

세례명을 붙여준 사람이 여성이라면 대모(godmother)

godmother는 카톨릭에서 대자녀가 될 아이의 세례식에 입회하여 종교적 가르침을 줄 것을 약속하는 종교적 후견인인 '대모(代母)'를 말한다. matrilineal은 「matri(어머니)+line(선)+al(~의)」에서 '모계의'가 되었고, patrilineal은 '부계의'라는 뜻이다.

 ## 메트로(metro)는 대도시(metropolitan)에서 탄생

프랑스 수도 파리의 지하를 달리는 '메트로(Metro)'는 프랑스어로 Chemin de Fer Métropolitain인데, 이 말은 métropolitain(대도시)의 「철(fer)의(de) 도로(chemin)」라는 말에서 유래했다. metro-는 라틴어 mater(어머니)와 그리스어 meter, metro-(어머니)와 같은 어원이다.

'대도시'인 metropolitan의 원뜻은 '어머니가 되는 도시'이다.

COLUMN 더 재미난 어원 이야기

★ 도시국가(polis)에서 태어난 police(경찰)와 politics(정치)

polis는 고대 그리스의 '도시국가'를 말하며, 아테네의 파르테논(Parthenon) 신전이 우뚝 솟은 Acropolis(아크로폴리스=높은 도시)나 「새로운(neo) 도시」가 어원인 이탈리아의 연안 도시 Naples(나폴리) 등에 사용되고 있다. police(경찰), politics(정치), policy(정책), megalopolis(메갈로폴리스=초거대 도시), technopolis(테크노폴리스=기술산업 도시)도 모두 '도시'와 관련이 있는 단어들이다.

미국 메릴랜드의 주도 Annapolis(아나폴리스), 미네소타의 대도시 Minneapolis(미니애폴리스), 인디애나의 주도 Indianapolis(인디애나폴리스), 세계 문화유산으로 유명한 페르시아 제국의 수도 Persepolis(페르세폴리스)의 지명에 붙는 polis도 '도시'라는 뜻이다.

009

「매니지먼트(management)」는 '손'으로 처리하는 것

man = 손 수(手)

manage
손으로 취급하다
➡ 관리[경영]하다

manager
손으로 취급하는 사람
➡ 경영자

manual
안내서

manuscript
손으로 쓰기 ➡ 원고

manufacture 손으로 만드는 것 ➡ 제조

 손이나 손톱 손질은 매니큐어(manicure)

　손이나 손톱 손질, 손 전체를 관리하는 것을 영어로 '매니큐어 (manicure)'라고 한다. manicure의 어원은 라틴어로 「manus(손)+cura (돌봄)」이며, manus는 인도유럽조어의 man(손)으로 거슬러 올라간다.

매너(manner)는 손으로 다루는 것

manner(매너)는 원뜻이 손(man)과 관련 있기에 '방식, 태도, 예의, 풍습' 등의 의미가 된다. 식사예절을 말하는 '테이블 매너'는 영어로는 복수형인 table manners라고 표현한다. '입문서'나 '설명서'에 자주 나오는 '매뉴얼(manual)'은 형용사로 '손을 사용하는, 수작업의'라는 의미가 있다. manual labor는 '육체노동'이라는 뜻이다.

 매너리즘(mannerism)은 정형화된 틀에 빠진 것

매너리즘은 기법, 형식이 정형화된 틀에 빠지며 독창성이나 신선한 맛이 없어진 것을 가리키는데, 영어로 mannerism이다. 특히 예술, 문학 등의 표현양식이나 스타일이 정형화된 틀에 박혀있는 것을 의미한다.

 과거에는 원고를 '손'으로 직접 썼으니까…

manacle은 「손(man)에 끼는 것」에서 '수갑'이 되었고, manuscript는 「manu(손)+script(쓰다)」이므로 '원고'이다. 손을 사용해 대지를 경작하는 데서 manure는 '비료', maneuver는 '책략, 숙련된 조작'이다. manifest는 「mani(손)+festo(누르다)」로 '명확한'이나 '분명하게 드러내 보이다'라는 의미가 되었다. 선거운동 때 자주 사용되는 '매니페스토(manifesto)'는 정당이 정책을 명확히 밝힌 '선언문' 또는 '성명서'를 말한다.

 손으로 다루는 동사

manufacture[매뉴팩처]는 「manu(손)+fact(만들다)+ure(일)」로 '제조(하다)'라는 뜻이다. 동사 maintain은 「main(손)+tain(보존)」에서 '유지하다'

가 되었고, 명사 maintenance는 '유지, 관리'를 의미한다. manipulate 는 「mani(손)+pul(당기다)+ate(하다)」에서 '(자신에게 유리하도록) 조작하다', emancipate는 「e(밖으로)+man(손)+cip(잡다)+ate(하다)」에서 '해방시키다'라는 의미가 되었다. '경영자'나 '감독'은 매니저(manager)이고, 동사 manage(경영하다, 관리하다)는 원래 말(馬)을 손으로 다루는 것에서 유래했는데 '잘 대처하다'가 본래의 뜻이다. 명사형 management는 '관리, 경영'이다.

mandate는 손안에 넣는 것에서 명사로는 '권한, 명령'이고, 동사로는 '권한을 양도하다, 명령하다'이다. mandatory는 '강제적, 의무적'이라는 뜻이다. command는 「완전히(com) 손안에 두다」이므로 '명령(하다)', commander는 명령하는 입장에 있는 '지휘관'이나 '사령관'을 뜻한다.

mend는 일을 '맡기다, 위임하다'라는 뜻으로, commend는 권한을 「완전히(com) 맡기다」에서 '(공개적으로) 칭찬하다', recommend는 믿고 「다시(re) 맡기는 것」에서 '추천하다', 명사형 recommendation은 '추천(장)', demand는 「강하게(de) 명령하다」에서 명사로는 '요구, 수요', 동사로는 '요구하다, 필요로 하다', demanding은 「강하게(de) 요구를 받는 것」에서 '부담이 큰, 요구가 많은, 쉽게 만족하지 않는'이라는 의미가 되었다.

COLUMN 더 재미난 어원 이야기

★ security는 '걱정이 없는 것'

매니큐어(manicure)의 큐어(cure)와 관련된 단어를 소개한다. cure(치료)는 라틴어로 '주의, 돌봄'을 의미하는 cura에서 유래한다. curious는 주의를 기울이는 것으로 가득 차 있다고 해서 '호기심이 강한', 명사형 curiosity는 '호기심'이다.

secure는 「se(멀리)+cure(주의)」에서 '불안이 없는, 안심한', 명사형 security는 '안심, 보증, 경비'이다. accurate는 「a(c)(~쪽으로)+cure(주의)」에서 '정확한', '큐레이터(curator)'는 「돌보는 사람」에서 미술관, 박물관의 '전시 책임자'가 되었다.

010

자전거 「페달(pedal)」에 페디큐어한 '발'을 올린다

ped/pod/pus = 발 족(足)

pedestrian
발로 걸어가는 사람 ➡ 보행자

ped Xing
걸어서 건너기
➡ 횡단보도

pedal
발을 태우는 곳
➡ 페달

expedition
밖으로 발을 향하게 하는 것 ➡ 탐험

tripod 세 개의 다리 ➡ 삼각대

 인도유럽조어 ped가 foot로 변화

발과 발톱을 손질하는 것을 가리키는 말은 '페디큐어(pedicure)'이다. ped는 인도유럽조어로 '발'을 의미한다. 인도유럽조어의 p 발음은 게르만어를 거치면서 f 발음으로 변하여 ped는 fot에서 foot(발, 피트)이 되었다.

여기서 '가지고 오다, 데리고 오다'라는 의미의 fetch가 파생되었다. fetter는 「fet(발)+er(반복)」이므로 '족쇄를 채우다'라는 뜻이다.

 ## 발로 밟는 페달(pedal)

라틴어에서 ped는 그대로 전해졌지만, 그중 일부는 pod/pus/pi(o) 등으로 변형되었다. ped 하면 바로 떠오르는 단어는 자전거를 발로 밟는 '발판'인 pedal(페달)이다. 그리고 '보행자'를 뜻하는 pedestrian과 '횡단보도를 뜻하는 ped Xing(crossing이라고 읽음)이 있다. expedition은 「밖으로(ex) 발을 향하는 것」이므로 '탐험'을 뜻하고 expedient는 「밖으로 발을 향하는」에서 '편리한, 편의주의자적인'과 '수단, 방편'이라는 의미가 되었다.

 ## 학의 발을 닮은 가계도(pedigree)

pedometer는 「발의 측정(meter)」이므로 걸음을 측정하는 '계보기'이고, pedigree는 끝부분이 갈라진 새 gree의 발 모양과 비슷하다 하여 '가계(도), 가문, 혈통'이라는 의미이다. gree는 라틴어로 현대 영어에서는 사라진 말로 영어로 crane(학, 두루미)을 뜻한다. centipede는 「100개(cent)의 발」로 '지네', millipede는 「1000개(mill)의 발」로 '노래기'이다.

 ## 오리너구리(platypus)는 평평한 발을 가진 포유류

tripod는 「3개(tri)의 발(pod)」에서 '삼각대'가 되었고, octopus는 「8개(octo)의 발」에서 '문어'가 되었다. 호주에 서식하는 '오리너구리(platypus)'는 알을 낳고 모유로 아이를 키우는 신기한 포유류로, 오리 부리같이 생긴 주둥이에 발가락 사이 물갈퀴가 있으며 평평한 발이 특징이다. 영어 이름은 「plat(평평한)+pus(발)」에서 유래했다.

pioneer(선구자)의 원래 뜻은 보병

방파제 보호용 블록인 '테트라포드(Tetrapod®)'는 「4개(tetra)의 발」이 어원이다.(140쪽 참조)

pilot(조종사, 비행사)과 pioneer(선구자)도 마찬가지로 ped에서 유래한다. pilot은 원래 '수로 안내인'을 뜻하는 말로, 배의 노를 발에 비유해 「노를 잡는 사람」에서 유래했다. pioneer(선구자)도 「pio(발)+eer(사람)」 즉 '보병(步兵)'이 본래 의미이다.

 '유아'를 의미하는 ped

어원은 다르지만 인도유럽조어의 pau(작은)가 그리스어를 거쳐 ped로 변화했고 '유아(幼兒)'라는 뜻의 여러 단어를 만들었다. pediatrics는 「ped (유아)+atrics(의학)」에서 '소아과', pediatrician은 '소아과 의사', pedagogy는 「유아를 지도하는 것(agogy)」에서 '교육학'이 되었다. orthopedics는 「유아의 신체변형을 바로(orth) 잡는 학문(ics)」에서 '정형외과(학)'가 되었는데, 이는 당시 정형외과 환자 중 유아가 많았기 때문이다.

★ **밀푀유(millefeuille)는 '1000장의 잎'**

mil은 1000이고, million은 1000의 천 배인 '100만'을 의미한다. mile(마일)은 평균적인 서양 남성이 1000보(좌우 한 걸음이 1보)를 걸어가는 거리이다. millennium은 '1000년', 얇은 파이 반죽을 여러 층 겹친 과자 '밀푀유(millefeuille)'는 '1000장의 잎'을 의미하는 프랑스어에서 유래한다.

011

'치아'를 치료하는 병원
「덴탈클리닉(dental clinic)」

dentt/odont = 이 치(齒)
opt/ocu = 눈 목(目)

dentist
이를 치료하는 사람 ➡ 치과의사

dental
치아의

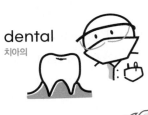

optician
눈의 사람 ➡ 안경사

optometry
눈의 측정 ➡ 검안

dandelion
사자의 이빨 ➡ 민들레

 씹는 맛이 있는 파스타는 알덴테(al dente)

　'치과의사'인 dentist는 프랑스어 「dent(치아)+iste(사람)」가 어원이고, 파스타 중에서 약간 단단한 식감이 느껴지고 씹는 맛이 있는 '알 덴테(al dente)'는 이탈리아어 「al(~쪽)+dente(치아)」가 어원이다.

dental은 '치아의'이고, dental clinic은 '치과의원', dentistry는 '치과 진료, 치의학'이다. 또 denture는 '의치, 틀니'이고, dentifrice는 「치아를 문지르다(frice)」에서 '치약'이다.

 사자의 이빨과 닮은 민들레의 잎

'민들레'를 뜻하는 dandelion은 프랑스어에서 나온 「dant(치아)+de (~의)+lion(사자)」이 어원으로, 들쭉날쭉한 잎이 사자의 송곳니와 닮았다고 해서 이런 이름으로 불리었다.

단락 첫 줄을 다른 줄보다 안으로 집어넣어 쓰는 것을 indent(들여쓰기) 라고 한다. 원래 indent에는 들쭉날쭉하게 만든다는 뜻이 있기 때문이다.

 dent는 그리스어로 (o)dont로

인도유럽조어의 dent는 그리스어를 거쳐 odont로 바뀌어 영어로 들어 왔다. odontology는 「치아의 학문(logy)」에서 '치과학', periodontal은 「치 아 주위(peri)의」에서 '치주의', periodontitis는 「치아 주위의 염증(itis)」에 서 '치주염', periodontics는 '치주병학', orthodontics는 「치아를 똑바로 하는(orth) 학문(ics)」에서 '치열 교정술'이 되었다.

 코끼리와 닮은 마스트돈은 '유방의 이빨'

'마스트돈(mastodon)'은 약 1만 년 전까지 북미 대륙에 서식하고 있 던 포유류로 여러 종류의 화석이 발견되고 있다. 그리스어 masto(유방) 와 odonto(치아)의 합성어가 어원인데, 이는 마스토돈 화석의 어금니 치관 부분에 젖꼭지와 같은 돌기가 늘어서 있었기 때문이다.

trident는 「tri(3개)+dent(이빨)」가 어원인데 바다의 신 포세이돈의 상징인 '삼지창'을 말한다.

'안과의사'는 oculist, '안경기사'는 optician

한쪽 눈에 대고 보는 렌즈가 하나뿐인 '단안경'을 monocle이라고 한다. 형용사형인 monocular는 '단안의, 외눈의'이다. '쌍안경'은 binoculars로, 형용사형은 binocular(양안의, 두 눈으로 보는)이다.(127쪽 참조)

ocul은 라틴어로 '눈'을 뜻하는 oculus가 어원인데, 이 단어도 인도유럽 조어에서 '보다'를 의미하는 okw로 거슬러 올라간다. ocular는 형용사로 '눈의, 눈에 보이는'이고, oculist는 '안과의사'이다.

okw는 그리스어를 거치면서 opt로 변화했다. optic은 '눈의, 시력의'이고, optical은 '시력의, 시각의, 광학의', optical illusion은 '착시', optician은 '안경사', 그리고 optometry는 시력을 측정한다(metry)는 뜻에서 '검안, 시력 검사'이다.

hyperopia는 「눈(op)을 넘어서(hyper)」에서 '원시', presbyopia는 「장노(presby)의 눈」에서 '노안', myopia는 「말하지 않는(my=mute) 눈」에서 '근시', autopsy는 「자신의(auto=self) 눈으로 보다」에서 '부검, 해부', biopsy는 '생체 조직 검사', necropsy는 「죽음(necro)을 보다」에서 '검시, 부검'이라는 의미가 되었다.

백신(vaccine)은 라틴어의 암소(vacca)에서 유래

inoculate는 면역이 생기도록 「식물의 눈(새싹)을 다른 식물 안에(in) 심다」에서 '예방접종을 하다'라는 의미가 되었고, 명사형 inoculation은 '예방접종'이다.

'백신(vaccine)'은 암소를 의미하는 라틴어 vacca에서 유래했다. 천연 두(smallpox)를 예방할 때 암소에서 추출한 우두바이러스를 사람에게 접종한 데서 유래한 말이다. '백신 접종을 하다'는 vaccinate이고, 명사형은 vaccination(백신 접종)이다.

★ 날씨(climate)는 태양광의 기울기로 인한 변화

dental clinic과 관련된 어원 이야기를 조금 더 해볼까 한다. '의원'을 뜻하는 clinic은 '몸을 기울여서 눕는 침대'라는 의미의 그리스어 klinikos에서 유래했는데, 이는 인도유럽조어로 '기울다'라는 뜻의 klei로 거슬러 올라간다.

decline은 「de(아래)+cline(기울다)」으로 '거절하다'라는 의미인데, 동의어 refuse와 reject보다 어조는 약하지만 정중하게 거절하는 뉘앙스이다.

등받이를 기울일 수 있는 좌석을 '리클라이닝 시트(reclining seat)'라고 한다. recline은 「re(뒤에)+cline(기울다)」에서 '뒤로 기울이다, 눕다', incline은 「in(안에)+cline(기울다)」에서 '사람의 마음을 ～쪽으로 기울어지게 하다'라는 의미가 되었다.

한편, climate는 태양광의 기울기가 장소에 따라 다르다는 뜻에서 '기후'를 나타내고, client는 변호사나 회계사 등 전문직종의 사람에게 「귀를 기울이는 사람(ent)」이라는 의미에서 '의뢰인, 고객'이 되었고, '클라이맥스(climax)'는 「clim(기울기)+max(최대)」로 '최고조, 정점'을 뜻한다.

★ 기울기가 시정된 피사의 사탑

lean은 게르만어를 경유한 단어로, 인도유럽조어 klei의 k 발음이 h로 변화해 hlinen이 된 후 h 음이 빠지면서 lean(기울다)이 되었다.

'피사의 사탑'은 the Leaning Tower of Pisa이다. 필자가 40년 전 피사의 사탑을 방문했을 때 탑의 기울기가 5.5도였는데, 그때 이대로 계속 기울면 50년 후에는 무너진다고 했었다. 하지만 그 후 공사를 한 덕분에 현재는 3.99도의 기울기로 바뀌었다고 한다.

012

'머리' 모양과 닮은
「양배추(cabbage)」

cap(it) = 머리 두(頭)

cap
머리 ➡ 모자

chef
부엌의 머리 ➡ 조리장

cabbage
머리의 모양과 닮은 야채 ➡ 양배추

captain
머리에 있는 사람 ➡ 선장, 주장

escape 케이프(망토)를 벗어 버리다 ➡ 도망치다

'머리'와 관련이 있는 cap/captain/cape

머리에 쓰는 '모자'는 cap, 승무원(crew)의 책임자인 '선장, 기장'이나 팀의 책임자인 '주장'은 captain, 바다에 튀어나온 육지의 머리 부분인 '곶'은 cape, 어깨에 걸치는 모자 달린 외투는 cape(망토, 케이프)다. 이 단어들

은 모두 라틴어로 '머리'를 나타내는 caput에서 유래한다. capital은 본래 '머리의'라는 뜻이었다. 머리는 신체에서 가장 중요한 부분이기 때문에 형용사로 '가장 중요한, 죽을 가치가 있는'이라는 뜻이 되었고 그외 '대문자의'나 '자본의'라는 의미도 있다. a capital punishment는 '사형', a capital letter는 '대문자', a capital fund는 '자본금'이다.

 국가에서 가장 중요한 도시는 capital

capital은 '수도, 주도, 자본, 대문자(의)'라는 의미가 있는데, 파생어인 capitalism(자본주의), capitalist(자본주의자), capitalize(대문자로 시작하다, 자본화하다) 등도 꼭 외워두자. 미국의 수도 워싱턴 D.C.에 있는 '국회의사당'은 the Capitol이라고 한다.

 머리 모양과 닮은 양배추

'가축, 소'를 뜻하는 cattle은 머리가 중요한 것을 연상시키므로 '재산'이라는 뜻이 있고, '양배추'의 cabbage는 모양이 머리와 닮은 데서 유래한 단어이다.

조직이나 집단의 '우두머리'인 chief도 어원이 같은데, 형용사로 쓰면 '주요한, 가장 중요한'이다. 레스토랑의 '주방장'이나 '수탉'은 chef이고, 책에서 '장(章)'을 지칭하는 chapter는 '작은 머리'라는 뜻이다. achieve는 「a(~쪽으로)+chieve(머리)」로 '머리를 잡다→정점에 이르다'에서 '달성하다, 획득하다'라는 의미가 되었고, 명사형 achievement는 '달성, 실적'이다. mischief는 「mis(잘못)+chief(=head 머리, 향하다)」에서 '장난'이 되었고, 형용사형 mischievous는 '짓궂은, 말썽꾸러기인'이다.

손을 덮는 손수건(handkerchief)

kerchief의 어원은 「머리를 덮는(ker)」으로 여성이 머리에 뒤집어쓰거나 목 주위에 감는 얇고 부드러운 천을 말한다. 하지만 목에 감는 것은 neckerchief가 더 일반적이다. handkerchief(손수건)는 원래 '손을 덮는 것'이라는 뜻이 있었다. 유럽이나 미국에서는 handkerchief를 땀이나 눈물을 닦는 용도 외에도 코를 닦는 용도로 자주 사용한다.

 외투를 벗어버리고 도망가는 escape

decapitate는 몸에서 「머리를 분리하다」이므로 목을 잘라서 처형하는 '참수하다'라는 의미가 되었다. escape는 「망토(cape)를 벗어버리다」에서 '도망치다, 달아나다'가 되었고, 명사로는 '도망, 회피'이다.

capsize는 「cap(=head 머리)+size(=sink 가라앉다)」에서 '뱃머리가 가라앉다, 뒤집히다'가 되었다.

 카프리섬은 염소와 멧돼지의 섬

cipit으로 형태는 조금 다르지만, precipitate는 「머리를 앞으로(pre) 하다」에서 '(곧바로 떨어지는) 침전물' 또는 '(갑자기 어떤 상태로) 치닫게 하다'라는 의미가 되었고, precipitation은 '강수, 강수량'이다. precipice는 (머리를) 앞으로 쑥 내민 '절벽'이나 '위기'를 뜻하는 말이다.

푸른 동굴로 유명한 이탈리아의 카프리(Capri)섬은 라틴어로 '암컷 염소', 그리스어로 '멧돼지' 섬이란 의미인데 이것도 cap(머리)과 같은 어원이다. 'Capricorn(염소자리)'은 「capri(염소)+corn(뿔)」이 어원이다. 이탈리아어로 '변덕스러움'을 의미하는 capriccio의 영어표현은 caprice이며, 형용사형인 capricious는 '변덕스러운'이다

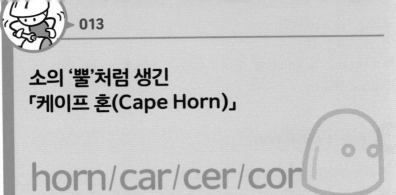

013

소의 '뿔'처럼 생긴 「케이프 혼(Cape Horn)」

horn/car/cer/cor

= 머리 두(頭), 뿔 각(角)

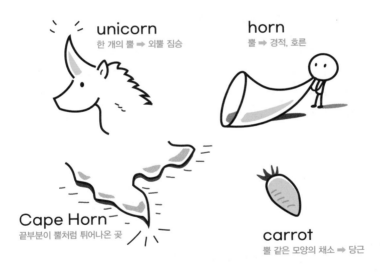

unicorn
한 개의 뿔 ➡ 외뿔 짐승

horn
뿔 ➡ 경적, 호른

Cape Horn
끝부분이 뿔처럼 튀어나온 곳

carrot
뿔 같은 모양의 채소 ➡ 당근

💬 외뿔 짐승은 유니콘(unicorn), 코뿔소는?

unicorn(유니콘)은 이마 중앙에 뿔 하나가 달린 말과 비슷한 전설상의 동물로 어원은 「uni(1개)+corn(뿔)」이다. unicorn은 라틴어에서 온 말로, 그리스어로는 monoceros이고 어원은 「mono(1개)+ceros(뿔)」이다.

rhinoceros는 「코(rhino)에 뿔(ceros)」을 가진 '코뿔소'이며, 구어로는
rhino라고 한다.

자동차 경적은 horn

자동차 경적을 '크락션'이라고도 하는데, 이 말은 차에 붙이는 경적을 최
초로 개발한 회사 '클랙슨(Klaxon)'에서 유래했다는 설이 있다. 영어로 '경
적'은 horn으로, "경적을 울려라."는 Sound your horn.

작은 뿔을 가진 말벌(hornet)

유니콘(unicorn)과 크락션(horn)의 어원은 '뿔'과 '머리'를 뜻하는 인도
유럽조어 ker로 거슬러 올라간다. 게르만어를 거쳐 들어온 k 발음은 h
로 바뀐다. horn은 '경적' 외에도 문자 그대로 '뿔'이라는 뜻이 있다. 그
래서 '뿔피리'나 뿔피리 모양의 금관악기 '호른'도 horn이다. hornet은
「horn(뿔)+er(작은 것)」이라서 '말벌'이다.

뾰족한 뿔처럼 튀어나온 남미 대륙 최남단의 곶을 Cape Horn(케이
프혼, 혼곶)이라고 한다. 2021년 G7 정상회담 개최지인 영국 최남서부
Cornwall(콘월)은 「웨일스인이 사는 뿔＝선단」이라는 뜻이다.

알펜호른은 알프스의 호른(horn)

'알펜호른(alpenhorn)'은 스위스 알프스 지방의 전통적인 악기로, 어
원은 「알프스(Alps)의 호른(horn)」이다. Alp의 어원은 '높은'과 '흰색의
(white)'가 있다. '흰색의'라는 의미를 포함하는 단어는 기록을 위한 흰색
석판에서 유래한 '앨범(album)', 선천성 색소결핍증에 걸린 사람을 말하는
'알비노(albino)', 알의 흰자인 '알부민(albumin)' 등이 있다. alp가 '높은'이

라는 의미로 쓰인 예는 116쪽을 참고하자.

 ## 뿔의 형태를 한 채소는 당근(carrot)

'뿔'은 corner, '각막'은 cornea, 뿔 같은 모양을 한 채소 '당근'은 carrot, 당근 등에 포함된 오렌지색 색소는 '카로틴(carotene)'이다.

보석의 무게를 재는 단위인 carat(캐럿)은 약 0.2그램으로 그리스어의 keration(쥐엄나무 열매) 4알 정도의 무게에서 유래했다.

 ## 눈의 '각막'은 kereto

의학용어로 눈의 '각막'을 kerato라고 하는데, 그리스어에서 유래한 말로 의학용어에 많이 등장한다. keratitis는 '각막염', keratoderma는 '각피증', keratoplasty는 '각막 이식술', keratectomy는 '각막 절제술'이다.

cerebrum은 라틴어에서 온 말로 '대뇌'를 뜻하며, 형용사형 cerebral은 '대뇌의'이다. '소뇌'는 cerebellum이다.

 ## 작은 뿔 코넷(cornet)

cornet은 트럼펫을 닮은 금관악기 '코넷'이나 '아이스크림용 콘'을 말한다. 어원은 「corn(뿔)+net(작은)」으로 '작은 뿔피리'를 뜻한다. 이탈리아에 가면 크루아상과 비슷한 모양에 속을 초콜릿으로 채운 '코르네토(cornetto)'라는 빵이 있다.

「아마추어(amateur)」는
초보자가 아니라 '애호가'

ama/pri = 사랑 애(愛)

amity
애정 ➡ 우호

enemy 친구가 아닌 ➡ 적

amateur
사랑하는 사람 ➡ 애호가

amenity
기쁜 것 ➡ 어메니티

사랑스러운 Amanda

Amelia(에밀리아)의 애칭인 Amy(에이미)나 이름인 Amanda(아만다)는
라틴어로 '사랑하다'인 amare가 어원으로, '사랑받는 사람'에서 유래했다.

'사랑하다'에서 유래한 amigo

미국에서도 친구를 부를 때 사용하는 amigo[아미고]는 스페인어로 '친구'라는 뜻이다. 이탈리아어로 amore[아모레]는 '연인, 사랑'을 의미한다. 두 단어 모두 라틴어로 '사랑하다'라는 뜻인 amare에서 유래한다.

필자의 대학시절 학교 근처에 있던 카페 이름이 '아미티에'였다. 프랑스어로 '우정'을 뜻하는 amitié에서 유래한 것으로 영어로 amity(우호)이다. amiable은 '쾌활한, 정감 있는'이고, amicable은 '우호적인, 원만한'이다.

enemy은 「en(=in 부정)+emy(친구)」로 친구가 아니기 때문에 '적'이나 '적군'을 의미한다.

 아마추어(amateur)는 애호가

어떤 분야의 전문가를 '프로(professional)'라고 하고, 초보자는 '아마추어(amateur)'라고 한다. 그런데 amateur의 원래 뜻은 '사랑하는 사람'이므로 '애호가'가 원어에 가깝다고 할 수 있다.

참고로 amorous는 '육체적인 사랑을 원하는, 호색한인'이라는 뜻으로 amorous adventures는 '사람의 모험, 연애 탐구'이다. enamored는 「사랑 속에(en)」이므로 '사랑에 홀딱 빠진'이다.

 어메니티(amenity)는 생활을 쾌적하게 하는 것

'어메니티 용품'은 호텔의 화장실이나 욕실에 갖춰진 비누, 샴푸, 화장품 등의 편의용품을 말한다. amenity는 '쾌적한 것, 기쁜 것'이라는 뜻의 라틴어에서 유래했고, '생활을 쾌적하고 즐겁게 하는 물건'이라는 뜻이다. 그 밖에 장소나 기후가 쾌적하거나 좋음을 의미하기도 한다.

'친구'인 friend는 인도유럽조어로 '사랑하다'를 의미하는 pri에서 유래했고, 게르만어를 거쳐서 영어에 들어왔다.

friend는 '사랑하다'가 어원이다.

'금요일'의 Friday도 '사랑해야 할, 사랑스러운'이 어원으로, 북유럽 신화의 '여신 프리그(Frigg)의 날'에서 유래한다.

처음에 필자는 영국에서 금요일에 '피쉬 앤드 칩스(fish and chips)'를 먹는 사람이 많아서 'fry(튀기다)의 day(날)'인가 짐작했다. 하지만 조사해보니 이 표현은 그리스도가 십자가에 못 박혔다는 금요일에 고기를 먹지 않는 풍습과 관련이 있는 것 같다.

free(자유로운)와 freedom(자유)도 같은 어원으로 '사랑스러운'에서 태어나 '구속되지 않는'으로 의미가 변화했다.

최근 SNS의 발달로 friend가 동사로서 '친구 목록에 넣는다'라는 의미로 I friended him and sent him a message.(그를 친구 목록에 넣고 메시지를 보냈다.)와 같이 쓰이게 되었다. 반대말은 unfriend(친구 목록에서 제외하다)이다.

friend의 파생어에는 형용사형 friendly(친절한, 친근한)와 반의어 unfriendly(불친절한, 비우호적인), friendless(친구가 없는, 외로운), 명사형 friendship(우정, 친구 관계)과 동사형 befriend(도움이 되다, 친절하게 하다) 등이 있다.

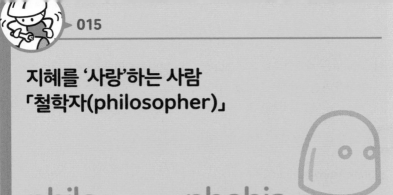

지혜를 '사랑'하는 사람
「철학자(philosopher)」

phile = 사랑 애(愛), **phobia** = 미울 증(憎)

bibliophile
책을 사랑하는 사람
➡ 애서가

acrophobia
높은 곳이 무서워하다 ➡ 고소공포증

hydrophobia
물이 무서워하다 ➡ 물 공포증

필라델피아는 형제애

미국 펜실베이니아의 대도시 '필라델피아(Philadelphia)'는 원래 「형제(adelphos)를 사랑하는 것」 즉 '형제애'를 뜻했다. 국가명인 '필리핀 (Philippines)'은 옛날 종주국인 스페인의 국왕 펠리페 2세의 이름을 딴 것이다. Philip은 라틴어로는 Philippus, 그리스어로는 Philippos로 '말(馬)을 사랑하다'라는 뜻에서 유래했다.(106쪽 참조)

지혜를 사랑하는 철학자(philosopher)

philanthropy는 「phil(사랑하다)+anthropo(인류)」이므로 '인류애, 박애'이고, anthropology는 「anthropo(인류)+logy(학문)」이므로 '인류학'이다.

philosophy는 「philo(사랑하다)+sophy(지혜)」에서 '철학'이나 '인생관'이되었고, philosopher는 '철학자'이다.

어근의 sophy는 그리스어로 '지혜, 지식'을 의미한다. sophist는 고대 그리스의 '철학, 윤리학 교사'나 '궤변가'를 뜻하고, sophism은 '궤변', sophistry는 '궤변술, 궤변을 늘어놓는 것', sophisticated는 sophist(궤변을 늘어놓는 사람)에서 '세련된, 교양있는'이 되었다. 이탈리아 여배우 '소피아 로렌(Sophia Loren)'의 Sophia는 '지혜, 지식'이란 뜻이고, 일본의 서강대로 알려진 '조치(上智: 지혜가 뛰어난 사람) 대학교'는 영어로 Sophia University이다.

필하모니(philharmonic)는 하모니를 사랑하는 것

영국 필하모닉 교향악단의 명칭은 Royal Philharmonic Orchestra이다. philharmonic은 「phil(사랑하다)+harmony(하모니)」에서 '교향악단의, 음악 애호가의'라는 뜻이 되었다. philology는 「philo(사랑하다)+logy(말)」이므로 '언어학, 문헌학'이고, philter는 '사랑의 묘약'을 말한다.

'~을 좋아하는 사람'은 phile/philia

phile과 philia는 '~을 좋아하는 (사람)'을 의미하는 접미사로 쓰인다.

책을 좋아하는 '애서가'는 bibliophile이고, '영국(적인 것) 예찬자'는
Anglophile, '혈우병'은 hemophilia, '동물성애'는 zoophilia, '외국인[외
국풍]을 좋아하는 사람'은 xenophile이다.

 화성의 위성 포보스(Phobos)는 '공포'

화성(Mars)의 제1위성은 럭비공처럼 생긴 '포보스(Phobos)'이다.
Phobos는 그리스 신화에 나오는 전쟁의 신 아레스(Ares)의 아들 이름으
로 '공포'나 '혐오'라는 뜻에서 유래했다.

 남성공포증은 androphobia

phobia와 phobe는 acrophobia(고소공포증)나 acrophobe(고소공포
증인 사람)처럼 접미사로 -phobia이면 '~공포(혐오)증'이고, -phobe이면
'~을 두려워하는 사람, ~을 싫어하는 사람'을 의미한다.

고대 그리스의 도시국가 폴리스에서는 공공광장이 중심장소였는
데, 그곳의 이름이 바로 '아고라(agora)'였다. 여기서 유래한 단어가
agoraphobia(광장공포증)이다. androphobia는 '남성 공포증'이고,
xenophobia는 '외국인 혐오증'이다.

그 외에도 Anglophobia(영국 혐오증), aquaphobia(물 공포증),
claustrophobia(폐소공포증), cyberphobia(컴퓨터 공포증), homofobia
(동성애 혐오[공포]), hydrophobia(공수병, 광견병) 등이 있다.

「백조(swan)」는 '노래하는' 새

son/ton = 소리 음(音)

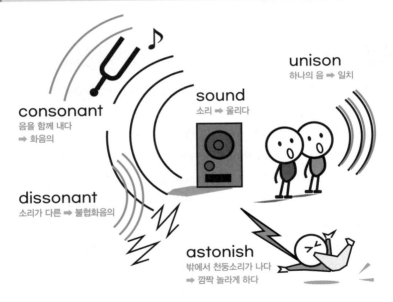

consonant
음을 함께 내다
➡ 화음의

sound
소리 ➡ 울리다

unison
하나의 음 ➡ 일치

dissonant
소리가 다른 ➡ 불협화음의

astonish
밖에서 천둥소리가 나다
➡ 깜짝 놀라게 하다

 sound(소리)와 thunder(천둥)는 같은 어원

sound(소리; 소리를 내다, 울리다)는 라틴어로 '소리'를 뜻하는 sonus에서 파생되었다. sound와 소리가 비슷한 thunder(천둥, 천둥이 치는)는 라틴어로 '울려 퍼지다'라는 뜻의 tonare에서 유래한다. 두 단어 모두 인도유럽어로 '소리가 울리다, 소리를 내다'라는 의미의 swen으로 거슬러 올라갈 수 있다.

 ## 소노그램(sonogram)은 태아를 초음파로 보는 장치

클래식 음악의 기악곡 장르 중 하나인 '소나타(sonata)'는 라틴어로 '소리가 나다, 연주하다'라는 의미인 sonare의 과거 분사형(연주되는)에서 유래했다. sonnet(소네트)은 '작은 소리'라는 뜻에서 '14행시'가 되었고, 소노그램(sonogram)은 「소리를 기록하는(gram) 것」에서 초음파로 태아의 모습을 보는 '초음파진단기'가 되었다. sonic(소리의, 음속의)에 super가 붙은 supersonic은 '초음속의'이고, ultrasonic는 '초음파의'라는 의미이다.

일본의 은행 이름이기도 한 Resona[리소나]는 '공명하다, 울려 퍼지다'라는 의미의 라틴어 resonare에서 유래했다. 「re(다시)+sonare(소리를 내다)」가 어원으로, 영어에는 resound(공명하다)의 형태로 들어왔다.

 ## 백조(swan)는 노래하는 새

sonorous는 「소리의」에서 '울려 퍼지는'이 되었고, sonority는 '울림, 반향', consonant는 「소리를 함께(con) 하다」에서 '화음의; 일치하다; 자음'이 되었고, dissonant는 「소리가 다르다(dis)」에서 '불협화음의; 일치하지 않는다'가 되었다.

unison은 「하나의(uni) 소리」에서 '일치, 합의, 합창'이 되었고, 숙어 in unison은 '일제히, 이구동성으로'라는 의미이다. swan(백조)의 원래 뜻은 '노래하는 새, 멜로디를 연주하는 새'이다.

토네이도(tornado)는 천둥을 어원으로 하는 단어

thunder(천둥)는 tonere에서 파생된 단어이며, thunderbolt는 '벼락, 낙뢰'를 뜻한다. '썬더버드(thunderbird)'는 멕시코 원주민 신화에서 강한 비와 천둥을 동반한 기상 현상인 '뇌우'를 가져온다고 하는 거대한 새이다. 미국 남부와 중서부에서 발생하는 강한 회오리바람과 아프리카 서해안의 뇌우를 동반하는 '용오름'인 '토네이도(tornado)'도 같은 어원이다.

 ## stun gun(전기충격기)과 천둥

astonish(깜짝 놀라게 하다)도 '천둥'과 관련된 단어이다. 「as(=ex 밖으로)+ton(번개)+ish(하다)」가 어원으로, 외부에서의 큰 천둥소리에 '놀라게 하다'라는 의미가 된다. 이 단어에서 stun(기절시키다)과 astound(깜짝 놀라게 하다, 큰 충격을 주다)가 생겨났다. stun gun(전기충격기)은 높은 전류를 흘려 일시적으로 인간과 동물을 기절시키는 총이다. stunning은 형용사로 '깜짝 놀랄, 굉장히 멋진'이라는 뜻이다.

 ## 목요일(Thursday)은 천둥의 신에서 유래

'인토네이션(intonation)'은 목소리의 '억양'이나 '음조'이고, 동사형 intone은 '단조로운 음색으로 노래하다, 읊조리다'라는 뜻이다. detonate 는 「de(아래)+ton(천둥, 우레)+ate(하다)」로 천둥이 치는 것에서 '폭발하다, 폭발시키다'라는 의미가 되었다. Thursday(목요일)도 북유럽 신화에서 천둥의 신인 「Thor's(토르의)+day(날)」에서 유래했다.

「대단한 어근 per」와
관련된 어원

알고 보면 번식력이 대단한 per와 함께
영어 어휘력 한 단계 앞으로 전진!

「far(멀리)」와 「first(첫 번째)」는 친척 관계

fur/far/for = 전에, 앞으로

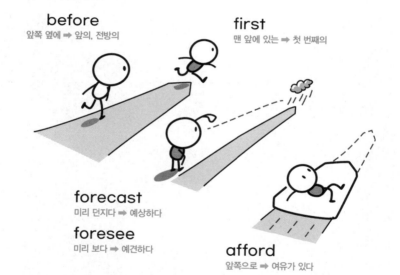

before
앞쪽 옆에 ➡ 앞의, 전방의

first
맨 앞에 있는 ➡ 첫 번째의

forecast
미리 던지다 ➡ 예상하다

foresee
미리 보다 ➡ 예견하다

afford
앞쪽으로 ➡ 여유가 있다

 인도유럽조어의 per = 전에

　어원으로 영어 단어의 역사를 거슬러 올라가면, 실로 다양한 발견이 있지만 하나의 어원에서 이 정도로 많은 단어를 만들어낸 것은 필자가 아는 한 이 어원밖에 없다. 그 주인공은 바로 per이다.

per는 역사적으로 인도에서 유럽에 걸쳐 분포하고 있는 언어 대부분이 속하는 언어 그룹인 인도유럽어족 공통의 조어인 인도유럽조어로, '전에, 앞으로'라는 의미의 어근이다.

어근은 단어를 어원으로 나눌 때 단어의 의미 가운데 핵심을 이루는 것으로 어원 학습의 중심이 된다.

 per는 게르만어를 거쳐서 far/fur로 변화

어근의 per는 게르만어와 라틴어를 통해 영어에 들어왔는데 여기서는 게르만어를 통해 영어가 된 것만 다룬다.

우선 '전에, 앞으로'의 이미지에서 '먼, 멀리, 훨씬'이라는 의미가 된 형용사나 부사의 far가 있다. far의 비교급과 최상급은 farther-farthest와 further-furthest, 두 가지이다.

예전에는 전자가 '거리', 후자가 '정도'를 나타낸다고 했지만, 현대 영어에서는 구분 없이 사용된다.

 '그림의 법칙'이란 무엇인가?

왜 per가 far나 fur로 바뀌었는지는 Part 1에서 여러 번 언급한 것처럼 인도유럽조어의 p자음은 게르만어에서는 f자음으로 바뀌는 규칙이 있기 때문이다. 언어학에서는 이 자음 변화를 '그림의 법칙(Grimm's Law)'이라고 한다.

《그림동화》의 편찬자로 알려진 그림형제의 형 야콥 그림은 독일의 언어학자로, 그림의 법칙을 체계화한 인물이다. 그림의 법칙에는 p→f의 자음 변화 외에도 t→th/k→h/b→p/d→t/g→k 등의 자음 변화가 있다.

far(멀리)와 first(첫 번째)는 유사관계

far는 '전에, 앞으로'의 이미지에서 '가다, 운반하다'라는 의미를 가지게 되었다.

far와 형태는 좀 다르지만, 여객이나 화물, 자동차 등을 운반하는 '연락선, 나룻배'를 말하는 ferry(페리)와 '첫 번째(의), 가장 중요한'의 first도 같은 어원이다. first의 어미 st는 최상급을 나타내고 원래 '맨 앞에 있는 것'이라는 뜻이다.

fare에서 welfare/warfare/farewell로

fare는 손님을 태우는 '운임'이나 '해내다, ~하게 되어가다'라는 의미이다. welfare는 「well(잘)+fare(되어가다, 해나가다)」가 어원으로 나타나 개인이 좋은 쪽으로 간다는 의미에서 '행복, 복지'가 되었고, warfare는 「전쟁에(war) 가다」에서 '전쟁 상태'를 뜻하게 되었다. farewell은 「건강하게(well) 가다」가 어원으로, 원래 여행을 떠나는 사람에게 "건강하게 다녀오세요."라는 인사말이었는데 '이별'이나 '안녕' 등의 의미로 바뀌었다.

전쟁 얘기가 나왔으니 말인데, '전쟁'의 war는 원래 인도유럽조어로 '혼란스럽게 하다'라는 의미의 wers에서 유래했다. 이 말은 bad와 ill의 비교급과 최상급인 worse(더 나쁜)와 worst(최악의)의 형태로 영어에서 쓰이고 있다.

per는 전치사 for로 변화

'부산행 열차(a train for Busan)'나 '너를 위한 선물(a present for you)'에서와 같이 for는 '방향'이나 '목적'을 나타낸다. 이 전치사 for도 '전에, 앞으로'의 per에서 유래했다.

　before(전에, 앞에)는 「be(=by 옆에)+fore(전에, 앞에)」가 어원이다. beforehand는 「전에(before) 손(hand) 쓰는 것」에서 '미리', therefore는 「there(=that 그)+fore(때문에)」에서 '따라서'가 되었다.

접두사로 사용하는 for(e)

　비교급의 형태인 former는 '예전의, 이전의, 전자의'이고, 최상급의 형태인 foremost는 '가장 중요한, 맨 앞에 있는'이다. forecast/foresee/foretell은 미리 던지고(cast), 보고(see), 말하는(tell) 것이므로 '예상하다', '예견하다', '예언하다'라는 의미가 되었다. forerunner/foresight/forefather/forehead/foreword처럼 명사에 for가 붙으면 각각 '선구자', '선견지명', '조상', '이마', '서문'이라는 의미가 된다.

옥스퍼드의 유래

　가장 오래된 대학도시 '옥스퍼드(Oxford)'의 역 앞에는 소의 동상이 있다. 이것은 Oxford의 어원이 「황소(ox)가 앞에 가다(ford)」로, 이곳에 황소가 건너는 얕은 물이 있었던 것에서 유래한다.

　셰익스피어의 탄생지 '스트랫퍼드어폰에이본(Stratford-upon-Avon)'은 「strat(=street 로마 시대의 길)+ford(앞으로 가다)+upon(=on 인접한)+Avon(에이본 강)」이 어원으로, 이곳이 로마군이 에이본 강을 따라 건넜던 얕은 물이 있던 지역이었음을 이야기하고 있다.

인명과 지명에 있는 Ford는 얕은 물과 관계있다

　afford는 「a(f)(~쪽으로)+ford(앞으로)」가 어원으로, 자꾸자꾸 앞으로 나아갈만큼 '여유가 있다'는 뜻이다.

미국 자동차 제조사인 '포드(Ford)'는 창업자 헨리 포드(Henry Ford)에서 유래했다. Ford는 '건너가다'라는 의미이다. 20세기 초 포드 자동차는 대중차로 대량생산이 되었는데, 그 당시 "I can't afford a Ford.(포드 차를 살 여유가 없다.)"라는 말장난이 유행했다고 한다.

 ## 자유민 프랑크족

독일의 국제도시 '프랑크푸르트(Frankfurt)'의 어원은 '프랑크인의 얕은 물'이다. 이는 과거 프랑크인이 이웃나라 아레만인과의 전쟁 당시 마인강을 건너는 지점으로 얕은 물을 선택한 데서 유래했다. 프랑크인은 4세기부터 대이동을 시작했던 게르만족의 한 부족이었는데, 현재 '프랑스(France)'라는 국명의 시초가 되었다. '솔직한'이라는 뜻의 영단어 frank는 프랑크인이 노예가 아니라 자유민이었기 때문에 만들어진 단어이다.

★ 프랑크푸르트와 비엔나소시지의 어원

독일의 소시지 하면 역시 '프랑크푸르트 소시지'이다. 그 시작은 13세기 초의 프랑크푸르트였다.

독일어로 Frankfurter Würstchen(프랑크푸르트 뷔르스트헨)이라고 하며, 영어로는 frankfurter 또는 줄여서 frank라고 한다.

아이들에게 특히 인기 있는 '비엔나소시지'는 영어로 Vienna sausage인데, 이는 프랑크푸르트 소시지의 장인이 오스트리아의 수도 '비엔나(Vienna)'에서 독자적인 소시지를 판매한 데서 유래한다.

Vienna는 '비엔나'가 아니라 [viénə]가 정확한 발음이다.

인터넷으로 정보를 '운반하는' 관문
「포털사이트(portal site)」

por(t) = 가다, 운반하다

export
항구 밖으로 운반하다 ➡ 수출하다

import
항구 안으로 운반하다
➡ 수입하다

transport
넘어서 운반하다 ➡ 운송하다

porter
운반하는 사람 ➡ 포터, 운반인

portable
운반할 수 있는 ➡ 휴대용의

포르투갈어에서 온 외래어

'포르투갈(Portugal)'이라는 나라 이름은 수도 리스본 다음으로 큰 도시로 알려진 항구 마을 '포르투(Port)'에서 유래했다. 포르투는 '포르투 역사지구'로 세계 문화유산에도 등록된 도시로, 이곳에서 전 세계로 수출되는 식후 디저트용 포도주 '포트와인(port wine)'으로도 유명하다. 필자도 포르투를 방문한 적이 있는데, 호텔의 웰컴 드링크가 바로 포트와인이었다.

 ## per(전에, 앞으로)는 port(운반하다)로 변화

port는 명사로 '항구'인데, 이는 라틴어로 '운반'이라는 뜻의 portare에서 유래했으며, 인도유럽조어 per로 거슬러 올라갈 수 있다. per는 라틴어를 거쳐 por(t)로 변형되어 영어에 들어온다.

비행기가 없었던 시절에는 해외로 갈 수 있는 유일한 수단이 배였다. 자국의 항구를 나올 때와 외국의 항구에 도착해 입국할 때 필요한 것이 여권(passport)이었다. passport의 어원은 「항구(port)를 통과하다(pass)」로, airport는 하늘의 항구를 뜻하는 '공항(空港)'이다. porter는 「운반하는(port) 사람(er)」에서 호텔에서 숙박객의 짐을 운반하는 사람을 뜻하는 말이 되었다. seaport는 큰 배가 정박하는 '항구'나 '연안 도시'이고, heliport는 '헬리콥터가 이착륙하도록 만든 비행장'이다.

 ## 번호이동은 휴대가 가능하다는 것

'포터블(portable)'은 「운반(port)할 수 있다(able)」에서 '휴대용의'로 의미가 바뀌었다. 휴대전화를 타사로 전환할 때 현재의 전화번호를 타사에서도 사용할 수 있는 것을 '번호이동(portability)'이라고 하는데, 여기서 portability는 '운반할 수 있는 것'에서 '휴대가 가능한 것'으로 뜻이 바뀌었다. '포털사이트(portal site)'는, 인터넷으로 정보를 운반하는 관문이 되는 웹사이트를 말한다.

porch는 집 안으로 발을 들여놓는 돌출된 지붕이 있는 '현관'이고, portfolio는 「잎(→종이)을 운반하는 것」(라틴어에서 '잎(leaf)'을 의미하는 folio가 나중에 책이나 서류의 '종이'로 의미가 바뀜)에서 '서류함, 작품집'이라는 뜻이 되었다. 순간적으로 장소를 이동하는 '공간이동(teleportation)'의 어원은 「멀리(tele) 운반하는 것」이다.

 접미사적으로 사용하는 port

export는 「항구 밖으로(ex) 운반하다」에서 '수출하다', import는 「항구 안으로(im〉in) 운반하다」에서 '수입하다'가 되었다. support는 「아래로(sup) 운반하다」에서 '지탱하다, 지지하다', transport는 「넘어서(trans) 운반하다」에서 '수송하다', deport는 「떨어져서(de) 나르다」이므로 '추방하다', report는 「원래 있던 곳으로 다시(re) 옮기다」이므로 현장에서 돌아와서 '보고하다'가 되었다. 이 단어들의 악센트는 모두 port에 있다.

명사 export[ékspɔːrt]는 '수출(품)', import[ímpɔːrt]는 '수입(품)', support는 '지지, 지원'이다. transport[trænspɔːrt]는 '운송, 교통수단', report는 '보고서'이다.

 스포츠는 일에서 떨어져서 하는 기분전환

sport(스포츠)는 disport(즐기다, 기분 전환하다)의 dis(멀리)에서 맨앞 두 글자 di가 사라지고 생긴 단어이다. 일터에서 멀리 떨어진 곳으로 이동하는 데서 유래했으며, sport에는 '기분전환, 오락, 놀이' 등의 의미가 있다.

opportunity는 「op(~을 향해)+port(항구)+unity(명사형)」로 상업상의 기회를 얻기 위해 항구로 향하는 것에서 '(좋은) 기회'라는 의미가 되었다. 형용사형 opportune은 '적절한, 시기적절한', important는 수입할 만큼 '중요한'이라는 뜻이다.

per → por → pro로 변화

por는 pro로 모양을 바꾸고 '전에'라는 의미의 접두사가 되어 다양한 영어 단어를 만들었다.

promotion(승진, 295쪽), prologue(서문, 194쪽), prospect(전망, 189쪽), process(과정, 공정, 308쪽) 등이 있다.

 ## pro에서 from으로 변화

'~로부터'라는 기점을 나타내는 전치사 from도 pro에서 파생한 단어이다. '당신에게 주는 선물'은 a present for you이고 '나로부터의(내가 주는) 선물'은 a present from me이다. 사실 for와 from은 모두 인도유럽조어 per로 거슬러 올라간다.

 ## pro는 그리스어를 경유하면 prot(o)로 변화

pro는 그리스어를 통해 prot(o)로 변화하여 영어로 들어갔다.

protein(단백질)은 「제1의 물질」이 어원으로, 단백질이 인체에 '가장 중요한 물질'이라는 데서 유래했다. 마찬가지로 prototype은 「제1의 유형(type)」으로 본디의 꼴인 '원형'을 의미한다.

'조약의정서, 외교의례'를 나타내는 '프로토콜(protocol)'은 「최초의 접착제」가 어원으로, 고대 그리스 시대 파피루스로 만들어진 문서의 첫 머리에 목차나 정오표를 붙인 것에서 유래한다.

참고로 건강식품에 포함되어 피부의 탄력을 유지하고 관절의 통증을 완화시키는 '콜라겐(collagen)'은 「주름이 생기는(gen) 물질」에서 유래했다.

★ 보스포러스 해협은 '소가 건너는 얕은 물가'

지명의 유래에 대해 조금 더 설명하려고 한다.

튀르기예(터키)의 도시 이스탄불과 접해있고 흑해에서 마르마라해로 이어지는 '보스포러스 해협(Bosporus)'은 그리스어로 「황소(bos)가 건너는 얕은 물가(porus)」라는 뜻이다. 81쪽에 나온 Oxford와 같은 개념에서 나온 단어인데, 물론 역사적으로는 Bosporus쪽이 훨씬 오래된 지명이다.

★ beef와 butter는 같은 어원

Bosporus의 Bos는 인도유럽조어의 gwou(소)에서 유래한다. beef(쇠고기), buffalo(물소), butter(버터), bugle(뷰글: 색소폰과 비슷한 금관악기), bulimia(과식증), bovine(소의)과 같은 어원을 가진 말이다.

이 중 butter는 '소의 치즈'를 의미하고, bugle은 소의 뿔과 모양이 비슷해서 생긴 말이고, bulimia는 '소의 식욕'에서 유래한 단어이다.

'광우병'의 학명인 BSE의 정식명칭은 bovine spongiform encephalopathy (소 해면상 뇌증)이다.

★ 고대 인도 유럽어의 자음 g는 게르만어를 거쳐 k로 변화

인도유럽조어에서 gwou(소)의 g 발음은 '그림의 법칙'에 따라 k 발음으로 변화해 cow(암소)라는 단어가 탄생했다.

오페라 주인공 「프리마돈나(prima donna)」는 '첫 번째' 여성

pri = 첫 번째의, 제일의

prime
첫 번째의 ➡ 최고의

primary
첫 번째의 ➡ 최초의

priority 첫 번째인 것 ➡ 우선권

 per는 '앞에'라는 의미의 pre와 pri로 변화

앞에서 인도유럽조어 per(전에, 앞으로)가 라틴어를 거치며 por(t)로 변했고 더 나아가 접두사 pro(전에)가 생겼다고 언급한 바 있다. per는 pro 외에 pre와 pri의 형태로 다양한 단어를 만들어냈다.

present는 「앞에(pre) 있다; 앞에 있는」으로 상대의 앞에 꺼내는 것은 '선물(을 하다)', 모두의 앞에 있는 것은 '참석한', 눈앞의 때는 '현재(의)'가 된다. presentation은 모두의 앞에서 하는 '발표'이다.

 오페라의 주인공 '프리마돈나'는 첫 번째 여성

pri는 '전에, 앞으로'에서 뜻이 바뀌어 '첫 번째의, 제일의'라는 의미가 되었다. 오페라에서 주인공을 연기하는 가수를 '프리마돈나'라고 하는데, 이 말은 이탈리아어 prima donna(첫 번째 여성)에서 유래한다. '여성'인 donna에 대해서는 28쪽에서 설명했고, prima는 영어에서 prime(최고의, 주요한)이고, prime minister(대신)는 '총리'이다. 방송 프로그램에서 시청률이 가장 높은 오후 7시~10시 사이 시간대를 '골든타임'이라고 하는데, 영어로는 prime time이다.

 영국 최상위 리그는 프리미어 리그

잉글랜드 프로축구 리그(영국에서는 football league라고 함)에서 「최상위 리그는 '프리미어 리그(premier league)'이다. premier는 형용사로는 '최고의, 주요한', 명사로는 '(영국, 호주, 뉴질랜드 등의) 총리'를 의미하며, 주로 신문기사 등에 사용되는 단어이다.

 영국과 미국의 초등학교

premier와 비슷한 단어로 primer가 있다. primer는 「처음에 읽는 것(er)」에서 '입문서, 안내서'라는 의미가 되었다. primary는 「첫 번째 관련된(ary)」거니까 '주요한, 첫 번째의'라는 의미가 되었다.

영국에서 a primary school이라고 하면 '초등학교'를 말한다. 미국의 초등학교는 an elementary school이다.

primitive[프리머티브]는 역사적으로 '최초의'에서 '원시적인, 원시 시대의'가 되었다.

 ## prince는 왕위계승권 첫 번째

왕위계승권 첫 번째인 prince(왕자)의 어원은 「prin(첫째)+ce(=cap 잡다)」이고, princess(공주)는 「prin(첫째)+ce(잡다)+ess(여성)」이다. principle은 「먼저(prin) 잡는(cip) 것」에서 '원칙, 규범'이 되었고, principal도 「먼저 잡아야 하는」에서 '주요한'이라는 의미이며, 미국에서는 '교장'의 의미로도 쓰인다.

prior는 「~보다(or) 전의(pri)」에서 '이전의, 우선하는'이 되었고, 명사형 priority는 '우선사항, 우선권'이다. 우리의 '교통약자 배려석'은 priority seat(우대석)라고 한다. '성직자, 목사, 장로'를 뜻하는 priest는 원래 '소의 무리를 이끄는 사람'을 의미했는데 이 말은 Presbyterian(장로파 교회)에서 유래했다.

 ## 특권(privilege)은 개인의 법률

private는 「앞에(pri) 나서다」에서 '무리를 이탈하다'라는 의미가 되었다가 결국 '개인적인'으로 의미가 바뀌었다. private의 명사형은 privacy(프라이버시, 사생활)이다. deprive는 「완전히 개인의 것으로 하다」에서 권리나 자유를 '빼앗는다'라는 의미가 되었다. privilege는 「개인적 법률(leg)」이 어원으로, '개인에게 인정된 법률'에서 '특권, 특혜'라는 의미가 되었고, 동사로는 '특권을 주다'라는 의미이다.

020

「에스프레소(espresso)」는 꾹 '눌러' 진하게 응축된 커피

per/press/pri/pre(c)

= 시도하다, 누르다, 가치

press
누르다

expression
밖으로 감정을 밀어내는 것 ➡ 표현

depress
아래로 누르다
➡ 우울하게 만들다

suppress
아래로 누르다 ➡ 억압하다

 per(앞으로)의 이미지에서 위험을 무릅쓴다는 의미로

인도유럽조어의 per는 앞으로 나아가는 이미지에서 여러 가지 일을 '시도하다, 위험을 감수하다'라는 의미의 단어를 만들어냈다. peril은 시도하는 것에 따르는 '위험'을 의미하고, 형용사형 perilous는 '위험한'이다. 일반

91

적인 의미의 '위험'은 danger이지만, peril은 시도한다는 어원에서 알 수 있듯이 주로 여행중이나 이동 중에 닥쳐오는 '위해'를 말한다.

 ## 전문가(expert)는 밖에서 시험해보는 사람

expert는 「밖에 나가서 충분히 시도하다」에서 '전문가'나 '숙련된'이 되었고, expertise는 「숙련된(expert) 상태(ise)」에서 '숙달, 전문 지식', experiment는 「밖에서 시도하는 것(ment)」에서 '실험(하다)'가 되었다. 형용사형인 experimental은 '실험적인'이고, experience는 '경험(하다)', empirical은 형용사로 '경험[실험]에 따른'이다.

 ## 해적(pirate)은 위험을 시도하는 사람

pirate는 위험을 「시도하는(per〉pir) 사람」에서 '해적'이나 '저작권을 침해하다'라는 의미가 되었다. piracy는 '저작권 침해'이다. 인도유럽조어에서 p 발음은 '그림의 법칙'에 따라 f 발음으로 변화하는데, fear는 위험을 만났을 때 생기는 '공포, 불안'을 말한다.

 ## 앞에(per) 부딪힌다는 이미지의 press

인도유럽조어의 per는 앞으로 나아가다가 무언가에 부딪쳤을 때, 그 대상이 되는 것에 대해 압력을 가하는 것을 말한다. 그래서 press에 '누르다'라는 의미가 생겼다. push(밀다)가 자신과 반대편으로 눌러 위치를 이동시키는 것이라면, press는 위치가 변하지 않는 것에 압력을 가하는 것이다.

press는 명사로 '프레스기→인쇄소→신문→보도진' 등의 의미가 된다. pressure는 「누르는 것」에서 '압력(을 주다), 중압'이 되었고, pressing은 「누르고 있는 중(ing)」이므로 '긴급한'이라는 의미의 형용사이다.

뿜어내듯 힘껏 밀고 나가는 급행열차(express)

이탈리아에서 커피라고 하면 응축된 진한 농도가 특징인 '에스프레소
(espresso)'이다. 이탈리아어로 espresso의 원뜻은 '압력을 가해 압축되
어 나온 것'이다. 같은 어원인 영어 express도 안에 있는 것을 뿜어내는
이미지로, 명사로는 밖으로 힘껏 밀고 나가는 이미지에서 '급행열차, 속달'
이고, 동사로는 감정이나 생각을 밖으로 쑥 밀어낸다고 해서 '표현하다'이
다. 명사형 expression은 '표현, 표정', 형용사형 expressive는 '표정이 풍
부한'이라는 뜻이다.

 접미사로 사용하는 press

depress는 「아래로(de) 누르다」에서 '우울하게 만들다'가 되었고, 명사형
depression은 '불경기, 우울'이다. oppress는 「반대로(ob〉op) 누르다」에
서 '학대하다, 탄압하다', 명사형 oppression은 '학대, 탄압, 우울'이다.

suppress는 「아래로(sup) 누르다」인데 단단히 누른다는 의미에서 '억압
하다'가 되었고, 명사형인 suppression은 '억압'이다. compress는 「함께
(com) 누르다」에서 '압축하다, 단축하다'가 되었고, compressor는 '압축기'
이다. repression은 「뒤로(re) 누르는 것」에서 '억제, 탄압, 진압'이 되었다.

 프린트(print)는 누르는 것

print는 「(찍어) 눌러진 것」이라는 원래의 뜻에서 '인쇄(하다)'가 되었고,
행위를 나타내는 접미사 -er이 붙은 printer는 '인쇄기, 인쇄업자'이다.
reprint는 「다시(re) 인쇄하다」에서 '재판을 찍다', imprint는 「위에서 누르
다」에서 '새겨 넣다, 각인시키다'가 되었다.

마찬가지로 impress는 「위에서 누르다」에서 '(깊은) 인상을 주다'가 되었고, 명사형 impression은 '인상', 형용사형 impressive는 '인상적인'이다.

 ## 가격(price)은 상품을 앞에 내놓고 붙이는 가치

인도유럽조어 per는 상품을 구매자 '앞에' 내놓고 그 가치에 상응하는 금액으로 거래를 한다는 것에서 '가치'의 의미를 포함한 단어를 만들어낸다. price는 '가치'에서 '가격, 가격, 보상'이 되었고, priceless는 가격을 붙일 수 없기에 '매우 귀중한', precious는 '귀중한, 값비싼', praise는 가치를 부여한다는 의미에서 '칭찬하다'이다.

appreciate는 「가치를 부여하다」에서 '감사하다, 가치를 인정하다'라는 의미가 되었고, 명사형 appreciation은 '가치상승, 감사, 감상'이다. the yen's appreciation은 '엔화 강세'를 의미한다.

depreciate는 '가치를 떨어뜨리다'로, 명사형 depreciation은 '가치하락', the yen's depreciation은 '엔화 약세'를 말한다.

 ## 통역(interpreter)은 사이에 들어가서 거래를 하는 사람

그밖에도 appraise는 「~에게(ap=to) 가치를 부여하다」에서 '평가하다, 사정하다', interpret은 「사이에(inter) 들어가서 거래하다」에서 '통역하다, 해석하다'라는 의미가 되었다.

명사형 interpretation은 '해석', interpreter는 '통역사'이다.

「접두사」로 술술
풀리는 어원

무(無), 신(新), 초(超)처럼 접두사로
영어 단어의 의미를 쉽게 유추한다!

021

음을 잘 '연결한' 상태 「하모니(harmony)」

ar/or = 연결하다

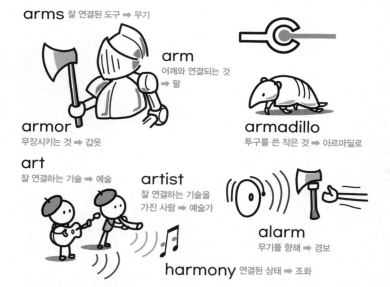

arms 잘 연결된 도구 ➡ 무기

arm 어깨와 연결되는 것 ➡ 팔

armor 무장시키는 것 ➡ 갑옷

armadillo 투구를 쓴 작은 것 ➡ 아르마딜로

art 잘 연결하는 기술 ➡ 예술

artist 잘 연결하는 기술을 가진 사람 ➡ 예술가

alarm 무기를 향해 ➡ 경보

harmony 연결된 상태 ➡ 조화

a와 a를 연결해서 [áːr]로

arm(팔), alarm(경보음), art(예술), harmony(조화), 이 4단어는 언뜻 아무 관련이 없어 보이지만, 실은 인도유럽조어에서 '서로 연결하다'라는 의미의 어근 ar로 거슬러 올라갈 수 있다. 아마도 a와 a를 연결하여 [áːr]로

장모음화한 데서 유래한 것으로 보인다.

 어깨와 연결되는 팔(arm)

arm(팔)은 원래 '어깨와 연결되는 것'이라는 뜻으로 복수형인 arms가 되면 '서로 잘 연결된 도구'이므로 '무기'라는 의미로 쓰이게 되었다. arm은 동사로는 '무장시키다'이고, armament는 「무장시키는(arm) 것」이므로 '무장화, 무기'가 된다. disarm은 「무장시키지 않는다(dis)」이므로 '무장을 해제시키다, 군비를 축소하다'이고, 명사형 disarmament는 '무장 해제, 군비 축소'이다.

 알람(alarm)은 '무기를 가져가라'는 뜻

'경보(음), 공포, 알람시계, 두려움'을 뜻하는 alarm은 이탈리아어인 all'arme에서 유래했다. alle arme(a le arme)의 줄임말로 '무기 쪽으로' 즉 "무기를 가져가라!"라는 말로, 영어로 표현하면 to the arms이다.

고대 로마 시대는 타민족과의 전투가 많았고 무기는 가까이 두는 것으로 여겨졌음을 추측할 수 있다. 무기와 관련된 단어는 그밖에도 다양하다.

 군대(army)는 무장한 집단

armor는 「무장시키는 것(or)」에서 '갑옷, 장갑', armory는 「무장시키는 장소(ory)」에서 무기와 관련된 것을 보관하는 '무기고'가 되었고, army는 「무장한 집단」에서 '육군, 군대', armistice는 「무장을 그만두는 것(stice)」에서 '정전 협정, 휴전'이 되었다.

아르마딜로(armadillo)는 투구를 쓴 작은 동물

등 쪽이 두꺼운 갑옷으로 덮인 동물 '아르마딜로(armadillo)'의 어원은 스페인어로 '투구를 쓴 작은 것'이다. 16세기 대항해 시대에 스페인이 자랑한 무적함대 '아르마다(Armada)'도 스페인어로 '군대'이다.

 ## 예술(art)은 잘 연결하는 기술

'예술'을 뜻하는 art의 파생어 artistic은 '예술적인'이고, artist는 '예술가'이다. art의 어원에는 원래 잘 연결하는 '기술'이라는 뜻이 있다. a martial art는 「싸움의(martial) 기술」이므로 '무술'이고, There is an art in baking cake.은 "케이크를 굽는 기술이 있다."라는 말이다.

artificial은 「이어 붙인」에서 '인공적인', artisan은 '숙련공', article은 「작은(cle) 조각을 연결한 것」에서 '기사'와 '물품'이 되었다. articulate는 「연결하다」에서 동사로 '분명히 말하다, 또박또박 발음하다', 형용사로 '알기 쉬운'이 되었다.

 ## 귀족은 가장 고귀하고, 덕이 있는 지배층

aristocracy는 「ar(연결하다)+ist(최상급)+cracy(지배)」로 가장 고귀하고 덕이 있는 사람이 지배하는 '귀족계급'을 의미하며, aristocrat은 '귀족'을 뜻한다.

 ## 음을 잘 연결한 하모니(harmony)

harmony는 「잘 연결된 상태」로 '조화, 융화'를 의미한다. 동사 harmonize는 '조화를 이루다'이고, 형용사 harmonious는 '조화로운'이다. 악기 '하모니카(harmonica)'도 같은 어원이다.

'관절염'을 뜻하는 의학 용어 arthritis도 「arthron(관절)+itis(염증)」가 어원이다. inertia는 「연결할 수 없는(in) 상태」에서 '무력화, 타성' 또는 '활력이 없는, 비활성의'를 의미하게 되었다.

 ar는 or로 변화해 연결하는 의미

인도유럽조어의 ar는 라틴어를 거쳐 or로 변화했는데, 서로 연결하는 이미지에서 order는 '순서, 질서'이고, orderly는 '질서 정연한'이다. disorder는 「순서대로가 아닌(dis)」에서 '혼란, 장애'가 되었다.

ordinary는 「순서가 정해져 있는 상태」에서 '보통의', extraordinary는 「보통을 넘어선(extra)」 상태이므로 '특이한, 놀라운'이다.

subordinate는 「순서가 아래(sub)」이므로 '하위의, 종속된, 부차적인'이나 '지위가 아래인 사람'을 뜻한다. coordinate는 「질서(order)와 함께하다」이므로 '어울리다, 조화를 이루다'이고, 명사형 coordination은 '조화, 제휴' 등의 의미가 된다.

 질서, 순서(order)를 지키기 위한 명령도 order

order에는 질서를 유지하기 위해 '명령(하다), 주문(하다)'라는 의미도 있다. 법률과 운명을 '(미리) 정하다'는 ordain, 하느님이 인간에게 주기로 한 '엄격한 시련, 고난'은 ordeal(26쪽 참조), 지방 자치단체가 주민들을 위해서 정한 '조례'는 ordinance이다.

또한, 질서정연한 상태를 보완하는 역할을 하는 '장식(품)'은 ornament이고, '장식하다'는 adorn이며, 문체 등이 '화려한'은 ornate이다.

022

「아마존(Amazon)」은 오른쪽 가슴이 '없는' 여전사들에서 유래

ne = 없다, 아니다

symmetry
함께 측정하는 것 ➡ 좌우대칭

lucky
운이 좋은

regular
표준적인
➡ 규칙적인

ne-

an-(a-)

un-

in-(il-/ir-)

asymmetry
대상이 아닌
➡ 좌우비대칭

unlucky
운이 좋지 않은
➡ 불운한

irregular
규칙적이지 않은
➡ 불규칙한

 부정의 '아니다'를 나타내는 a

인도유럽조어에서 '아니다'라는 부정을 나타내는 ne는 그리스어를 거쳐 a/an의 형태인 부정의 접두사로 영어에 들어온다.

'좌우 대칭'은 symmetry이고 이와 반대인 '좌우 비대칭'은 asymmetry

이다. amoral은 '도덕관념이 없는'이다. asymmetry는 [èisímətri], amoral은 [èimɔ́:rəl]와 같이 a를 [ei]로 발음하는 것이 일반적이다.

남미 대륙을 흐르는 세계에서 가장 넓은 강 아마존은 포르투갈어 Rio de las Amazonas에서 유래하지만, 아마존의 명칭은 그리스 신화에 등장하는 용맹한 여전사 부족 '아마조네스(Amazones)'에서 유래했다. 아마존은 「a(없음)+mazos(유방)」이 어원으로 활을 당길 때 오른쪽 유방이 방해된다고 이를 잘라 내버린 부족이었다.

 멀리 있는 사람에게 마음을 전달하는 '텔레파시'

apathy는 「a(없음)+path(감정)」이므로 '무관심, 무기력'이다. path는 그리스어로 '감정'을 뜻하는 pathos에서 유래한다. sympathy는 「감정을 함께(sym) 하는 것」에서 '동정', 동사형 sympathize는 '동정하다'가 되었다. antipathy는 '반감, 혐오감', pathos는 '연민을 자아내는 힘, 비애감', pathetic은 '불쌍한, 애처로운'이다. empathy는 「감정을 안으로(em) 넣는 것」에서 '감정 이입'이 되고, 멀리 있는 사람에게 마음을 전달하는 것은 '텔레파시(telepathy)'이다.

 부정의 a는 모음 앞에서 an으로

부정의 a가 모음으로 시작되는 어근에 붙으면 an이 된다.

예를 들어, anecdote는 어원을 분해하면 「an(없음)+ec(밖에)+dote(주다)」로 밖에 드러내지 않는 '비화, 개인적인 의견'을 의미한다. 그리고 an은 의학 용어에서 빼놓을 수 없는 접두사이기도 하다.

anemia는 「혈액(emia)이 없는 것」이므로 '빈혈', arrhythmia는 「리듬(rhythm)이 없는 증상」인 '부정맥', anorexia는 「똑바로(rex=reg)가 아닌 증상」으로 음식이 똑바로 들어가지 않기 때문에 '거식증, 신경성 식욕 부진

증'이라고 한다. anesthesia는 「감각(esthes)이 없는 증상」이므로 '마취, 감각 마비', apnea는 「호흡(pnea)이 없는 증상」이므로 '무호흡', atrophy는 「영양(trophy)이 없는 증상」이므로 혈액 부족으로 인한 신체 부위가 위축하는 증상인 '위축증'이다. atony는 「늘어나는(ton) 일이 없는 상태」이므로 근육의 긴장이 약해져서 수축성 기관이 이완하는 현상인 '무긴장증'을 의미한다. '선천성 과민증'인 atopy[아토피]는 「장소(top)가 없는 것」에서 '제자리가 아닌→이상한→비정상적인'이라는 의미가 되었다.

 부정의 '없다'를 나타내는 un

부정의 ne는 게르만어를 통해 un으로 바뀌어 영어로 들어왔다. un이 들어간 영어 단어는 unfair(불공평한), uneasy(불안한), unhappy(불행한), unkind(불친절한), unlucky(불길한), unnatural(부자연스러운), unpopular(인기가 없는) 등 일일이 열거할 수 없을 정도로 많다.

 부정의 '없다'를 나타내는 in

부정의 ne는 라틴어를 거치면서 in으로 바뀌어 영어에 들어와서 뒤따르는 어근의 글자에 따라 il/im/ir 등으로 변화했다. in이 들어간 영어 단어로는 informal(비공식적인), inhuman(비인간적인), impossible(불가능한), immortal(불사의, 불멸의, 불후의), imperfect(불완전한), irregular(불규칙한), irresponsible(무책임한) 등이 있다.

 neither/whether/neutral은 같은 어원

부정을 나타내는 not의 강조형인 never는 「ne(없는)+ever(언제라도)」로 '결코 아니다'라는 의미이다. neither는 '~인지 아닌지'라는 뜻의 접속사

whether와 어원이 같은데 「ne(아니다)+either(어느 쪽인가)」로 '어느 쪽도 아니다'라는 의미이다. 이 단어의 축약형이 nor이다. 어느 쪽도 아닌 '중립적인'을 말하는 neutral도 neither와 같은 어원이다.

 ## n으로 시작하는 부정어

no/not/none 외에도 n으로 시작하는 부정어는 많이 있다.

nil은 '무(無), 제로'이고, null은 '무효의, 가치 없는'이며, nihilism은 「ni(hi)l(무(無))+ism(주의)」이므로 '허무주의', naught는 '무가치'나 '무익한'을 뜻한다. naughty는 「아무것도 없는」에서 '사악한, 나쁜'이 연상되어 '장난스러운, 말을 안 듣는'이라는 의미가 되었다. necessary는 「양보할 수 없는(ne)」에서 '필요한'이 되었다.

 ## 부정의 ne에서 파생한 동사들

deny는 「완전히(de) 없다」에서 '부정하다', 명사형 denial은 '부정, 거절'이다. annihilate는 「없는(nihil) 쪽으로 향하다」이므로 '전멸시키다', 명사형 annihilation은 '전멸'이다. annul은 「없는(nul) 쪽으로」이므로 '무효로 하다'이다.

 ## '부정적인'은 네거티브(negative)

neg로 시작하는 단어도 부정을 나타낸다. 대표적인 단어는 negative로, '부정적인, 소극적인'이라는 뜻이다. neglect는 「모으는(lect) 일이 없는」에서 '방치하다, 소홀히 하다'가 되었다. negotiate는 「한가한(oti) 상태를 만들지 않고 계속 일하다」에서 '협상하다, 타결하다'라는 의미가 되었다.

강과 강 '사이에' 있는 지역이라서 「메소포타미아(Mesopotamia)」

med(i) / mid / mean = 중간

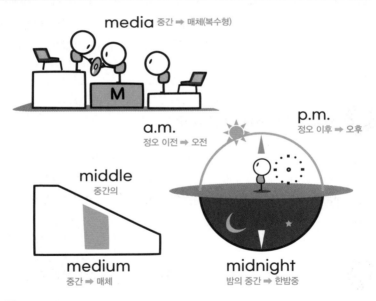

media 중간 ➡ 매체(복수형)

a.m. 정오 이전 ➡ 오전

p.m. 정오 이후 ➡ 오후

middle 중간의

medium 중간 ➡ 매체

midnight 밤의 중간 ➡ 한밤중

미드타운은 도시의 중심지

middle age는 '중년'이고, middle class는 '중간 계급'이다. '한가운데' 를 뜻하는 middle은 인도유럽조어로 '중간'의 medhyo에서 유래했고, 영 어에서는 mid와 me(d) 형태로 다양한 단어를 만든다.

104

midnight는 「밤의 한가운데」이므로 '밤 12시', midday는 「낮의 한가운데」이므로 '정오', midst는 「가장(st) 한가운데」이므로 '중앙, 한가운데'를 의미한다. midtown은 명사로 '마을의 중심'이고, 형용사와 부사로는 '마을 중심의, 중심에'이다.

 ## 옷 사이즈 S/M/L의 M은 medium

스테이크의 익힘 정도로, 덜 익힌 '레어(rare)'와 바짝 익힌 '웰던(well-done)'의 중간 정도 구운 상태를 '미디엄(medium)'이라고 한다. medium은 중간을 뜻하며, 명사로는 '매체'나 '수단'이고, 복수형은 media(매스미디어, 언론)이다. 형용사로는 크기나 질, 양 등이 '중간의'라는 의미로, 사이즈 M이 medium이다.

 ## 지중해는 유럽과 아프리카 '사이에' 있어서

Mediterranean은 「대지(terra)의 사이」가 어원으로 유럽과 아프리카의 중간에 있는 바다를 뜻하는 '지중해(의)'이다. terra는 '대지', terrain은 '지형', terrace는 '테라스'이다.

개 품종 가운데 '테리어(terrier)'는 땅속에 둥지가 있는 작은 동물을 사냥하기 위해 개량된 품종을 말한다. '영토'인 territory는 「대지가 있는 장소」, '외계인'의 ET는 extraterrestrial의 줄임말로 「지구 밖의(extra) 생물(의)」이 어원이다.

 ## a.m.과 p.m의 m은 오전과 오후의 중간

'오전'의 a.m.과 '오후'의 p.m.은 각각 ante meridiem(정오 이전)과 post meridiem(정오 이후)에서 유래했다. meridiem은 라틴어로 「낮(di)의

중간 상태」를 나타내며, 형용사 mean은 '중간의', meantime은 '그 사이', meanwhile은 '그 동안에'라는 뜻이다. medieval은 「중간의 시대(ev=age) 의」에서 '중세의'가 되었다. mediate는 「사이에 들어가다」이므로 '중재하다', immediate는 「중간이 없는(im)」이므로 '즉시의', intermediate는 「사이의 사이에(inter)」이므로 '중간의, 중급의'라는 의미가 된다.

 ## 메소포타미아(Mesopotamia)는 강과 강 사이

라틴어의 med와 mid는 그리스어에서 meso로 표현된다. 고대 문명의 발상지 '메소포타미아(Mesopotamia)'는 「Meso(중간)+potamia(강)」로 이곳이 티그리스와 유프라테스강의 하류 사이의 지역임을 알 수 있다.

동물 하마(hippopotamus)는 한자로 河馬인데 「강(potamo)에 있는 말(hippo)」을 뜻하는 그리스어가 어원이다. hippocampus는 '(뇌의) 해마'이고, hippodrome은 「hippo(말)+drome(달리다)」이므로 고대 그리스 로마의 '경마장'을 뜻한다.

한편, 메소포타미아 문명의 발상지인 '티그리스(tigris) 강'의 tigris는 그리스어로 '화살처럼 빠르게 흐르는 강'에서 유래한 말로 동물 호랑이의 tiger도 같은 어원을 갖고 있다.

 ## 소프라노와 콘트랄토의 중간은?

음악 용어로 '메조소프라노(mezzo-soprano)'는 여성 음역대 중 가장 높은 소프라노와 가장 낮은 콘트랄토(contralto)의 중간 음역대이며, mezzo는 '중간의'나 '적당히'라는 뜻이다. m.f.는 mezzo forte(메조포르테)의 약자로 '조금 강하게', m.p.는 mezzo piano(메조피아노)의 약자로 '조금 약하게'이다.

★ 히포크라테스는 말(馬)의 통치자

그리스어의 hippo(말)와 관련된 이야기를 좀 더 해보려 한다. '의학의 아버지'라고 불리는 그리스의 의사 '히포크라테스(Hippocrates)'의 이름도 「hippo(말)+crat(지배자)」가 어원이다. 철학자 소크라테스의 아내로 '악처'의 대명사로 알려진 '크산티페(Xanthippe)'는 「xanth(황색)+(h)ippe(암말)」에서 유래한다.

★ 경쟁(competition)은 우승을 함께 다투는 것

메소포타미아(Mesopotamia)의 potamia(강)는 '빠르게 이동하다, 추구하다, 날다'라는 의미의 인도유럽어 pet으로 거슬러 올라간다. repeat은 「re(다시)+peat(요구하다)」에서 '반복하다', appetite는 「a(p)(~을)+pet(요구하다)+ite(물건)」에서 '식욕'을 의미하게 되었다.

compete는 「com(함께)+pete(구하다)」에서 '경쟁하다', 명사형 competition은 '경쟁'이다. petition은 '진정(하다), 청원(하다)', perpetual은 「per(통해)+pet(요구하다)」에서 '끊임없는', impetus는 「im(안으로)+pet(요구하다)+us(물건)」에서 '자극, 기세'를 의미하게 되었다.

★ 건조한 대지(terra)에서 thirsty는 목이 마른'

이번엔 지중해(Mediterranean)의 terra와 관련된 이야기이다. 로마 신화에서 '대지의 여신'이 Terra(테라)인데, terr는 '마른'을 의미하는 인도유럽조어 ters로 거슬러 올라간다.

thirsty는 '목이 마른', toast는 '바삭하게 굽다'에서 '토스트', torrid는 '작열하는, 몹시 더운', torrent는 「불타오르다 → 굉음을 내다」라는 이미지에서 '격류'를 의미하게 되었다.

여담인데 "건배!"는 영어로 Cheers!나 Toast!이다. 이는 고대 로마 시대에 축배를 할 때 와인에 토스트 조각을 넣은 데서 유래했다. 구운 빵이 와인의 신맛을 중화시켜 부드러운 맛을 낸다고 여겼기 때문이다.

024

시대를 '넘어' 후대에 건네주는
「전통(tradition)」

trans/tres = 넘다, 초월하다

transit
넘어가다 ➡ 통과하다

translate
넘어 나르다 ➡ 번역[통역]하다

English　　日本語

transform
형태를 뛰어넘다 ➡ 변형시키다

transparent
넘어서 나타나다 ➡ 투명하다

아바타(avatar)는 신의 화신

　　제임스 캐머런 감독의 《Avatar 아바타》는 한 행성에 도착한 인류와 그
행성에 원래 살던 이들과의 격렬한 전투를 당시의 최신 3D 영상으로 보여
준 박진감 넘치는 SF 영화이다. avatar는 산스크리트어(고대 인도의 문학

어)로 「ava(멀리)+tar(넘다)」가 어원으로, 힌두교에서는 이 세상에 나타난 신의 '화신'을 말한다.

 넥타(nectar)는 불로장수의 술

복숭아 음료로 친숙한 '넥타(nectar)'는 과일을 으깨어 만든 진한 주스를 말한다. nectar는 그리스어로 「nek(죽음)+tar(초월하다)」가 어원인데, 그리스 신화의 세계에서 신들이 마시는 '불로장생의 술'에서 유래했다.

 트랜스젠더(transgender)는 성별을 초월하여

'초월하다'라는 의미의 어근 tar는 인도유럽조어 tere로 거슬러 올라가고, 라틴어를 통해 주로 접두사 tra(ns)/tre(s)/tri의 형태로 영어에 들어왔다. transatlantic은 '대서양 횡단의', transcontinental은 '대륙 횡단의', transgender는 '성전환자(신체의 성과 마음의 성이 일치하지 않는 사람)'이다.

 트랜짓(transit)은 trans(넘어서)+it(가다)

transit는 「trans(넘어서)+it(가다)」이므로 '통과(하다)', transition은 '이동, 전환기', transient는 '일시적인, 순식간에'이다. trance도 현실의 세계에서 사후 세계로 넘어간다는 원래의 의미에서 '최면 상태, 무아지경'이라는 의미가 되었다.

 트랜스포머(transformer)는 변형된 것

trespass는 「tres(넘어서)+pass(다니다)」이므로 '무단침입(하다)'이고, traffic은 「넘어서 문지르다(ffic)」에서 '교통량, 통행', translate는 「넘어서 운반하다(late)」에서 '번역하다, 통역하다 옮기다'가 되었다. transact는 「넘어서 행하다(act)」이므로 '거래하다'이고, 명사형 transaction은 '거래'이다.

transform은 「형태(form)를 넘다」에서 '변형시키다', transmit는 「넘어 보내다(mit)」에서 '전송하다, 전달하다', transparent는 「넘어서 나타나는 (parent)」에서 '투명한', 명사형 transparency는 '투명성'이 되었다.

참고로 par는 appear(나타나다)로, '외모, 얼굴'의 appearance, '분명한' 의 apparent, '사라지다'의 disappear, '유령'의 apparition 등에도 쓰인다.

 ## trans(초월해서)와 through(통해)는 같은 어원

인도유럽조어의 t 발음은 '그림의 법칙'(79쪽 참조)에 따라서 게르만어 를 거쳐 th 발음으로 변화해 영어로 들어온다. '~을 통해'라는 의미인 전 치사 through도 trans과 같은 어원으로, throughout은 「끝까지(out) 통 과하여」이므로 '(장소)~도처에, (시간) ~동안 내내'가 되었고, thorough 도 마찬가지로 '철저한, 완전한' 이다. '순혈종(의)'을 뜻하는 서러브레드 (thoroughbred)는 '완전하게 키워진'이 원래의 의미이다.

'오싹오싹하다, 쭈뼛쭈뼛하게 만들다'라는 뜻의 동사 thrill이나 형용사 thrilling(소름끼치는, 황홀한)도 through와 같은 어원으로, 공포나 감동 이 마음을 관통한다는 의미이다.

 ## 전통(tradition)은 시대를 넘어 후대에 물려주는 것

tradition[트래디션]은 「초월해서 주는(dit) 것」으로, 후세에 물려주는 것 인 '전통'이고, 형용사형 traditional은 '전통적인'이다. treason은 법률을 초월하여 국가에 행하는 '반역죄', traitor는 '반역자', betray는 「완전히(be) 넘기다」에서 '배신하다', 명사형 betrayal은 '배신행위'이다.

코(nose)의 형용사는 nasal

'콧구멍'의 nostril은 「nose(코)+tril(구멍)」이 어원으로, 「코를 통과해서」에서 유래했다. nose의 형용사형은 nasal(코의)이고, nose의 애칭형인 nozzle은 「작은 코」에서 호스 '분사구'의 '노즐'을 의미하게 되었다. nuzzle은 말이나 개 등이 코나 얼굴을 '비비다, 긁다'라는 뜻이다.

COLUMN   더 재미난 어원 이야기

★ 매장지는 네크로폴리스(necropolis)

nek은 '죽음(死)'과 '해로움(害)'을 나타낸다.

necropolis는 「necro(죽음)+polis(도시)」에서 '(고대도시의) 매장지, 공동묘지'가 되었다. necropsy는 「necro(죽음)+ops(보다)+y(일)」에서 '검시, 부검'이 되었고, necrosis는 「necro(죽음)+osis(증상)」에서 생체 내 조직이나 세포의 '괴사'를 의미하게 되었다. 또, '해로움'의 의미로 쓰이는 경우 noc/nox로 형태가 바뀌는데, innocent는 「해로움(noc)이 없는」에서 '결백한, 순결한'이 되었다.

noxious는 '유해한', obnoxious는 「해로움에 가까이(ob) 가는」에서 '불쾌한, 싫은'이 되었다. 형태는 좀 다르지만, nuisance(귀찮은 사람/존재/일)도 같은 어원이다.

025

'톡 쏘는' 신맛이 나는 「식초(vinegar)」에 포함되는 와인

ac/acro = (끝이) 뾰족한, 뚫고 나가다

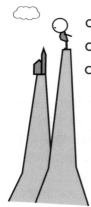

acropolis 뾰족한 끝에 있는 도시 ➡ 높은 도시

acrobat 뾰족한 끝을 걷는 사람 ➡ 곡예사

acrophobia 높은 곳을 무서워하는 사람 ➡ 고소 공포증

acid
톡 쏘는 듯한 ➡ 신맛이 나는

acute
뾰족한 ➡ 급성의, 극심한

 아크로폴리스(acropolis)는 높은 곳에 있는 도시

'높은 (곳)'이라는 뜻의 acro는 인도유럽조어로 '뾰족한 끝'을 의미하는 ak로 거슬러 올라간다. 고대 그리스 문명의 영광스러운 상징인 파르테논 신전은 아테네의 '아크로폴리스(Acropolis)'라고 불리는 작은 언덕 위에

우뚝 솟아있다. Acropolis는 고대 그리스어 「높은(acro) 도시(polis)」에서 유래했다. 서커스의 곡예사를 acrobat[아크로뱃]이라고 하는데 그 뜻은 「높은 곳(acro)을 걷는 사람(bat)」이다.

acro를 사용하는 또 다른 단어에 acrophobia가 있다. 이는 「acro(높은)+phobia(공포)」으로 높은 곳을 두려워하는 '고소 공포증'을 의미한다. 어근 phobia는 '공포'라는 의미로, 주로 접미사로 사용된다. (자세한 내용은 73쪽 참조)

 ## 혀끝을 탁 쏘는 듯한 '신맛'은 acid

레몬을 한 입 베어물었을 때 신맛이 입안에 퍼지는 감각이 ak이다. 여기서 acid(산성, 신맛), acidic(신맛이 강한), acidulous(신맛이 나는)가 생겼다. 톡 쏘는 느낌이 있어서 acid는 발언과 어조가 '신랄한, 가시 돋친'이라는 의미로도 쓰인다.

또한, ak에는 '날카로운'이란 의미도 있어서 acute는 질병이라면 '급성의', 각도라면 '예각의', 통증이라면 '극심한'이라는 의미가 된다.

 ## 잎끝이 뾰족한 아카시아

초여름에 꽃이 피어나는 '아카시아(acacia)'의 이름은 잎끝이 뾰족한 것에서 유래했다. 뾰족한 끝이 점을 떠오르게 한다고 해서 얼굴에 점처럼 뾰족 튀어나온 '여드름'은 acne이다. acupuncture는 「날카롭게 찌르는(punct) 것」이므로 '침술'이고, acupressure는 「날카롭게 누르는(press) 것」이므로 '지압 요법'이다.

산소(oxygen)는 신맛이 나는 물질

형태는 조금 다르지만, eager는 의지가 날카로운(강한) 상태를 의미해서 '열심인, 열망하는'이라는 뜻이다. 식초는 당분을 함유한 식재료를 원료로 해서 알코올 발효시켜 만든 것인데, 특히 와인에 아세트산균을 넣어 발효시킨 것이 '와인 식초'이다. 프랑스에서는 식초라고 하면 와인 식초를 떠올릴 정도이다. 영어는 vinegar이며, 「vin(＝wine)+eager(혀에 톡 쏘는)」이므로 '식초'라는 뜻이 된다.

'산소'를 의미하는 oxygen의 ox도, ak이 변한 것으로 '신맛이 나는 물질'에서 나온 조어이다. oxide는 '산화물', dioxide는 「di(2)+oxide(산화물)」이므로 '이산화물', carbon dioxide는 '이산화탄소'이다.

와인(wine)은 프랑스어로는 vin이고 스페인어와 이탈리아어로는 vino이다. vine이나 grapevine은 '포도덩굴, 포도나무'이고, vineyard는 '포도밭'이다. '빈티지(vintage)'는 '~년산 와인'이나 '포도 수확기'를 말한다.

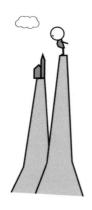

026

「알프스(Alps)」는
지구가 '길러낸'
최고로 높은 산

al = 성장하다, 영양을 공급하다

alto
남성의 최고음역
➡ 알토

alpine
높은 산의

alpinist
높은 산의 사람
➡ 등산가

exaltation
밖으로 높이 솟아오르는 것 ➡ 승진

altitude
높은 것
➡ 고도

old
성장하는 쪽으로
➡ 어른의

adult
성장한 쪽
➡ 성인(의)

elder
성장한
➡ 나이가 더 많은

 알토(alto)는 남성의 최고음역

'알토(alto)'는 성악에서 일반적으로 여성의 낮은 음역을 가리킨다. 원래 이 말은 남성의 최고음역을 가리키는 이탈리아어로, 라틴어로 '높은'이라는 뜻의 altus에서 유래했다. altus는 인도유럽조어에서 '성장하다, 영양을 공

115

급하다'의 al로 거슬러 올라갈 수 있다. al은 ol, el, ul 등으로 변화하여 다양한 영어가 생겨났다.

알프스 산맥(Alps)은 높은 산맥

old(나이 많은)는 원래 '성장한'이라는 뜻으로, 비교급인 elder(나이가 더 많은)와 최상급인 eldest(가장 나이가 많은)도 어원이 같다. 유럽 중앙부를 동서로 가로지르는 '알프스 산맥(the Alps)'의 형용사로는 Alpine(알프스 산맥의)과 alpine(높은 산의)이 있다. alpinist는 '등산가, 산악인'이다.

사춘기(adolescence)는 '성장단계에 있다'는 뜻

'성인, 어른'을 뜻하는 adult의 어원은 「ad(~쪽으로)+ult(성장한)」이다. adolescent(청소년, 청년)도 「ad(~쪽으로)+ol(성장하다)+escent(~하고 있다)」가 어원으로, '성장단계에 있다'라는 뜻이다. adolescence는 명사형으로 '사춘기'이다.

'자라다, 성장하다'라는 의미의 단어는 그밖에도 많이 있다. 이혼할 때 남편이 아내에게 지급하는 돈이 alimony(이혼 수당, 부양비)인데, 여기서 aliment(영양물, 마음의 양식)가 파생했다. abolish는 시대를 거치면서 의미가 강해진 단어로 「성장에서 벗어나다(ab)」에서 '폐지하다'가 되었다.

프롤레타리아(proletariat)는 '무산계급'

coalition은 「함께(co) 자라는 것」에서 '연립 정부, 연합체'라는 의미가 되었고, 동사 coalesce는 '결합하다, 연합하다', prolific은 「pro(전에)+ol(성장하다)+fic(하다)」로부터 '다작의, 다산의'가 되었다. 동사 proliferate(급증하다, 확산하다)에서 생겨난 proletariat(e)[프롤레타리아트]

는 고대 로마 시대 최하층 계급의 시민으로, 세금과 병역이 면제되고 자손을 남기는 식으로 나라를 섬긴 '무산계급(자본주의 사회에서 생산수단을 소유하고 있지 않은 사람들)'을 말했다.

 ## 모교(alma mater)는 '양육한 어머니'

alma mater는 라틴어에서 '모교'의 의미로, 원래 「양육의(alma) 어머니(mater)」라는 뜻으로 모교에서 성장한 '졸업생'이 남자라면 alumnus, 여자라면 alumna이고 복수형 alumni는 남녀구분 없이 쓴다. '동창회'는 alumni association(반창회는 a class reunion)이며, '동창회 모임'은 an alumni meeting이라고 한다. 모교 하니까 "오랫동안 사귀었던 정든 내 친구여…"로 시작하는 과거 졸업식에서 불렀던 《석별의 정》이란 곡이 떠오른다. 원곡은 《올드 랭 사인 Auld Lang Syne》으로 지금의 영어로는 Old Long Since(오래전부터)인데, 영국에서는 이 노래를 새해 전날에 많이 불렀다고 한다.

 ## 교회의 제단(altar)은 한 계단 높아진 장소

altitude(고도, 고지), altimeter는 「높이를 측정하는(meter) 것」이므로 '고도계'이다. exalt 「밖으로(ex) 높게 하다」에서 '찬양하다, 승진시키다'가 되었고, 명사형 exaltation은 '하늘을 날 것 같은 행복감, 승진'을 뜻한다. 교회에서 한층 높은 곳에 있는 '성기대'나 '제단'은 altar이다. 높게 머문 느낌을 주는 haughty(거만한, 오만한)는 라틴어의 alt가 프랑스어를 거쳐서 영어에 들어온 것이다.

enhance는 「높게(hance) 하다」에서 가치나 지위를 '높이다, 향상시키다'라는 뜻이 되었고, 컴퓨터 용어로는 소프트웨어나 하드웨어의 '기능을 향상시키다'이다.

027

'외국인'은 공식적으로는 「에이리언(aliens)」

al/ultra = 다른, 넘어, 저 너머에

alien 다른 혹성에서 온 ➡ 우주인

alter 다른 형태로 ➡ 바꾸다

ultra ~을 넘어선 ➡ 초~

alternative 둘 중 어느 쪽이든 ➡ 대안

 알리바이(alibi)는 '다른' 곳에 있었음을 증명하는 것

라틴어 ali는 '다른, 따로'를 나타내며, 용의자가 범행 시간에 현장과는 다른 장소에 있었음을 증명하는 '알리바이(alibi)'나 지구와는 다른 행성에서 온 외계인을 말하는 '에일리언(alien)' 등의 단어에 사용된다. alibi는 명

사로 '변명', 동사로 '변명하다'라는 의미도 있다.

ali는 인도유럽조어로 '～을 넘어, 저 너머에'라는 의미의 al로 거슬러 올라갈 수 있다. else(그 밖의)와 other(다른)도 같은 어원이며, another는 「an+other」에서 생긴 단어로 원래 '또 다른'이라는 뜻이다.

외국인은 공식적으로 에이리언(aliens)

alien은 외계인 말고 '외국인'의 의미도 있는데, 배타적인 어감이라 무시하는 느낌을 줄 수 있다. 그러나 법률 용어로는 '체류 외국인, 영토 밖에서 태어난 사람'을 가리키므로 공항에서 입국 심사의 표시 문구에 ALIENS가 사용된다. alien은 형용사로 '외국의'나 '친숙함이 없는, 이질적인'이라는 의미로도 쓰인다. 동사형은 alienate(멀리 하다, 소외시키다)이다.

옷 수선할 때는 change가 아니라 alter로

alias[에일리어스]는 '별명, 가명'이라는 의미로, Clark Kent, alias Superman(클라크 켄트, 별칭 슈퍼맨)처럼 사용한다.

'변하다'라는 의미의 라틴어 alterare는 프랑스어로 altérer가 되었고, alter(바꾸다)의 형태로 영어에 들어왔다. 유의어인 change와의 차이는 alter에는 '부분적으로 바꾸거나 고치다'라는 의미가 있다는 점이다. 부분적인 '변경'과 '수정'은 alteration이다.

parallel은 「다른 것 옆에(para) 있다」로 형용사로는 '평행한, 유사한'이고, 명사로는 '필적할 만한 것, 유사점'이고, 동사로는 '필적하다, 평행하다'이다.

양자택일은 alternative

alternative는 '둘 중에서 하나'라는 의미로 명사일 때는 '선택 가능한 것, 대안', 형용사일 때는 '대체 가능한'이다. choice(선택)와 달리 반드시 하나를 선택해야 함을 암시하는 단어이다. alternate는 '교대의, 하나씩'의 의미로, work on alternate Mondays(격주로 월요일에 일하다)와 같이 사용한다. 타인의 이익을 우선하는 사고방식인 '이타주의'는 altruism이다.

아고라(agora)는 자유롭게 말하는 공공광장

우화(allegory)는 교훈적인 내용을 담은 비유로, 어원은 「al(다른)+ agora(이야기)」이다. 아고라(agora)는 고대 도시국가 폴리스에서 정치와 경제, 사교의 중심이었던 '공공광장'을 말한다. 그리스어로 '자유롭게 말하다'에서 유래했다. 또 altercation은 말을 번갈아 가며 주고 받는다고 해서 '언쟁, 논쟁'이다.

울트라(ultra)의 발음은 [ʌ́ltrə]

인도유럽조어 al의 파생어인 ol-tero는 라틴어에서 ultra로 변화했고, '~을 넘어선, 초~'라는 뜻의 ultramodern(초현대적인), ultraviolet(자외선의), ultrasonic(초음파의), ultimate(궁극적인), ultimatum(최후통첩) 등의 단어가 탄생했다. '폭력, 비도덕, 격노'를 의미하는 outrage도 ultra에서 유래했다. oltrage(정상을 넘은, 과도한)에서 고대 프랑스어를 거쳐 영어로 들어왔다.

4

「수」를 나타내는 영어 어원

숫자 1, 2, 3부터 수의 많고 적음까지
수와 관련된 어원을 정복해보자!

028

라틴어에서 '숫자 1'은 「유니(uni)」

uni = 1

uniform
하나의 형태 ➡ 제복

united 하나가 된 ➡ 단결한, 연합한
unit 하나의 것 ➡ 세트

unique
하나의 ➡ 특유의

reunion 다시 하나가 되는 것 ➡ 재회

 부정관사인 an은 단수형 명사 앞에

현대 영어에서 부정관사 a는 뒤에 오는 명사가 자음으로 시작하는 단어일 때, an은 모음으로 시작하는 단어일 때 사용된다. 12세기경에는 an을 '하나의'라는 의미로 자모음 구분 없이 단수형 명사 앞에서 사용했다.

부정관사 an에서 탄생한 one

12세기 중반이 되면서 자음 앞에 an 대신 a를 사용하기 시작했고, 14세기 중반 이후에는 일부 예외를 제외하고 자음 앞에는 a를 사용했다.

부정관사 an에서 생겨난 것이 숫자 1을 나타내는 one이다. an과 one은 소리가 매우 비슷하다. once(1회)도 같은 계통의 언어이다.

참고로 숫자 1은 프랑스어로 un[앙]이고, 스페인어나 이탈리아어로 uno[우노]이다.

 an과 one에서 만들어진 any

an이나 one과 발음 및 형태가 비슷한 단어인 any는, an과 one에 y가 붙은 형태이다. 전체 중에서 무작위로 하나를 골라낸다는 뜻으로, '어떤 하나를 취해도'에서 '아무거나'나 '무언가 하나라도'라는 의미가 되었다.

예를 들어, Any child likes chocolate.은 '어떤 아이라도 초콜릿을 좋아한다.'이고 Any ice cream will do.는 '어떤 아이스크림이라도 좋으니까 하나 주세요.'라는 의미가 된다.

 none은 no one의 축약형

anyone도 마찬가지로 Does anyone know him?은 '누구든지 그를 아는 사람이 있나요?'이고, Don't anyone move!는 '아무도 움직이지 마!'라는 뉘앙스이다. none은 원래 no one의 의미이므로, '아무도 ~이 아니다'나 '누구도 ~하지 않는다'이다.

alone은 all one의 단축형

alone은 「all(전혀)+one(혼자)」에서 나온 단어로, '혼자서, 외롭게, 오직 ~만'이라는 의미이다. 그래서 all by oneself는 '완전히 혼자'라는 뜻이다.

lone은 alone의 a가 떨어져나온 단어로 '혼자인, 단독의'라는 의미이고, 파생어인 lonely는 '혼자, 외로운'이다.

-ly에는 원래 '~와 같은, ~다운'이라는 의미가 있으므로, lonely는 혼자인 것만 같은 '외로운, 쓸쓸한'이다. lonesome은 「lone(단 한 사람의)+some(같은)」이므로 '외로운, 고독한'이다.

라틴어의 1은 uni

숫자 1을 나타내는 an, a, one의 바탕이 된 것이 바로 라틴어 uni이다. 학교나 회사 등 조직에 소속된 사람들이 입는 '유니폼(uniform)'의 어원은 「unit(하나의)+form(형태)」이고.

'미국'을 의미하는 U.S.A는 United States of America의 약자인데, 이 때 United는 '하나로 된'이라는 뜻이다.

atone은 「at+one」으로, 마이너스 상태에서 「하나로(at one)」하는 것이므로 실패나 죄, 오류, 결함 등을 '보상하다'라는 의미가 된다.

동물 animal은 '숨을 쉬는 것'

unanimous는 「숨(anim)을 하나로 하다」인데, 숨을 하나에 모으는 것이므로 '만장[전원]일치의'이고, 명사형 unanimity는 '만장일치'이다.

anima는 라틴어로 '생물', '정신'을 의미하는데, 인도유럽조어(1쪽 참조)에서 '숨을 쉬다'라는 의미의 ane으로 거슬러 올라간다.

animal은 「숨을 쉬는 것」에서 '동물'이 되었고, '애니미즘(animism)'은 '정령 신앙', animate는 「숨을 쉬다」에서 '생명을 불어넣다, 만화영화로 만들다'가 되었다. 명사형은 '애니메이션(animation)'으로 '만화영화'와 '생기, 활기'라는 의미가 있다.

 ## 하나밖에 없는 독특한(unique)

uni-가 들어간 단어로는 union(조합, 결합), unify(통일하다), unit(모든 구성, 구성단위), unique(유일한, 특유의) 등이 있다. 또 united는 「하나가 된」에서 '(같은 목적으로) 단결한, 연합한', reunion은 「다시 하나가 되는 것」에서 '재회, 동창회'를 의미한다.

참고로, 일본의 의류기업 '유니클로(UNIQLO)'의 회사명은 홈페이지에 따르면 unique clothing warehouse의 약자로 '독특한 의류 창고'를 의미한다고 한다.

029

그리스어로 '숫자 1'은 「모노(mono)」

mono = 1

monorail 하나의 레일 ➡ 모노레일

monocle 하나의 눈 ➡ 단안경

monocycle 하나의 바퀴 ➡ 외발자전거

monopoly 혼자서 판매하는 것 ➡ 독점, 전매

monarch 하나의 머리 ➡ 군주

 그리스어로 1은 mono

선로가 한 개인 레일은 '모노레일(monorail)', 흑백 단색은 '모노크롬 (monochrome)', 단일 톤은 '모노톤(monotone)', 혼자 하는 연극과 독백 은 '모노로그(monologue)'이다. 이처럼 숫자 1을 나타내는 '모노'를 사용한

126

외래어가 많이 있다. mono는 그리스어로 숫자 1을 나타내며 주로 접두사로 영어에 들어왔다.

 영국의 국회의사당은 '대성당'

monk(수도승)는 monos(혼자)에서 파생된 그리스어 monakhos(혼자 사는 것)가 어원이다. 독일 바이에른주 수도인 '뮌헨(Munich)'은 [mjúːnɪk]로 발음하고 16세기 중반에 Black Monk라는 베네딕트 수도사가 시장(market) 도시로 건설한 것에서 유래한다. monastery(남자 수도원)도 monos에서 monazein(혼자 살다)을 거쳐 파생된 그리스어 monasterion(혼자 사는 방)이 어원이다. 런던의 템스강(Thames River) 왼쪽 강변에 우뚝 솟은 '웨스트민스터(Westminster)' 궁전이 바로 영국의 '국회의사당'이다. minster는 '수도원'인 monastery와 같은 어원을 갖고 있는데, 수도원 부속의 '교회당'이나 '대성당'을 말한다.

 많은 한국인은 monolingual

숫자 1을 나타내는 mono는 bicycle(두발 자전거)에 대응하는 monocycle(외발자전거), binoculars(쌍안경)에 대응하는 monocle(단안경), bilingual(이중 언어의, 2개 국어를 할 줄 아는)에 대응하는 monolingual(하나의 언어만 사용하는)에서도 나온다.

monochrome은 「하나의 색(chrome)」이므로 '흑백(의), 단색(의)'가 되고, monograph는 「하나를 전문적으로 쓰다(graph)」이므로 '어떤 특정 분야의 연구 논문', monopoly는 「하나만 판매하는 것(poly)」이므로 '독점(권)'이나 '전매(회사)'가 된다. monopoly의 동사형 monopolize는 '독점하다'이다. 참고로 monochrome의 chrome은 그리스어로 '색상'을 나타내는데, chromatin[크로마틴]은 '염색질(염기성 색소로 염색이 되는 물질)'이고

chromosome은 '염색체'이다.

monotonous는 '하나의 소리'에서 '단조로운'

monotone의 형용사 monotonous는 「소리(ton)가 하나밖에 없는」이므로 '단조로운'이라는 의미이다. 상상 속의 동물로 이마에 뿔 하나가 있고 날개가 달린 말 '유니콘'은 라틴어를 경유하면 unicorn이지만, 그리스어를 경유하면 monoceros[모노케로스]이다.

마찬가지로 monaural은 「하나인 청각의(aural)」로 '스피커가 하나뿐인→(레코드 등이) 한쪽 귀로만 소리를 듣는 모노럴의'라는 의미가 되었다. 반의어 stereophonic은 '(음성 재생 시스템이) 입체 음향의, 스테레오의'이다.

그리스어로 '장'과 '머리'는 arch

monarch는 「하나의 머리(arch)」에서 '(국가의 유일한) 군주, 국왕'이 된다. 군주에 의해 국가가 통치되는 제도는 monarchy(군주제)이다.

arch는 그리스어로 '(우두)머리, 장'을 의미한다. '아나키(anarchy)'는 무정부 상태를 나타내고, archangel은 「천사(angel)의 우두머리」이므로 '(유대, 그리스도, 이슬람교의) 대천사'를 뜻한다. architect는 「짜는, 세우는 (tect) 머리」이므로 '건축가', architecture는 '건축술', archbishop은 「주교(bishop)의 우두머리」이므로 '대주교'이다.

'고고학'인 archaeology는 「학문(logy)의 머리」가 어원으로, 이 경우의 '머리'는 '처음'이나 '앞'이라는 의미로, '역사의 처음을 다루는 학문'에서 유래했다. 마찬가지로 archive도 '고문서, 기록문서'이다.

「handsome(잘생긴)」의 어원은 손 '같은' 다루기 쉬운 적당한 크기

sem/sim/homo/some = 같은, 하나의

ensemble
함께 행하는 것 ➡ 소수의 합주(합창)

assemble
모두 같은 곳에 가다 ➡ 모이다

facsimile
같은 것을 만드는 것 ➡ 복사

similar 동일한 것 같은 ➡ 닮은

 same과 seem은 같은 어원

homosexual(동성애자, 동성애의), same(같은), seem(~처럼 보인다), single(혼자의, 독신의, 싱글)은 서로 상관없는 단어들 같지만, 어원을 추적해보면 인도유럽조어에서 '하나'와 '같은'을 나타내는 sem으로 거슬러 올

129

라간다. simple은 「한 번만 접는(ple)」에서 '단순한, 소박한', singular는 '단수형(의), 뛰어난'이라는 뜻이다.

 some은 '어느 하나의'

'일부'라는 의미로 쓰이는 some도 앞에 나온 단어들과 같은 어원으로, 원래 '하나의'라는 뜻이다. '누군가'의 someone과 somebody는 「어떤 사람」, '무언가'의 something은 「어떤 것」, '언젠가'의 sometime은 「어떤 때」, '가끔'의 sometimes는 「어느 때때로」이고, '어딘가에'의 somewhere는 「어떤 장소에」, '어떻게든, 왠지'의 somehow는 「어떤 방법으로」가 원래의 뜻이다.

 접미사로 사용하는 some은 형용사를 만든다

troublesome(귀찮은)처럼 명사나 동사에 접미사 some이 붙으면 형용사가 되지만, 이 some도 '어느 하나'나 '~와 같은'에서 생겨난 단어이다.

awesome은 「awe(경외감)+some(같은)」이므로 '엄청난, 굉장한'이고, handsome은 「hand(손)+some(같은)」으로 「손으로 다르기 쉬운→적당한 크기」에서 '보기 좋은, 잘생긴'이 되었다.

tiresome은 「tire(지치게 하는)+some(같은)」에서 '지루한, 지친, 성가신', meddlesome은 「meddle(간섭하다)+some(같은)」에서 '간섭하길 좋아하는'이 되었다.

 semble은 '같은', '함께'

둘 이상이 함께하는 중창/중주를 뜻하는 '앙상블(ensemble)'은 원래 프랑스어로 '함께, 같이'라는 뜻의 부사에서 유래한 단어이다.

복식에서는 전체적인 조화를 이룬 한 벌의 여성복을 말하며, 드레스와 코트, 상의와 스커트 등 색조와 소재가 조화로운 조합을 뜻한다. 음악에서는 '소수의 합주, 합창'이다.

resemble은 「re(완전히)+semble(같은)」이므로 '~와 비슷하다'이고, assemble은 「a(s)(~쪽으로)+semble(같은)」이므로 모두가 같은 곳에 간다는 뜻에서 '모이다, 조립하다'가 되었다. 명사형인 assembly는 '집회, 의회'이다.

 ## simil도 '같은', '함께'

facsimile은 「fac(만들다)+simile(같은)」가 어원으로, 같은 것을 만드는 기계이므로 '팩시밀리, 복사'라는 의미가 된다. simile은 as busy as a bee(꿀벌처럼 바쁘다)와 같이, 어떤 것을 다른 유사한 것과 직접 비교하는 표현법인 '직유(metaphor)'를 의미한다. similar는 '유사한, 닮은'이라는 뜻으로, 명사형이 similarity(유사성)이다. assimilate는 「같은 쪽으로 만들다」이므로 '동화하다'이다.

 ## 시뮬레이션(simulation)은 같은 척 하는 것

축구 용어로 '시뮬레이션(simulation)'은 일부러 넘어지거나 하면서 심판의 눈을 속이는 행위이다. 반칙을 당한 선수와 '같은' 척하는 것을 말하며, '~한 체하다, 모의실험을 하다'라는 의미의 동사 simulate에서 나온 단어이다. simultaneous는 '동시에 일어나는'이란 의미로 simultaneous interpretation은 서로 다른 두 언어 간의 통역을 동시에 수행하는 '동시통역'이다.

sem은 그리스어 경유로 homo와 homeo로

인도유럽조어의 sem은 그리스어를 거쳐서 homo와 homeo의 형태로 영어에 들어왔다. homogeneous는 「같은 종(gene)의」이므로 '동종의, 균질의'이고, homophone은 「같은 소리(phone)」에서 peace/piece처럼 형태는 다르지만 같은 소리가 나는 '이형 동음 이의어'를 의미하게 되었다.

 ## 호모 사피엔스(Homo sapiens)의 homo는 '인간'

'호모 사피엔스(Homo sapiens)'는 라틴어의 「homo(인간)+sapiens(현명한)」에서 유래하며, 다른 어원으로 인도유럽조어의 '대지'를 의미하는 dhghem으로 거슬러 올라간다.

human은 '인간(의)'이고, humanity는 '인간성, 인류', humane은 '인도적인, 인정 있는'이다.

 ## 낮은 곳에 있는 사람에서 hum은 '낮은'의 의미로

대지에 있는 인간은 하늘의 신보다 아래에 있는 존재이기 때문에 hum에는 '낮은'이라는 의미가 생겼다. humble은 '겸손한, 신분이 낮은', humility는 '겸손', humiliate는 머리를 땅에 대는 것이므로 '굴욕감을 주다', 명사형 humiliation은 '굴욕, 수치'이다.

또한, 저지대는 습도가 높으므로 humid는 '습기가 많은'이고, 명사형인 humidity는 '습기'가 된다.

「비스킷(biscuit)」은 '2번' 구운 것

dou/du/do/bi = 2

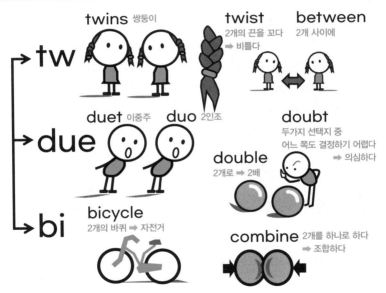

tw

twins 쌍둥이

twist 2개의 끈을 꼬다 ➡ 비틀다

between 2개 사이에

due

duet 이중주   **duo** 2인조

doubt 두가지 선택지 중 어느 쪽도 결정하기 어렵다 ➡ 의심하다

double 2개로 ➡ 2배

bi

bicycle 2개의 바퀴 ➡ 자전거

combine 2개를 하나로 하다 ➡ 조합하다

숫자 2를 나타내는 tw는 게르만어에서 유래

　two, twelve, twenty, twice(2배, 2회)에 사용되는 tw는 숫자 2와 관련되어 있을 거라고 독자들도 어렴풋이 느끼고 있을지 모르겠다. 숫자 2를 연상시키는 말은 twin bedroom(2개의 침대가 놓여 있는 방), twin sisters(쌍둥이 자매), twig(둘로 갈라진 나뭇가지, 잔가지), 일출 전의 '여명'이나 일몰 전의 '황혼'을 의미하는 twilight, 두 줄을 꼰다는 의미가 있는 twist(비틀다), 두 사물이나 사람의 '사이에'를 나타내는 전치사 between을 들 수 있다. twine은 두 개의 실이 엉킨 것이기 때문에 동사로 '얽히다', 명사로는 '노끈'이 된다. 지휘봉을 빙빙 돌리는 사람을 baton twirler(악대 지휘자)라고 한다. twirl(빙빙 돌리다)도 같은 어원이다.

 ## 인도유럽조어 dwo는 라틴어를 거쳐 dou/du/do로

앞에서 나온 단어에 공통되는 tw는 게르만어에서 유래했지만, 인도유럽조어에서 숫자 2를 의미하는 dwo로 거슬러 올라갈 수 있다. 자음의 d가 게르만어에서 t가 되는 것은 '그림의 법칙(79쪽 참조)'을 따른다. dwo는 라틴어를 거쳐 dou, du, do의 형태로 영어에 들어왔다. '2인조'의 duo(듀오)를 비롯해 duet(이중주, 듀엣), double(2배, 이중), dual(이중으로 된), 그리고 검이나 권총을 사용해 둘이서 하는 duel(결투)이 같은 어원을 가진 단어이다.

 ## 두 가지 선택지 사이에서 결정할 수 없는 것이 doubt

doubt(의심; 의심하다)의 어원인 dubium(의심)도 라틴어에서 파생한 단어로, 두 선택지 사이에서 결정하기 어렵다는 것이 원래의 의미이다. 이는 그리스인이 '딜레마(dilemma)'라고 부르는 상황으로, 선택지가 둘 있지만, 양쪽 다 바람직하지 않은 결과를 낳기에 어느 쪽으로도 가지 않는 것이다. doubt의 형용사형인 doubtful과 dubious는 '의심하는, 불확실한'이고, 부사 doubtless와 undoubtedly는 '의심할 여지없이, 틀림없이'이다.

dozen은 「do(2)+zen(10)」에서 '12개 짜리 한 묶음, 1다스'이고, duplicate(복사하다, 꼭 닮은)는 원래 「둘을 겹치다(pli)」라는 뜻이다.

트럼프와 주사위의 2는 deuce

테니스 경기에서 40-40이 된 상태를 '듀스(deuce)'라고 하는데, 이때 어느 쪽이든 2포인트를 먼저 따낼 때까지 경기는 계속된다. deuce는 원래 트럼프와 주사위의 숫자 2를 말한다. 트럼프 게임에서는 1은 '에이스(ace)'가 되기 때문에, 2는 가장 약한 수로 '악운'을 연상시킨다.

deuce는 라틴어로 '신'을 나타내는 deus(=Zeus)와 비슷하다. hell(지옥)과 마찬가지로 What the deuce[hell] are you doing here?(도대체 여기에서 무엇을 하는 거야?)와 같이 쓰인다.

 두 개로 접은 졸업증서는 diploma

diploma는 「둘로(반으로) 접은 것」으로 '졸업증서, 자격 면허증, 공문서'를 의미한다. 이는 예전에 면허장이나 공문서가 양피지를 반으로 접어서 수여한 것에서 유래했다. 형용사인 diplomatic은 「공문서의→외교문서의」가 되어 '외교상의, 외교관의'이다. diplomat은 '외교관', diplomacy는 '외교(술)'이다.

 비스킷(biscuit)은 '2번 구웠다'

바퀴가 2개인 bicycle(자전거)의 bi도 dwo에서 유래한다. '바이애슬론(biathlon)'은 「2개의 경기(athlon)」라는 뜻으로 크로스컨트리 스키와 사격이라는 두 종목을 조합한 경기를 말한다.

bilingual은 「2개의 혀(ling)를 가진」에서 '이중 언어의, 2개 국어를 할 줄 아는'이 되었고, bicentennial은 「200년(enn)의」에서 '200년마다', binary는 「2의」에서 '이진법(의)', combine은 「2개(bine)를 하나로 하다」에서 '조합하다'라는 의미가 되었다.

또한 '비스킷(biscuit)'은 「2회 요리하다(cuit=cook)」로 원래는 '2번 구운'이라는 뜻이었다. 냉장고가 없는 시대에는 수분을 확실히 날려 며칠이고 보존할 수 있도록 하는 지혜가 있었다. biscuit은 영국에서는 '쿠키', 미국에서는 '스콘'을 가리킨다.

앞에 나온 '이중 언어의(bilingual)'의 ling(혀, 135쪽 참고)은 라틴어로 '혀, 언어'를 의미하는 lingua에서 유래했다. language(언어), linguist(언어학자), linguistics(언어학), tongue(혀)는 모두 같은 어원이다.

COLUMN   더 재미난 어원 이야기

★ 까르보나라는 숯불구이식 파스타

요리와 관련된 단어를 조금 더 이야기해보려고 한다. '탄소'인 '카본(carbon)'은 인도유럽조어에서 '열, 불'을 의미하는 ker에서 유래한다. carbonate는 「carbon(탄소)+ate(염기)」에서 '탄산염'이 되었고, '탄산음료'는 carbonated beverages, '발포주'는 carbonated alcoholic beverages이다.

'까르보나라(carbonara)'는 원래 숯불구이식 파스타라는 뜻이다. '파스타(pasta)'는 이탈리아어인데 영어의 paste(페이스트) 즉 '반죽'에 해당하는 단어이다. pastry는 파이나 타르트 등 '페이스트리 반죽', patisserie는 '프랑스식 빵이나 케이크(를 파는 가게)', pastry cook은 '파티시에'를 말한다.

'3개'의 뿔을 가진 공룡 「트리케라톱스(triceratops)」

tri = 3
quart/quad(r) = 4

tricycle 3개의 바퀴
➡ 세발자전거

trio
3인조

triangle
3개의 각
➡ 삼각형

triceratops
3개의 뿔을 갖고 있다
➡ 트리케라톱스

tetrapod
4개의 다리 ➡ 테트라포드

square
사각 ➡ 광장

quartet
4인조

quadrangle 4개의 각 ➡ 사각형

quarter
4분의 1

 상완삼두근은 **triceps**

숫자 3의 three나 third(3번째)는 인도유럽조어 trei에서 유래했다. 바퀴가 두 개인 '자전거'는 bicycle, 바퀴가 세 개인 '세발자전거'는 tricycle이다. '이중창, 이중주'는 '듀엣(duet)'이고, '삼중창, 삼중주, 3인조'는 '트리오(trio)'이다. 보통 이두박근이라고 말하는 biceps(상완이두근)은 「bi(2)+ceps(머리)」이고, '상완삼두근'은 triceps이다. '이중 언어의, 2개 국어를 할 줄 아는'은 bilingual이고, '3개 국어를 할 수 있는'은 trilingual[트라이링규얼]이다.

'한 번'은 once, '두 번'은 twice, '세 번'은 thrice인데, 현대 영어에서는 보통 three times라고 한다.

 ## 3개의 뿔을 가진 공룡 트리케라톱스(triceratops)

'100만(million)'의 1000배는 billion(10억)이고, billion의 1000배는 trillion(1조)이다.

'2년마다의'는 biennial, '3년마다의'는 triennial이다. '트리플(triple)'은 「3중으로 겹치다(ple)」이므로 '3배(의)', '세쌍둥이'는 triplets, '3자 간의'는 trilateral이다.

초식 공룡인 '트리케라톱스(triceratops)'는 머리에 뿔이 3개 있어서 「tri(3)+cerat(뿔)+ops(보기)」인데, 중국에선 '삼각용(三角龍)'으로 표기하기도 한다. 파랑색, 하얀색, 빨강색의 프랑스 삼색기는 tricolor이다.

 ## 부족(tribe)은 고대 로마시민을 셋으로 나눈 것에서 유래

'부족'의 tribe는 고대 로마시민을 세 부족으로 나눈 것에서 유래한다. 시민은 평화나 안전을 보장받는 대가로서 나라에 공헌했으므로 tribute가 '공물, 감사'가 되었고, tribune은 시민의 '옹호자'라는 의미이다. 이때 tribute는 '주다'라는 의미이며, 접미사로 다음 단어들을 만든다.

distribute는 「dis(멀리)+tribute(주다)」에서 '분배하다'가 되었고, contribute는 「con(함께)+tribute(주다)」에서 '공헌하다', attribute는 「a(t)(~쪽으로)+tribute(주다)」에서 '원인을 ~에 돌리다'가 된다.

사중창과 사중주는 콰르텟(quartet)

　숫자 4의 four는 인도유럽조어의 kwetwer에서 유래했으며, 라틴어를 거쳐 주로 quar의 형태로 영어에 들어왔다.

　'4인조, 사중주, 사중창'은 quartet[콰르텟]이고, '4분의 1'은 quarter[쿼터]이다. quarter는 1시간의 4분의 1이니까 '15분', 1달러의 4분의 1이므로 '25센트 동전', 1세기의 4분의 1이므로 '사반세기'가 된다. 그 외에 복수형으로 특정 지역에 사는 '주민'이나 그런 '지역', '병사' 등의 의미도 있다. GHQ는 General Headquarters의 약자로 general은 '모든 부문에 관한', headquarters는 '본부, 사령부'이므로 GHQ는 '총 사령부'이다.

 사각의 광장은 square

　'쿼트(quart)'는 액체의 양을 나타내는 단위로 1갤런(미국=약 3.8리터, 영국=약 4.5리터)의 4분의 1에 해당하는 양이다. '스퀘어(square)'는 '직사각형, 정사각형'에서 사각형 모양의 '광장'을 뜻하고 '제곱'의 의미도 있다. 특정 임무를 수행하는 '부대'나 '반'을 '스쿼드(squad)'라고 하는데, 과거 총과 같은 무기가 없었던 시대에 보병이 직사각형 포진으로 적의 기마대에 맞섰기 때문에 그런 이름이 붙었다. '채석장'을 의미하는 quarry는 「돌을 사각형으로 자르는 곳」에서 유래했다.

 검역(quarantine)은 40일간의 격리

　전염병 예방을 위한 '격리'나 '검역'을 나타내는 quarantine은 이탈리아어로 '40일간'을 나타내는 quarantina가 어원이다. 과거 베네치아(Venice/Venezia)의 항구에서 역병에 오염된 나라로부터 기항한 배를 40일간 대기시켰던 것에 유래한다.

대퇴사두근은 quadriceps

quadrangle은 「4개의 각(angle)」에서 '사각형', quadriceps는 「4개의 머리(ceps)」에서 '(대퇴부의) 사두근', quadrennial은 「4년(enn)의」에서 '4년마다의', quadruple은 「4개가 겹치다(ple)」에서 '4배의'가 되었다. quadruped는 「4개의 다리(ped)」이므로 '네발짐승'을 뜻하며, quadruplets는 '네쌍둥이'이다.

테트라포드(Tetrapod®)는 네발 방파석

인도유럽조어에서 숫자 4를 나타내는 kwetwer는 그리스어를 거쳐서 tetra의 형태로 영어에 들어온다. 해안이나 하구 등에 있는 네발 방파석 '테트라포드(Tetrapod®)'의 어원은 「4개의 발(pod)」이다. 우유나 주스 등 사면체 종이팩 '테트라팩(Tetra Pak®)'도 같은 어원이다.

영국에서 '2주간'을 나타내는 fortnight는 원래 「14번째(fourteen)의 밤」이라는 뜻인데, 이는 고대 게르만인들이 하루를 셀 때 day가 아닌 night로 세었던 것에서 유래한다.

철인 3종경기는 트라이애슬론(triathlon)

철인 3종경기로 친숙한 '트라이애슬론(triathlon)'은 수영, 사이클, 마라톤 세 종목을 조합한 스포츠이다. 승마, 사격, 수영, 마라톤을 조합한 '철인 4종경기'는 테트라슬론(tetrathlon)이다.

033

「September(9월)」는 사실 '7번째' 달이다

quin(t)/penta = 5 sex/hex = 6
septem/hepta = 7 okt = 8
newn = 9 dekm = 10

quintet
5인조

5
pentagon
5개의 각 ➡ 오각형

6
hexagon
6개의 각 ➡ 육각형

8
octave
8도 음정

octopus
8개의 다리 ➡ 문어

 five/finger/fist는 같은 어원

숫자 5의 five는 고대 게르만어 fimfe에서 유래한 것으로, 더 나아가 인도유럽조어의 penkwe로 거슬러 올라갈 수 있다. 다섯 '손가락' finger와 다섯 손가락으로 구성된 '주먹' fist도 five와 같은 어원이다. 인도유럽조어

141

의 p 발음이 게르만어를 거쳐서 f 발음으로 바뀌는 것은 '그림의 법칙'에 의한 것이다.

penkwe는 라틴어에서 quint로 변해 영어로 들어왔다. '퀸텟(quintet)'은 '5인조, 5중주, 5중창', quintuple은 「5개 겹친(ple)」이므로 '5배(의)', quintuplets는 「5개인 것」에서 '다섯 쌍둥이'가 되었다.

오각형의 미국 국방성은 펜타곤(Pentagon)

penkwe는 그리스어를 거치면서 pent로 바뀐다. 오각형 모양인 미국 국방성 건물 '펜타곤'의 어원은 「penta(5)+gon(뿔)」이다. pentathlon은 「5가지의 경기(athlon)」이므로 '근대 5종 경기'이다. athlete는 '운동선수, 육상선수', athletics는 '운동경기, 육상경기'이다.

와인 등의 술에 설탕, 향료, 레몬 등 총 5가지 재료를 넣은 음료를 '펀치(punch)'라고 하는데, 이 말은 힌디어(인도의 제2 공용어)로 숫자 5를 나타내는 '펀치(panch)'에서 유래한다. 베수비오 화산의 분화로 매몰된 이탈리아의 고도시 폼페이(Pompeii)는 이탈리아조어로 「5개(pompe)로 나누어진 지구(地區)」에서 유래했다.

파키스탄과 인도에 걸친 광대한 지역을 '펀자브(Punjab)'라고 한다. 이 Punjab는 페르시아어로 「5개의 물(ab)」이 어원인데, 그 지역에 5개의 강이 흐르고 있었던 데서 유래했다.

숫자 6의 six는 라틴어의 sex, 그리스어의 hex가 어원이다. sextuplets는 「6개가 겹친(ple) 것」이므로 '여섯 쌍둥이'이다. 상반기와 후반기 2학기제의 '학기'는 semester이며, 어원은 「se(6)+mense(월)」이다.

hexagon은 「hexa(6)+gon(각)」이므로 '6각형'이고, hexapod는 「hexa(6)+pod(다리)」에서 다리가 6개 달린 동물인 '육각류'나 '곤충(의)'이다.

원래는 7번째 달이었던 September

숫자 7의 seven은 라틴어의 septem, 그리스어의 hepta가 어원이다. heptagon은 「hepta(7)+gon(각)」이므로 '7각형'이다.

September(9월)는 원래 「7번째 달」인데 고대 로마력은 3월부터 시작되었기 때문에 2개월이 늦어져서 7월이 아닌 9월이 된 것이다. 마찬가지로 8번째 달은 October(10월), 9번째 달은 November(11월), 10번째 달은 December(12월)이다.

 8개 다리를 가진 문어는 octopus

숫자 8의 eight은 라틴어의 octo, 그리스어의 okto가 어원이다. 8도 음정은 '옥타브(octave)'이고, 8개 다리가 있는 '문어'는 octopus이고, '8각형'은 octagon이다. octogenarian은 「octo(8)+genaria(10배)+an(사람)」이므로 '80대인 사람'이다.

 9각형은 nonagon

숫자 9의 nine은 인도유럽조어 newn이 어원이다. nonagon는 '9각형', nonagenarian은 '90대인 사람'이다.

'정오'의 noon은 원래 평균적인 일출 시각인 오전 6시에서 9시간이 지난 오후 3시까지를 가리켰다. '정오'의 의미가 된 것은 12세기 이후부터이다.

 10각형은 decagon

숫자 10의 ten은 인도유럽조어 dekm이 어원이며, '그림의 법칙'에 따라 d 발음이 t로 바뀐 것이다.

영국 국교회의 '대성당 주임 사제'나 대학의 '학과장'을 의미하는 dean 은 수도원의 10명의 수도사 중 수장을 나타내는 라틴어 decanus가 어원 이다. 보카치오가 쓴 이야기책 《데카메론 The Decameron》은 열흘간의 이야기라는 뜻이다. '데시리터(deciliter)'는 '10분의 1리터'이고, decade는 '10년간'이며, '다임(dime)'은 '10센트 동전', decimal은 '십진법의, 소수(의)' 이다. decimate는 고대 로마 군대에 10명당 1명의 비율로 죽이는 처벌법 이 있었던 데서 유래했으며, '(사람이나 동식물을) 대량으로 죽이다'의 의미 로 사용된다. decathlon은 '10종 경기'이고, decagon은 '10각형'이다.

그 이상의 도형은 polygon(다각형)이라고 한다.

 ## 13의 thirteen은 「three+ten」에서

teenager(십대)는 엄격하게 말하면 13세(thirteen)~19세(nineteen)의 청소년이지만, 일반적으로는 '10대'라는 의미로 사용된다. teen은 ten의 변화형이다.

 ## 100년(1세기)은 century

1달러(dollar)의 100분의 1은 1센트(cent)이다. cent는 본래 10을 나타 내는 인도유럽조어의 dekm에서 유래했는데, 라틴어를 거치면서 '100'이 라는 의미가 되어 영어에 들어왔다. century는 「cent(100)+ury(집합체)」 이므로 '100년'이고, centigrade(Celsius)는 「centi(100)+grade(단계)」 로 '100등분한 온도'에서 섭씨'가 되었다. centennial은 '100주년'이고, centenarian은 '100세 이상인 사람'이다.

「형용사」 같은
영어 어원

형용사로 영어 어원을 배우는 건
어떤 느낌? 아주 좋은 느낌!!

034

「마하트마(Mahatma) 간디」는 '위대한' 영혼

meg = 큰

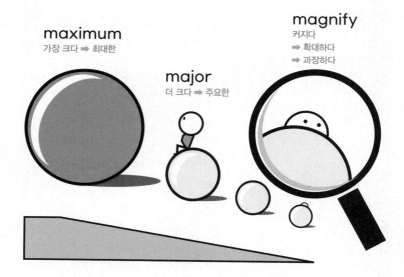

maximum
가장 크다 ➡ 최대한

major
더 크다 ➡ 주요한

magnify
커지다
➡ 확대하다
➡ 과장하다

마하트마 간디의 마하트마는 '위대한 혼'

'마하라자(maharajah)'는 고대 인도의 문학어인 산스크리트어로 「maha(위대한)+rajah(왕)」을 의미한다. 인도 하면 '인도 독립의 아버지'인 '마하트마 간디(Mahatma Gandhi)'가 유명하다. Mahatma는 maharajah

와 마찬가지로 산스크리트어로 「maha(위대한)+atman(혼)」을 의미한다.

 마그나카르타(Magna Carta)는 '대헌장'

장소를 바꿔 1215년의 영국으로 가보자. 귀족과 시민이 국왕에게 왕권을 제한하고 귀족의 특권과 시민의 자유를 인정하도록 한 문서가 바로 '마그나카르타(Magna Carta)'이다. 「Magna(큰)+Carta(헌장)」는 '대헌장'이라고 번역하는데, 원래 이 말은 라틴어이다. 위의 maharajah, Mahatma, Magna 앞부분에 있는 maha/mah/magna는 모두 '큰' 또는 '위대한'을 의미하는 인도유럽조어(1쪽 참조)로 거슬러 올라갈 수 있다.

 지진의 크기는 매그니튜드(magnitude)

발생하는 지진 에너지의 크기를 나타내는 지표인 '매그니튜드 (magnitude)'는 '크기, 중요성'이라는 뜻이다. magnify는 '확대하다, 과장하다'이고, magnificent[매그니피센트]는 크다는 이미지에서 '웅대한, 훌륭한'이라는 뜻이 되었다. 5월을 뜻하는 May는 라틴어로 로마 신화에서 풍요를 지배하는 대지의 여신인 Maia에서 유래했고, 인도유럽조어(1쪽 참조)에서는 원래 '위대한 여성'이란 뜻이다.

 시장인 mayor는 위대한 사람

mayor는 「더 위대한 사람」에서 '시장(市長)'이 되었다. major는 형용사로 '주요한, 중대한', 동사로는 '전공하다(major in)'이고, 명사형 majority는 '대다수, 과반수'이다. master는 원래 '선생님, 스승'을 뜻했다가 '지배자, 명인, 남자주인'이라는 의미가 되었고, '습득하다, 극복하다'라는 동사로도 쓰인다. masterpiece는 '스승의 작품'이라는 뜻에서 '걸작'이 되었고, 남성에 대한 경칭인 '미스터(Mr.)'는 master에서 유래된 mister를 줄인 말이다.

 최대한은 맥스(max)

'최대한'을 뜻하는 max는 '맥시멈(maximum)'의 줄임말이다. maximize
는 '최대화하다'이고, maxim은 「최고의 주장」에서 '격언, 금언'이 되었고,
magnate는 '거물, 왕'을 의미한다. '매그넘(magnum)'은 포도주 등을 담는
1.5리터짜리 병이나 '대형술병'을 말하고, 이탈리아어에서 유래한 '마에스
트로(maestro)'는 '예술의 대가, 명연주자, 거장'을 뜻한다. 이들은 모두 같
은 어원이다.

오메가(ω)는 '큰 o'

'메가(mega)'는 그리스어로 '거대한(great)'이라는 뜻이다. α(알파), β(베
타), γ(감마)로 시작하는 24개 그리스 문자의 끝은 'ω(오메가, omega)'
이다. omega는 원래 「o+megas」가 어원으로 기존의 o보다 더 길게 발
음한다. 그리스어에서 기원한 mega가 들어간 단어에는 '100만 톤'인
megaton, '확성기'인 megaphone, '초대형 점포'인 megastore, '큰 흐
름, 주류, 대세'인 megatrend, '초대형 스타'인 megastar, '초히트작'
인 megahit 등이 있다. mega와 같은 의미를 지닌 megalo가 들어
간 단어에는 megalopolis(초거대도시), megalomania(과대망상증),
megalosaurus(메갈로사우루스: 2족 보행을 하는 대형육식공룡) 등이 있다.

035

「메뉴(menu)」는
가게의 요리를 정리한 '작은' 표

min/minu = 작은

minute
1시간을 작게 나눈 것
➡ 분

menu
가게의 요리를 작은 표로 정리한 것
➡ 메뉴

mince
작게 하다
➡ 잘게 다지다

 minor 더 작다
➡ 사소한, 이류의

minority 소수

 ### 멘치카츠는 고기와 야채를 잘게 다진 것

'고로케'는 프랑스어 '크로켓(croquette)'이 그대로 영어에 들어온 말로, 어원은 croquer(와작와작 씹는 작은 것)이다. 프랑스어의 croquer는 영어에서는 딱딱한 것을 '와작와작[오도독] 씹다'라는 뜻의 crunch에 해당한

149

다. '멘치카츠'도 유럽에서는 croquette에 포함된다. '멘치'는 고기나 야채 등을 '잘게 다지다[썰다]'라는 의미의 영어 동사 mince에서 유래했다.

메뉴(menu)는 가게의 요리를 정리한 작은 표

인도유럽조어로 '작은'을 의미하는 mei는 라틴어를 거쳐 mini/minu 의 형태로 영어에 들어온다. 호텔 객실에 있는 소형 냉장고는 '미니바 (minibar)', 소형 자동차는 '미니카(minicar)'라고 한다. 미니(mini)는 '작은', '짧은'이라는 의미의 형용사로 쓰이고 있다.

minute는 원래 '잘게 나눈 것'을 가리키는데, 명사로는 「1시간(hour)을 잘게 나눈 것」에서 '분, 잠깐'을 의미하고, 형용사로는 '미세한', 동사로는 '회의록을 작성하다'라는 뜻이다. 명사와 동사는 [미니트], 형용사는 [마이뉴 트]라고 발음되는 것에 유의하자. 식당의 식단표인 '메뉴(menu)'도 원래는 '가게에 있는 요리를 표로 작게 정리한 것'이라는 뜻이다.

장관(minister)은 국민을 섬기는 사람

'총리'는 prime minister이다. minister는 「mini(작은)+ster(사람)」가 어원으로 '국민을 섬기는 작은 사람'에서 '장관'이나 '목사'를 의미하게 되었다. ministry는 정부의 각 부처를 의미한다. 예를 들어 the Ministry of Foreign Affairs는 '외무부'이다.

메이저리그와 마이너리그

미국의 '메이저리그(major league)' 아래에 속하는 것이 '마이너리그 (minor league)'이다. minor는 「mini(작은)+or(~보다)」로 '~보다 작은'이 원래 의미이고, 명사형 minority는 '소수(파)'이다. 접미사 or는 라틴어로 비교급을 만드는데 junior는 '연하의, 하급의', senior는 '연상의, 상급의', superior는 '더 뛰어난', inferior는 '더 열등한'이다.

 administer는 대신이 되어서 '관리하다'

mini를 사용한 영어 단어에는 minimum(최소한, 최소한의), '마이너스(minus)', '미니어처(miniature)', diminish(줄어들다) 등이 있다. administer는 「장관에게(ad)」에서 장관이 되어 '관리하다, 통치하다'라는 의미가 되었다. 명사형 administration은 '관리, 행정, 정권'으로, the Biden administration은 '바이든 정권'이다.

 작은 보폭으로 추는 춤은 미뉴에트(minuet)

'미뉴에트(minuet)'은 17세기 프랑스에서 시작된 3박자 춤으로 작은 보폭으로 느긋하고 우아하게 춘다. 여기서 접미사 et는 '작은 것'이라는 의미이다. (235쪽 참조)

036

「직사각형(rectangle)」은 모든 각도가 '똑바로' 세워진 도형

reg = 똑바른

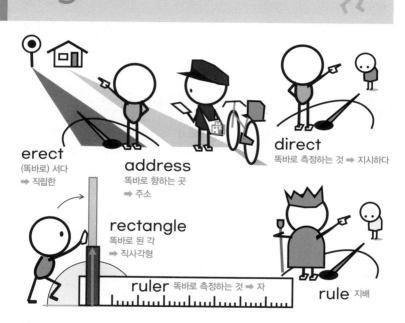

erect
(똑바로) 서다
➡ 직립한

address
똑바로 향하는 곳
➡ 주소

direct
똑바로 측정하는 것 ➡ 지시하다

rectangle
똑바로 된 각
➡ 직사각형

ruler 똑바로 측정하는 것 ➡ 자

rule 지배

샐러드에 옷을 입히는 드레싱(dressing)

요리에 사용하는 '드레싱(dressing)'은 '옷' 또는 '옷을 입다'라는 의미인 dress의 동명사형으로 원래 '샐러드에 옷을 입히다'라는 뜻이었다. dress 는 동사로 '음식 재료를 요리하기 적합하도록 손질하다'나 '요리를 마무리하다'라는 의미도 있어서 dress a salad with olive oil 하면 '올리브유 기름을 샐러드에 얹어 마무리하다'라는 뜻이다. dress는 인도유럽조어로 '똑바른', '똑바로 인도하다'라는 의미의 reg로 거슬러 올라간다.

청중을 향한 '연설'은 address

address는 「똑바로 향한 것」에서 '(편지가) 똑바로 향하는 곳'인 '주소'를 뜻하고, 동사로는 '(편지를 받는 이의) 주소를 쓰다'라는 의미이다. 향하는 것이 말이면 '연설(하다)'나 '말을 걸다'라는 뜻이 된다.

대장의 맨 끝에 '곧은' 부분이 직장(rectum)

rectangle은 「직선의 각(angle)」이므로 '직사각형'이고, rectify는 「똑바로 만들다」에서 '수정하다', rectilinear는 「곧은 선(line)」에서 '직선형의', rectitude는 「곧은 태도(itude)」에서 '정직'이 되었다. 대장의 맨 끝에 곧은 부분인 '직장(直腸)'은 rectum이다. rect를 접미사로 사용할 때도 있다. correct는 「완전히(cor) 똑바른」에서 '정확한, 정정한' 또는 '정정하다'라는 의미가 되었다. direct는 「멀리서(di) 똑바로」에서 '직접적인'이나 '지시하다'가 되었고, 명사형 direction은 '방향, 지시'이다. erect는 형용사는 '직립한, 똑바로 선', 동사는 '세우다, 똑바로 서게 하다' 등의 의미가 된다.

regular는 왕이 결정한 기준

인도유럽조어에서 reg은 '똑바로 인도하다'라는 이미지가 있다. regal은 백성을 이끄는 '왕의, 위엄 있는'이라는 형용사이다. regular는 왕이 정한 '(크기, 규모가) 표준적인'이다. 항상 경기에 출전하는 '정규 선수'나 '정기적인'이라는 의미로도 쓰인다. 반면 '불규칙한, 비정기적인'은 irregular이다.

동사형 regulate는 '규제하다, 통제하다'이고, 명사형 regulation은 '규칙, 규제'이다.

 ## ruler는 길이를 측정하는 '자'와 규칙을 정하는 '통치자'

길이를 측정하는 '자'와 왕과 같은 '통치자'를 ruler라고 한다. rule(규칙, 원칙; 지배하다)이나 royal family(왕실)의 royal(왕실의)도 같은 어원이다. royal의 명사형인 royalty는 원래 왕이 가지는 특권이나 권위를 나타내는 단어였는데, 현재는 주로 저작권을 사용할 때 발생하는 '인세'의 의미로 쓰인다. reign은 왕이 '통치(하다)'이고, 왕이 지배하는 곳인 region은 '지역, 지방', regime은 민주적이지 않은 '정치 체제, 정권'을 뜻한다. 왕이 지배하는 군의 '연대(聯隊)'는 regiment이며, '국왕 살해자'는 regicide이다.

 ## reg가 rog로 바뀌어서 '질문하다'라는 의미로

reg는 rog로 소리가 바뀌는데, 상대와 똑바로 대면한다는 뜻에서 '질문하다(ask)'라는 의미를 포함하는 단어를 만든다. derogate는 「멀리 떨어져(de) 질문하다」로 상대에게 저쪽에 가라고 말하는 의미도 있어서 '폄하하다, 무시하다'가 되었다. interrogate는 「사이에(inter) 들어가서 질문하다」에서 '조사하다'가 되었고, 명사형 interrogation은 '심문, 조사', interrogative는 '의문문, 의문사'이다.

surrogate는 「아래에서 (대신) 질문하다」에서 '대리의; 대리인'이 되었고, prerogative는 「미리(pre) 부탁하다」에서 '특권, 특전'이 되었다. arrogant는 「상대를 향해(ar=to) 물어보는」에서 '오만한, 건방진'이 되었다.

037

「스테로이드(steroid)」는 '딱딱한' 근육을 만드는 근육증강제

ster = 딱딱한, 고정시키는

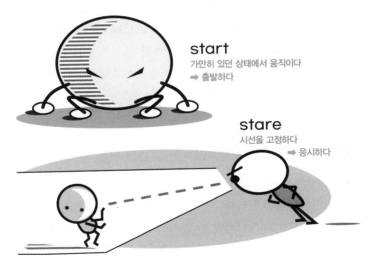

start
가만히 있던 상태에서 움직이다
➡ 출발하다

stare
시선을 고정하다
➡ 응시하다

가만히 있는 상태에서 움직이는 것이 start

시선을 고정해 '빤히 쳐다보다, 응시하다'는 stare이다. 또 가만히 있던 것이 갑자기 움직이는 행동을 start(출발하다, 시작하다)라고 하며, 마찬가지로 가만히 있다가 무언가에 놀라서 갑자기 움직이는 행동을 startle(깜짝 놀라게 하다)이라고 한다. 이 단어들은 '딱딱한, 고정시키는'이라는 뜻이 있는 인도유럽조어 ster로 거슬러 올라간다.

 응고제로 사용하는 콘스타치(cornstarch)

커스터드 크림의 재료나 젤리, 푸딩의 응고제로 사용되는 '콘스타치(cornstarch)'는 옥수수를 원료로 하는 전분이다. starch는 '전분, 녹말가루'를 말하는데, 옷감을 '고정'하기 위한 세탁용 '풀'이라는 의미도 있다.

stark(굳어진, 삭막한)도 같은 어원인데, 중세영어 시대(1,100년~1,500년)에서는 '강한'이라는 의미도 있었지만, 현대 영어에서는 stark naked(완전히 벌거벗은), stark white(새하얀), stark black(새까만), stark new(완전히 새로운)와 같이 강조하는 의미로 사용한다.

starve(굶주리다, 굶어 죽다)도 움직이지 못하고 굳어 죽는다는 뜻에서 나온 단어로, 명사형은 starvation(기아, 아사)이다.

 콜레스테롤(cholesterol)은 딱딱한 담즙

건강 진단에서 필수 체크 항목 중 하나인 '콜레스테롤(cholesterol)'은 그리스어의 「chole(담즙)+ster(딱딱한)+ol(물질)」에서 유래했다.

'스테로이드(steroid)'는 「딱딱한 것(ster)과 비슷하다(oid)」에서 유래했는데, 단단한 근육을 만들기 위한 '근육증강제'를 말한다.

그리고 형태는 조금 다르지만, 고환에서 분비되는 남성 호르몬의 '안드로스테논(androsterone)'과 '테스토스테론(testosterone)'의 sterone(딱딱한 물질)도 어원이 같다.

고정관념은 스테레오타입(stereotype)

ster에서 발전한 stern은 딱딱한 이미지에서 '엄중한, 근엄한'이라는 의미가 되었다. 그리스어 stereos(단단한)도 같은 어근으로, 여기에서 stereotype(고정관념)이란 단어가 생겨났다. stereotype은 활자를 합금의 단단한 판(연판)으로 인쇄한 결과처럼 '언제까지나 변하지 않는다'라는 뜻이다. stereotyped는 '틀에 박힌, 정형화된'이라는 의미이다.

 ## 스테레오(stereo)는 입체감을 얻기 위한 음향 재생장치

'스테레오'라고 하면 사람들은 대개 입체감을 느낄 수 있도록 음향을 재생하는 방식이나 장치를 떠올리지만, stereo-는 '단단한' 외에 '입체적'이라는 의미가 있다. 영단어 stereo는 stereophonic(스테레오의, 입체 음향의)의 단축어로, 「stereo(입체)+phon(폰: 소리의 강도 단위)+ic(~의)」으로 나뉜다. 관련된 단어로 stereography(입체화법)나 stereoscope(입체경)이 있다.

 ## 경직된 자세를 하는 황새(stork)

멸종 위기종인 '황새(stork)'도 그 뻣뻣하게 경직된 모습 때문에 '딱딱한'과 관련이 있다. 유럽과 미국에서는 예로부터 황새가 아기를 옮겨준다는 전설이 있다. 영어에는 stork visit(아기의 탄생)이라는 표현이 있어 After years of marriage, she finally had a stork visit.(결혼한 지 몇 년 후에, 그녀는 마침내 아기를 낳았다.)와 같이 사용한다.

상대를 무기력한 상태로 만드는 '어뢰'는 torpedo

인도유럽조어의 ster는 star나 stor로 변화하는데, s가 사라진 torpor의 형태로도 쓰인다. torpor는 딱딱하고 굳은 상태라는 뜻에서 '무기력, 무감각'이라는 의미가 된다. 형용사는 torpid로 '무기력한, 활기 없는'이다.

torpedo는 상대를 무기력, 무감각 상태로 만드는 '어뢰, 수뢰'이다. 계획이나 정책을 '망치다'라는 의미의 동사 용법도 있는데, The protesters are threatening to torpedo the economic conference.(시위 참가자들은 경제 회의 개최를 저지하겠다고 위협하고 있다.)와 같이 사용한다. '뽐내며 걷다'의 strut도 같은 어원이다.

COLUMN 더 재미난 어원 이야기

★ 안드로이드(android)는 인간과 비슷하다.

'스테로이드(steroid)'와 관련해서 하나 더 소개하려고 한다. '~와 닮았다'는 의미의 oid는 접미사로 많은 단어를 만들어낸다.

예를 들어, dentoid(치아 모양의), humanoid/android(인조인간), mastoid(젖꼭지 모양의), melanoid(흑피증의), Mongoloid(몽골인과 비슷한), tabloid(타블로이드판 신문: 보통 신문의 절반 크기인 신문의 판형) 등이 있다.

'켈로이드(keloid)'는 흉터가 크게 튀어나온 것을 말하는데 어원은 「게의 발톱(kel)을 닮은 것」이다.

038

「플랫폼(platform)」은 '평평한' 형태가 어원

pla/fla = 평평한

platform
평평한 형태 ➡ 플랫폼

plain
평평한 ➡ 평원

plane
평면

plate
평평한 판 ➡ 접시 그릇

plat
평평한

replace
장소를 바꾸다
➡ 교체하다

place
평평한 곳
➡ 광장, 토지

displace
떨어진 곳에 두다
➡ 추방하다

plaice
평평한 물고기 ➡ 넙치과의 물고기

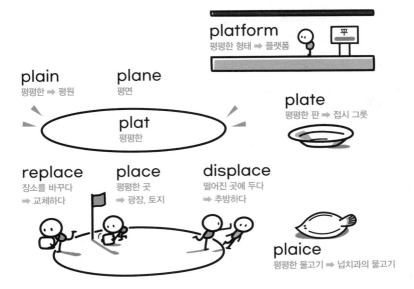

평평하게 펼쳐진 이미지의 인도유럽조어 pelə

'피아노(piano)'는 pianoforte의 줄임말인데, 이탈리아어로 '약음과 강음'을 뜻하는 piano e forte에서 유래했다. piano는 '평평하게 펼쳐진'이라는 의미의 인도유럽조어 pelə로 거슬러 올라갈 수 있다.

pelə는 plan/plat 등으로 변화하면서 다양한 단어를 만들어냈다.

 평평한 이미지를 가진 단어들

'평면'은 plane, 수평 비행을 하는 '비행기'는 (air)plane, '평평한, 평이한, 꾸밈이 없는'은 plain이다. plain은 복수형 명사일 때는 '평원(plains)'이라는 의미도 있다.

'평평한 판'이나 '접시'는 plate이고, 평면도는 계획의 기초안을 연상할 수 있으므로 '계획(하다)'는 plan이다. 평평한 곳에서 '장소'는 place, 평평하게 펼쳐진 '광장'은 plaza, 그리고 '역'을 뜻하는 '플랫폼(platform)'도 「평평한 모양(form)」이 어원이다.

 넓적한 물고기 넙치(plaice)

place(장소)와 동음이의어인 plaice는 평평한 모습을 한 넙치, 가자미 등 '넙치과의 물고기'이다. '평평한 발바닥'을 사용해 땅에 묘목을 '심는' 것이 plant(식물; 심다)이고, '대규모의 농장'은 plantation이다.

implant는 「안에(im = in) 심다」에서 다른 사람의 마음과 몸 안에 장기와 치아, 사상을 '이식하다, 주입하다'가 되었다. transplant는 「넘어서(trans) 심다」에서 사람에서 사람으로 장기를 '이식하다'가 되었다. platter는 '타원형의 얇고 큰 접시(에 담은 요리)'이고, plateau는 '고원, 정체 상태', platitude는 '진부한 이야기, 평범한(상투적인) 말'이다.

explain은 여분의 것을 꺼내어 평이하게 하는 것으로 '설명하다'라는 뜻이고, 명사형인 explanation은 '설명'이다.

동사 place(놓다)

place는 동사로 '놓다'이고, placement는 「놓는 것(ment)」에서 '배치'가 되었다. a placement test는 신입생들이 치르는 '반편성 배치고사'이다. replace는 「(장소를 바꿔) 다시(re) 놓다」에서 '교체하다, 대체하다'가 되었고, 명사형 replacement는 '교체, 대용품'이다. displace는 「멀리 떨어진 곳에(dis) 두다」이므로 '추방하다, 대체하다'이고, 명사형 displacement는 '강제 퇴거, 해임'이다.

 ## 플라톤(Plato)은 어깨 폭이 넓은 사람

모양은 조금 다르지만, 손의 평평한 부분인 palm(손바닥), 평원이 많은 나라 '폴란드(Poland)'도 같은 어원이다.

'정신적 연애'를 말하는 '플라토닉 러브(platonic love)'는 고대 그리스 철학자 플라톤(Plato)이 저서 《향연 Symposium》에서 '육체에 끌리는 사랑보다 정신에 끌리는 사랑이 더 낫다'고 한 것에서 유래했다. 다만 현재와 같은 의미로 사용된 것은 르네상스 이후라고 알려져 있다. 플라톤의 본명은 '아리스토클레스(Aristocles)'(아리스토텔레스와는 다른 인물)이다. Plato는 그리스어로 '어깨 폭이 넓은'이라는 뜻으로 그의 체형을 따라서 붙여진 별명이었다. 참고로, '심포지엄(symposium)'은 그리스어로 「sym(함께)+posium(술을 마시는 것)」이 어원인데 당시 토론회에는 술이 따라왔던 것 같다.

 ## plat은 게르만어를 경유하면서 flat으로

인도유럽조어의 p 발음은 게르만어를 거쳐서 f 발음으로 변화해 영어에 들어온다.(79쪽 '그림의 법칙' 참조) flat은 형용사로 '평평한'이고, 명사로는 원래 「가옥의 평평한 바닥(floor도 같은 어원)」을 뜻했는데 '아파트'라는 의미로도 쓰인다. flatten은 '평평하게 하다'이고, flatter는 자신의 허리를 낮춰 평평하게 한다는 뜻에서 '아첨하다'가 되었다. 명사형 flattery는 '아첨'이다.

커스터드나 과일, 치즈 등을 채워서 평평하게 만든 타르트나 케이크는 flan(플랑)이다. '콘플레이크(cornflakes)'라는 단어에 포함되는 flake(얇은 조각)나 넙치과의 물고기 flounder(도다리)도 같은 어원이다.

039

「잘츠부르크(Salzburg)」는 소금 '요새 도시'

for(t) / burg(h) / bury / borough = 강한, 높은, 요새 도시

fortress
강하다, 높다 ➡ 요새

effort
밖으로 힘을 끌어내는 것 ➡ 노력

burglar
요새에 침입하는 사람 ➡ 침입도굴범

음악용어 포르테(f)는 라틴어의 '높은'에서

이탈리아어로 '약음과 강음'은 piano e forte이다. '포르테(f)'는 라틴어로 fortis였고 이것은 '높은' 또는 '강한'을 의미하는 인도유럽조어 bhergh로 거슬러 올라간다.

노력(effort)은 '밖으로 힘을 내는 것'

fort와 fortress는 '성채, 요새'이다. force는 명사로는 '폭력, 군대'이고, 동사로는 '강제하다'이다. effort는 「밖으로(e) 힘을 내다」에서 '노력'이 되었고, fortify는 '강화하다'이다. comfort는 몸이 완전히(com) 건강한 상태로 이는 몸에 무리가 없는 것이므로 '안락, 편안, 위로(하다)'라는 의미가 되었다. 형용사형인 comfortable은 '쾌적한'이다. comfort의 반의어는 discomfort(불쾌, 불편: 불쾌[불편]하게 하다)이고, comfortable의 반의어는 uncomfortable(불편한)이다.

 ## burglar는 요새에 침입하는 사람

'높은'이라는 의미에서 belfry(교회의 종탑), barrow(고분, 언덕)가 생겼다. 뉴욕의 '행정구'나 런던의 '자치구'는 요새 안에서 주거한다는 뜻에서 borough를 쓴다. 높은 요새 안에 사는 사람들이 어원인 '중산층, 부르주아 계급'은 bourgeoisie[부르주아지]이다. 해수면보다 높은 곳에 있는 '빙산'은 iceberg이고, 요새에 몰래 들어오는 '침입 도굴범'은 burglar이다.

 ## 브루크(burg)가 들어간 지명은 과거 요새 도시

'햄버거(hamburger)'라는 이름의 유래가 된 것은 독일의 도시 '함부르크(Hamburg)'였다. 이 도시는 「ham(강의 만곡부=강에서 활모양으로 굽이진 부분)+burg(성, 요새 도시)」이다. 오스트리아의 '잘츠부르크(Salzburg)'는 「salz(소금)+burg(성, 요새 도시)」이고, 독일과 프랑스, 벨기에 3개국으로 둘러싸인 '룩셈부르크(Luxembourg)'는 「luxem(작은)+burg(성, 요새 도시)」이다. 프랑스 알자스 지방의 중심 도시 '스트라스부르(Strasbourg)'는 독일어로 「strass(큰 길)+burg(성, 요새 도시)」이다. 이렇게 burg로 끝나는 지명은 한때 그곳이 '성'이나 '요새 도시'였음을 말한다.

스코틀랜드의 수도 에든버러(Edinburgh)

burg에 h를 붙인 burgh/borough 또는 bury가 붙은 지명도 '성, 요새 도시'를 의미한다. 스코틀랜드의 수도인 '에든버러(Edinburgh)'는 켈트 어로 '에이든의 언덕'을 의미하는 Din Eidyn에서 Din이 빠지고 그 자리에 '성, 요새 도시'를 나타내는 burgh가 붙어서 생긴 지명이다. 구시가지에 우뚝 솟은 에든버러 성은 관광 명소로, 성의 입구로 통하는 길 양측에는 수많은 가게가 늘어서 있고 스카치위스키의 역사나 양조방법 등에 대한 강의를 들으면서 여러 종류의 위스키를 시음하며 즐길 수 있는 Scotch Whisky Experience Guide Tour도 그 모퉁이에 있었다. 필자도 참가한 적이 있는데 술 좋아하는 분들에게 추천하고 싶은 투어이다.

말보로(Marlboro)는 영국의 도시지명에서 유래

잉글랜드 북동부 요크셔주에 있는 Scarborough는 잉글랜드 전통 민요《스카버러 페어 Scarborough Fair》로 유명하다. 바이킹의 지도자였던 시인 스컬티의 성(城)에서 유래했다고 한다.

담배 브랜드로 유명한 '말보로(Marlboro)'는 잉글랜드 남부 윌트셔주에 있는 마을 '말버러(Marlborough)'에서 유래했다. 미국 펜실베이니아주의 '피츠버그(Pittsburgh)'는 전 영국 총리 William Pitt(윌리엄 피트)의 이름을 따서 지었다. 이름을 보면 이 도시들도 한때 요새 도시였음을 알 수 있다.

스톤헨지는 교수형에 사용되었던 돌

잉글랜드 남동부 켄트주에 있는 캔터베리 대성당의 Canterbury는
「Canter(켄트주의 사람들)+bury(요새 도시)」에서 유래한다. 유네스코 세계
유산 중 하나로 유명한 거석 유적 '스톤헨지(Stonehenge)'가 있는 영국 남
부 윌트셔주의 솔즈베리(Salisbury)도 「Salis(갑옷)+bury(요새 도시)」가 어
원이다.

참고로, Stonehenge는 「stone(돌)+henge(=hang 교수형에 처하다)」가
어원으로, 그 형태가 교수대와 비슷한 것에서 유래했다. 필자가 이곳을 처
음 방문한 것은 40년 전인데, 그때는 아직 세계 문화유산에 등재되기 전이
라 돌 바로 아래에서 관람할 수 있었다. 그러나 몇 년 전 방문했을 때는 스
톤헨지를 울타리 밖에서 바라봐야만 했다.

★ 월급의 salary는 원래 '소금'이란 뜻

'잘츠부르크(Salzburg)'의 sal은 인도유럽조어로 '소금'을 의미한다. sal은 라틴어
를 거쳐 '소금'인 salt를 비롯해 우리에게 친숙한 단어를 많이 만들어냈다. 고대 로
마 시대에는 소금이 매우 귀한 것이어서 군인들은 급여의 일부를 소금으로 받았기
때문에 salary가 '월급, 급여, 보수'라는 의미가 되었다고 한다.

★ 소금을 사용한 식품인 샐러드, 살라미, 소시지

소금에 절인 야채인 '샐러드(salad)', 소금에 절인 '살라미(salami)', 짠맛이 들어
간 '소시지(sausage)', 짠맛의 '소스(sauce)', 매운 '칠리소스(salsa)'도 모두 같은
어원이다.

★ 세계에서 가장 아름다운 호수 마을 할슈타트는 암염 마을

잘츠부르크에서 동남쪽으로 약 70km 떨어진 곳에 세계에서 가장 아름다운 호숫가 마을로 알려진 '할슈타트(Hallstatt)'가 있다.

이곳에 소금광산 갱도를 관광열차로 돌아보는 인디아나 존스와 같은 체험 투어가 있어서 필자도 투어에 참여한 적이 있다. 여기는 기원전부터 암염이 채굴되었고 현재도 기념품으로 생산되고 있다. 인도유럽조어의 sal은 그리스어를 거쳐 hal로 변화했다. Hallstatt는 「hall(소금)+statt(장소)」가 어원이다. halite는 '암염'을 뜻하는 단어이다.

★ 베른(Bern)과 베를린(Berlin)의 문장에 있는 곰은 bear와 무관

스위스의 수도는 '베른(Bern)'이고, 독일의 수도는 '베를린(Berlin)' 이다. 이 두 도시의 문장에는 모두 곰이 들어가 있다. 그래서 언뜻 보기에 고대 게르만어에서 '동물 곰'을 나타내는 bero와 관련이 있을 것 같지만, 사실이 아니다.

소위 민간어원(folk etymology)으로 불리는 것일 뿐, 독일어의 Bär(곰)에서 유래했다는 것은 사람들의 착각이다.

실제로는 인도유럽조어로 '습지'를 의미하는 ber가 이 두 도시의 어원이다.

040

「보졸레누보(Beaujolais Nouveau)」는 보졸레산의 '새로운' 와인

neo/new/nov = 새로운

renew
다시 새롭게 하다
➡ 갱신하다

novel
갱신한 이야기
➡ 소설

renovate
다시 새롭게 하다
➡ 개조하다

뉴스(news)의 어원은?

news(소식, 뉴스)의 어원은 인도유럽조어에서 '새로운'을 뜻하는 newo 에서 유래한 것으로 '새로운 것'이라는 의미이다.

north(북), east(동), west(서), south(남)에서 각각의 머리글자를 연

168

결한 것이 어원이라는 말은 속설이다. anew는 「새로운 쪽으로(a)」이므로 '다시, 새로'이고, renew는 「다시(re) 새롭게 하다」이므로 '재개하다, 갱신하다'이다. renew의 명사형 renewal은 '재개, 갱신'이며, 형용사형인 renewable은 '재생할 수 있는'이다.

브랜디(brandy)는 증류한 와인

brand-new(신제품의, 참신한)의 brand(상표)는 자신의 소를 타인의 것과 구별하기 위해서 고유한 낙인을 찍거나 죄인에게 형벌로서 낙인을 찍은 것에서 유래했다. brand는 고대 영어에서 '불'과 '불꽃'의 의미에서 파생되었다. '브랜디(brandy)'는 과거 brandy wine이라고 불렸는데, 본래의 의미는 '증류한 와인'이다.

노바(Nova)는 천문용어로 '신성'

인도유럽조어의 newo는 라틴어를 거치면서 nov로 변형되어 영어에 들어왔다. novel은 형용사로는 '참신한, 기발한'이고, 명사로는 기발한 이야기에서 '소설'이 되었다. '소설가'는 novelist, '참신함'은 novelty이다. nova는 천문용어로 '신성(新星)'이고, novice는 '초보자, 초심자'이다.

리노베이션과 이노베이션

'리폼'은 일본식 영어로 그 의미로는 reform이 아니라 remodel 또는 renovate라는 단어를 써야 한다. renovate는 '(오래된 건물을) 개조하다'라는 의미로 어원은 「다시(re) 새롭게 하다」이다. 명사형은 renovation(개조)이다. '이노베이션(innovation)'은 「새로운 것 속에(in) 들어가기」이므로 '쇄신, 혁신'이 되고, 동사형 innovate는 '쇄신하다, 혁신하다'이다.

프랑스어 누보는 '새로운'

보졸레는 프랑스 남동부 리옹 북쪽에 있는 와인 산지로 유명한데, 이 지역에서 수확한 포도로 갓 만든 와인을 '보졸레누보(Beaujolais Nouveau)'라고 부른다. 프랑스어로 「Beaujolais(보졸레)+Nouveau(새로운 것)」의 합성어이다. 19세기 말부터 20세기 초에 걸쳐 유럽에서 유행한 미술 양식 '아르누보(Art Nouveau)'도 「art(예술)+nouveau(새로운 것)」에서 유래했다.

 ## '새로운'은 그리스어를 거쳐 neo로

인도유럽조어의 newo는 그리스어를 거쳐서 neo로 변형되어 영어에 들어왔다. 도시의 밤을 빛내는 네온사인(neon sign)의 neon은 원자 번호 10의 원소인데, 그리스어로 '새로 발견된 것'을 뜻한다. 1898년에 이 원소가 발견되었을 때 '새로운' 기체 원소였기 때문에 이렇게 명명했다.

neo는 neoclassical(신고전주의의), neoconservative(신보수주의의), neolithic(신석기시대의), neoplasm(신생물: 이상한 세포가 과도하게 증가 생성하여 만든 조직 덩어리), neonatal(신생아의) 등 접두사 역할도 한다.

COLUMN ▸ 더 재미난 어원 이야기

★ '리토그래프(lithograph)'는 돌에 쓴 것

neolithic과 관련된 단어로, lith는 '돌'이라는 의미이다. lithograph는 「lith(돌)+graph(쓰기)」이므로 '석판화', megalith는 「mega(큰)+lith(돌)」이므로 '거석, 큰 돌', urolith는 「uro(요로)+lith(돌)」이므로 '요로결석'이 되었다.

「감각」과
얽힌 어원들

눈, 입, 머리, 손, 두뇌 등
인체의 감각에서 탄생한 단어를 만나보자.

041

「교수(professor)」는
학생 앞에서 '열변을 토하는' 사람

fa/fe/ba/pho(n)
= 말하다

infant
말을 할 수 없는 사람
➡ 유아

fable 사람들에게 구전된 것
➡ 우화

blame
부정적으로 말하다
➡ 비난하다

confessor
모든 것을 말하다
➡ 고백하다

 '신의 말은 곧 인간의 운명'이라는 발상

포르투갈의 수도 리스본 시내에서 불리는 대중가요를 '파두(fado)'라고
한다. 어원은 '운명, 숙명'을 의미하는 라틴어 fatum이다. 영어로 '운명'을
의미하는 fate는 라틴어 fata가 어원인데, 더 거슬러 올라가면 산스크리트

어(고대 인도의 문학어)의 bhash(말하다)에 도달한다. 사람의 운명은 신의 말씀으로 결정된다는 발상이다. 고대인들은 신이 내린 선고에서 누구도 벗어날 수 없다고 믿었다. 이것이 '운명'인 fate이다. 형용사 fatal은 운명을 결정지을 정도로 '중대한', 목숨을 걸 수 있을 정도로 '돌이킬 수 없는', 생명에 관계되는 '치명적인'이라는 뜻이다. fatal의 명사형 fatality는 운명으로 정해진 '필연'이나 '불의의 죽음'을 말한다.

사람들이 입에 담을 정도로 '유명한'은 famous

fame(명성)은 어떤 인물에 대해 퍼진 소문을 말한다. 형용사 famous는 '유명한'이고, 부정의 접두사(in)를 붙인 infamous는 욕을 먹는다는 뜻으로 '악명 높은'이고, defame은 「명성을 낮추다(de)」이므로 '중상하다, 비방하다'이다.

요정(fairy)은 주문을 걸어서 운명을 알리는 존재

fairy(요정)는 예전에는 '요정(fay)의 나라'를 의미했고 어원은 라틴어의 fata(운명의 여신)이다. fata가 종종 사람들에게 운명을 알리거나 가야 할 길을 알려준다고 해서 붙여진 이름이다.

라틴어의 fabula(소문, 이야기)에서 fable(우화, 전설), preface(서문, 머리말), fabulous(기막히게 멋진, 굉장한) 등이 생겨났다.

말할 수 없는 '유아'는 infant

infant는 「말할 수 없는(in) 사람」에서 '유아, 아기'라는 의미로 발전했다. 형용사 infantile은 '유치한'이고, infantry는 군대 중에서도 어린 나이의 병사들로 구성된 '보병대'를 말한다.

학생 앞에서 자기주장을 하는 사람이 교수

profess는 「사람들 앞에서(pro) 자신의 의견이나 생각을 말하다」에서 '공언하다, 주장하다'라는 의미가 되었고, professor는 학생 앞에서 말하는 사람인 '교수'를 말한다. profession은 변호사, 의사, 성직자, 교사처럼 자기주장을 하는 '(전문적인) 직업'이고, professional은 '전문가의, 전문적인'이다. confess는 「모든(con) 것을 말하다」에서 '자백하다, 고백하다'라는 의미가 되었다.

 bha는 그리스어를 거쳐서 pha/pho로

bha는 '말하다, 이야기하다'라는 그리스어 pha와 같은 어족의 말이다. pha가 들어가는 prophet은 「앞서서(pro) 말하는 사람」에서 '예언자, 선지자'가 되었고, prophecy는 '예언, 예언력', prophesy는 '예언하다'이다.

megaphone은 '확성기', microphone(마이크)은 「작은(micro) 소리」, telephone(전화)는 「먼 거리에서(tele) 나는 소리」가 어원이다. 위에 나온 phone은 '소리'를 의미하는데, 이것도 인도유럽조어(1쪽 참조)에서 '말하다'라는 뜻의 bha로 거슬러 올라간다. 소리의 강도를 나타내는 단위인 폰(phon)'은 철자에 신경을 써야 한다.

 부정적인 느낌을 주는 ban

bha(말하다, 이야기하다)는 h가 빠진 형태로 영어에 들어온다. ban(금지하다, 금지)처럼 부정적인 뉘앙스가 있다. 예를 들어, banish는 '추방하다'이고, bandit는 비난받아야 하는 부정적인 뉘앙스를 가진 '강도, 도둑'이다. abandon(버리다, 중지하다), blame(비난하다)도 모두 ban과 관련 있는 단어들이다.

174

「사마귀(mantis)」는
두 손을 모으고 '생각하는' 곤충

men(t)/mon

= 깊이 생각하다, 생각하다

mental
생각하다 ➡ 마음의

comment
생각하는 것 ➡ 의견

monument
생각나게 하는 것
➡ 기념비

dementia
생각할 수 없게 되는 병
➡ 치매

monster
인간의 어리석음을
떠올리게 하는 것
➡ 괴물

 마음과 관련된 멘탈(mental)

comment(의견, 비평), mental(마음의, 지성의), monument(기념비), monster(괴물), money(돈), 그리고 일반 시청자나 소비자 중에서 선정되어 의견이나 소감을 말하는 사람인 monitor(모니터 요원, 컴퓨터 모니터)

등은 모두 '깊이 생각하다, 생각하다'라는 의미의 인도유럽조어 men으로 거슬러 올라갈 수 있다. 어근의 men은 곧 mon, man 등으로 형태를 바꾼다.

괴물(monster)은 인간에게 주는 '신의 경고'

monster(괴물)는 원래 '사람들에게 보여주고 생각나게 하는 것'이라는 뜻이다. 신이 인간의 어리석은 행동을 상기시키기 위한 '경고'의 의미로 인간계에 monster를 보낸 데서 유래했다. 시범적인 물건, 프로그램 등을 말하는 '데모'는 demonstration을 줄인 말이다. 동사 demonstrate는 monster와 마찬가지로 원래 '완전히 보여주다'라는 뜻이었다가 '증명하다'나 시범을 보이며 '설명하다'가 되었다.

돈(money)은 '경고'의 의미

monitor는 라틴어 monere(경고하다)와 같은 어원이다. '돈(money)'도 라틴어에서 파생된 Moneta가 어원이다. 로마 신화의 최고신 '주피터(Jupiter, 제우스)'의 아내 '주노(Juno)'의 이름이 바로 '경고, 주의'라는 의미의 모네타(Moneta)이다. 그 신전에는 로마 최초의 화폐 주조소(mint)가 세워져 money라는 단어가 태어났다. 참고로, mint는 라틴어에서 고대 영어를 거쳐서 들어온 말로, 원래는 '한 장의 화폐'를 가리키는 말로 사용되었다가 일반적인 금전에서 화폐가 주조되는 '조폐소'를 의미하게 되었다.

memento는 추억하게 하는 '기념품'

mind는 명사로 '정신, 마음', 동사로 '신경 쓰다'이다. remind는 「다시(re) 신경 쓰다」에서 '생각나게 하다, 상기시키다'라는 의미가 되었다. mind는 인도유럽조어의 men이 게르만어를 거쳐 영어에 들어온 단어이다.

mention은 상대방에게 상기시킨다는 의미에서 '언급하다'이고, 멘토(mentor)는 「깨닫게 하는 사람(or)」이므로 '조언자, 스승', memento는 「추억하게 하는 것」이므로 '기념물, 유품'이다. admonish는 '경고하다'이고, reminiscent는 「다시 생각하게 하는」에서 '연상시키는, 회상하게 하는'이 되었다. 명사형 reminiscence는 '추억담, 회상'이다.

 ## 마니아(mania)는 어떤 것만 광적으로 생각하는 사람

dementia는 「생각할 수 없게(de) 되는 병」이므로 '치매'를 말한다. amentia는 「생각할 수 없는(a=not) 상태」에서 '의식 장애', amnesia는 「기억하지 못하는 상태」에서 '기억 상실(증)', amnesty는 「생각하지 않는 것→과거의 죄를 잊는 것」에서 '사면'을 의미하게 되었다. 영어의 mania는 「어떤 것만 생각하는 것」에서 '광적인 열의, 열광'을 뜻하며, maniac은 '미치광이, (~에) 광적인 사람'을 말한다.

 ## 기도하는 사마귀(mantis)

재미있는 사례로 mantis(사마귀)가 있다. 앞다리를 모은 모습이 인간이 기도할 때 두 손을 모으고 '생각하는' 모습을 연상시킨다 해서 mantis라는 이름이 붙여졌단다.

만트라(mantra)는 산스크리트어로 '거룩한 말'에서 유래한 것으로, 기도나 명상을 할 때 외는 주문을 말한다. mandarin은 산스크리트어의 '조언자'가 원뜻인데, 이는 중국 청나라 시대의 '관리'를 지칭하는 말이었다. 그래서 Mandarin Chinese는 '베이징 관화(官話)' 즉 '표준 중국어'이고, mandarin duck은 '원앙새', mandarin orange는 '귤, 밀감'이다.

오토매틱(automatic)은 스스로 생각하는 것

automatic은 「자동적으로 생각하는→무의식적인」에서 '자동의'라는 의미가 되었다. automation은 '자동화'이고, automat은 '자동판매기(식당)', 심정지 시 사용하는 응급처치 기기 AED는 「Automated(자동화된)+External(체외식의)+Defibrillator(제세동기)」의 약자로 '자동심장충격기, 자동제세동기'라는 뜻이다.

 ## 음악의 music은 그리스 신화의 Muse에서

'사색에 잠기다'라는 의미의 동사 muse도 인도유럽조어 men(생각하다)에서 유래했다. Muse(뮤즈)는 그리스 신화에서 문학, 예술, 과학을 담당하는 9명의 자매 신인데, 그녀들의 신전이 museum(박물관, 미술관)이고, 문예 중에서도 가장 중요하게 여겼던 '음악, 시적인 노래'가 music이다. 로마 신화에서 예술과 지혜의 여신은 '미네르바(Minerva)'이다.

COLUMN ▶ 더 재미난 어원 이야기

★ '6월의 신부(June bride)'의 유래는?

주피터(Jupiter)의 아내 주노(Juno)는 6월(June)의 수호신이자 결혼을 관장하는 여신이다. 고대 로마에서는 3~5월이 농번기라서 결혼이 금지된 지역도 있었다. 그래서 6월이 되면 일제히 결혼하는 경향이 있었던 것 같다. 유럽의 6월이 가장 비가 적은 시기인 것도 이유일 것이다.

★ 이탈리아의 축구클럽 '유벤투스'의 의미는?

Juno와 June은 young(젊은)과 그 명사형 youth(젊음, 청년기)와 같은 어원이다. juvenile은 '청소년의, 청소년', rejuvenate로 '다시 젊어지게 하다'이다. 이탈리아 토리노를 연고지로 둔 축구클럽 '유벤투스(Juventus)'는 '청춘, 젊은이'란 뜻이다.

「에클레어(eclair)」에 '번개'란 의미가 포함된 사연

cal/cla/claim = 외치다

clear
큰소리로 외쳐서 명백하게 하다
➡ 분명한, 맑게 갠

declare
완전히 외치다
➡ 단언하다

claim
소리 높여 요구하다
➡ 주장하다

exclaim
큰소리로 외치다
➡ 소리치다

 고대 로마 시대에는 한 달 결산을 첫째 날에

calendar(캘린더, 달력)는 라틴어로 '장부'를 의미하는 calendarium 이 고대 프랑스어 calendier를 거쳐 영어에 들어온 단어이다. 라틴어로 calendae는 로마력의 '1일(첫째 날)'을 의미하고, 매월 이날에 한 달 동안의 지출과 수입을 계산했던 데서 유래했다. calendarium의 원래 뜻은 '회계장부'이다.

 캘린더(calendar)의 어원 kele(외치다)

calendarium이나 calendae의 밑바탕이 된 단어가 calare이다. 이 말은 '엄숙하게 외치다. 선언하다'라는 뜻의 라틴어로, 고대 로마시대에 신관들이 새로운 달이 된 것을 민중에게 알렸던 데서 유래했다. calare는 인도유럽어로 '외치다'라는 뜻의 kele로 거슬러 올라간다.

 클라라(Clara)는 밝게 빛나는 여성

큰소리로 외치고 분명하게 한다는 뜻에서 '분명한, 맑은, 명쾌한'이라는 의미의 형용사 clear가 생겼다. 동사로는 '정리하다, 밝히다, 맑다' 등의 의미이다. 명사 clarity는 '명쾌함', 동사 clarify는 '분명하다'이다. 여성의 이름인 '클라라(Clara)'와 그 애칭 '클레어(Clare)'도 같은 어원으로 '밝은'과 '빛나는'을 의미한다.

 맑은 소리를 내는 클라리넷(clarinet)

'클라리넷(clarinet)'은 「맑은 것」이 어원으로, 맑은 소리를 내는 목관악기이다. 금관악기 '클라리온(clarion)'도 밝고 맑은 고음을 내는 옛날 나팔이다. a clarion call은 과거에는 '진군나팔'이란 뜻이었지만, 현재는 '(행동을 강하게 촉구하는) 분명한 호소'라는 의미로 사용되고 있다.

에클레어(eclair)에 왜 '번개'란 뜻이 있을까?

길쭉한 슈크림에 초콜릿을 뿌린 '에클레어(eclair)'는 프랑스어의 '번개'에서 유래한다. eclair의 어원은 「밖(e=ex)이 밝다」인데, 왜 이 과자가 '에클레어'라고 이름 붙었는지에 대해서 몇 가지 설이 있다. 반죽을 구울 때 표면에 생기는 균열이 번개와 비슷하기 때문이라는 설, 표면에 뿌린 초콜릿이 번개처럼 빛난다는 설, 속에 크림이 튀어나오지 않도록 번개처럼 빨리 먹기 때문이라는 설 등이 있다.

declare는 「완전히(de) 밝히다」에서 '단언하다, 선언하다'가 되었고, 명사형 declaration은 '선언'이다.

클레임(claim)은 불평이 아니다!

claim은 '외치다, 소리 지르다'라는 뜻의 라틴어 clamare에서 유래했다. 자신의 몫을 얻으려면 크게 소리쳐서 확실히 알리는 것이 효과적이기에 '주장하다, 권리를 요구하다'라는 의미가 되었다. stake a claim(자신의 권리를[소유권을] 주장하다)은 탄광에서 일하는 사람이, 금맥 등을 발견하면 말뚝(stake)을 박고 그 구획을 둘러싼 것에서 생겨난 표현이다. '시끄러운 외침, 소란'을 뜻하는 clamor는 동사로는 '떠들어대다, 집요하게 요구하다'라는 의미이다.

보통 우리는 불평할 때도 '클레임'이란 표현을 쓰곤 하는데, 영어로 '불평을 늘어놓다'는 make a complaint라고 표현하는 것이 적절하다. '불평가, 불만을 말하는 사람'은 complainer라고 한다.

서로 불러서 모인 의회는 council

council은 원래 「함께(coun=com) 외치다」라는 뜻으로 서로 불러서 모이는 '의회, 협의회'를 의미한다. a student council은 '학생회'이다.

conciliate는 '달래다, 조정하다'이고, reconcile은 「불러서 다시(re) 돌아오게 하다」에서 '조화시키다, 화해시키다'가 되었다.

접미사로 사용하는 claim

claim에 접두사 ex(밖으로)가 붙어서 exclaim(소리치다, 외치다)과 exclamation(감탄, 외침)이 파생되었다. exclaim의 원래 뜻은 '큰소리로 외치다'이다. acclaim은 「상대를 향해(ac=to) 외치다」에서 '칭송하다, 환호를 보내다'라는 의미가 되었고, 명사형 acclamation은 '갈채'이다.

proclaim은 「사람들 앞에서(pro) 외치다」에서 '선언하다'라는 뜻이 되었고, declaim은 「완전히(de) 외치다」이므로 '열변을 토하다', disclaim은 「~가 아니라고(dis) 외치다」에서 '부인하다, 권리를 포기하다'가 되었다. reclaim은 「원래의 자리로 다시 돌려놓으라고 외치다」에서 '되찾다, 반환을 요구하다, 원래의 모습으로 되돌리다'라는 의미가 되었다.

'수업, 계급' 등을 뜻하는 '클래스(class)'는 고대 로마 시대에 세금을 징수하기 위해 시민을 여섯 개의 계급으로 나눈 것에서 비롯되었다. 옛날에는 군대를 소집하면서 '군대로 오라'고 호소하는 뜻으로 쓰였다.

「데자뷔(déjàvu)」는
이미 '본' 것

vise/view = 보다

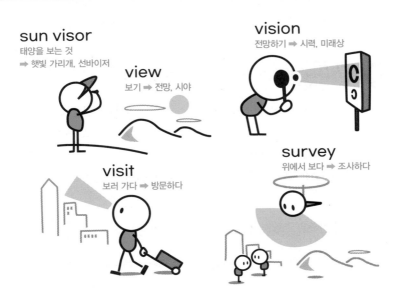

sun visor
태양을 보는 것
➡ 햇빛 가리개, 선바이저

view
보기 ➡ 전망, 시야

vision
전망하기 ➡ 시력, 미래상

visit
보러 가다 ➡ 방문하다

survey
위에서 보다 ➡ 조사하다

데자뷔(déjà vu)는 이미 본 것

한 번도 체험했을 리 없는데, 이미 어딘가에서 해본 것 같은 느낌이 드는 것을 '데자뷔'라고 한다. 이 말은 '이미 본 것'이라는 의미의 프랑스어 déjà vu에서 유래한다. 프랑스어의 vu는 영어의 view(전망, 시야, 견해)에 해당하는 단어로, 라틴어의 videore(보다)에서 유래했고 인도유럽조어의 weid로 거슬러 올라간다.

 ## 가이드(guide)는 잘 보고 돌보는 사람

어근 weid(보다)는 게르만어를 통해 gui나 wi 발음으로 변화한다. '안내인, 안내서'를 뜻하는 guide는 원래 '잘 보고 보살피는 사람'이라는 의미이며, 동사로는 '(길을) 안내하다'라는 뜻이다. guidance는 '지도, 안내'이고, guise는 '(평상시와 다르거나 가장된) 외관, 겉모습'이고, disguise는 「dis(없다)+guise(외관)」에서 '변장하다, 위장하다'라는 의미가 되었다.

 ## 위트(wit)란 보는 즉시 이해할 수 있는 것

'현명한'을 의미하는 wise는 사물을 잘 「본다→안다」의 연상에서 유래했다. 명사형 wisdom은 '지혜, 현명함'이고, wit도 마찬가지로 '재치, 기지, 두뇌 회전'을 의미한다. 형용사형 witty는 '재치 있는'이고, witness는 명사로 '목격자, 증인', 동사로 '목격하다, 증인이 되다'라는 의미이다.

 ## 선바이저(sun visor)는 태양을 보는 것

'방문(하다)'의 visit는 라틴어 visitare이다. 「vis(보다)+it(가다)」으로 '보러가다, 만나러 가다'가 어원이다. 입국 심사에 필요한 '비자(visa)'는 '보여준 서류'이며, vista(조망)는 이탈리아어로 '보이는 것'이라는 뜻이다. vision은 '시력, 시야, 선견지명', visible은 '눈에 보이는', invisible은 '눈에 보이지 않는'이다. '텔레비전(television)'은 「멀리(tele) 보는 것」이고, visual은 '시각의'이다. 햇빛을 가리기 위해 사용하는 '선바이저(sun visor)'는 「태양을 보는 것」이 본래의 의미이다.

미래를 내다보고 공급하는 provide

audio(오디오, 음성의)를 따라서 video(비디오)라는 말이 생겨났다. provide는 「미리(pro) 내다보다」에서 미래를 대비해 '공급하다'가 되었고, 명사형 provision은 '제공, 준비, 식량'이다. providence는 「미리 보는 것」에서 '선견지명'과 '신의 섭리'가 되었다. 형태는 조금 다르지만, prudent는 '조심성 있는, 신중한'이라는 뜻이다.

 ## 상대방을 보고 조언하는 advisor

advise는 상대방의 모습을 보고 '조언[충고]하다'이다. 명사 '어드바이스(advice)'는 '조언, 충고'로 강세가 2번째 음절에 있음에 유의하자. revise는 「다시(re) 보다」에서 '변경하다, 개정하다'가 되었고, 명사형 revision은 '수정, 정정'을 의미한다. supervise는 「위에서(super) 보다」이므로 두루 살피며 '감독하다', supervisor는 '감독자'이다. improvise는 「미리 보지 않는다(im)」이므로 '즉흥적으로 (처리)하다'가 되었다.

 ## evidence는 눈에 보이는 '증거'

evident는 「밖으로(e) 드러나 보이는」에서 '명확한'이 되었고, 명사형 evidence는 누구의 눈으로 보아도 명백한 '증거'이다. envy는 악의를 가지고 상대의 「마음 속을(en) 보다(vy)」에서 '질투하다, 시샘하다'라는 의미가 되었고, 형용사형 envious는 '부러워하는, 질투하는'이다.

인터뷰(interview)는 서로를 보는 것

survey는 「위에서(sur) 바라보다」에서 '조사(하다)'가 되었고, interview 는 「서로 상대를(inter) 보다」에서 '면접(하다), 회견하다'가 되었다. review 는 「다시(re) 보다」에서 '재검토(하다), 비평(하다)'가 되었고, preview는 「사 전에(pro) 보는 것」에서 영화의 '시사회, 예고편'이 되었다.

045

유독 눈에 잘 '보이는' 「special(특별한)」

spec = 보다, 관찰하다

special
눈에 띄는 ➡ 특별한

specify
보고 확실하게 하다 ➡ 구체적인 예를 들다

inspect
속을 보다 ➡ 검사하다

specific
확실하게 보이다
➡ 명확한

spectator
보는 사람 ➡ 관객

 향신료(spice)가 고가였던 이유

유럽의 대항해 시대에는 향신료가 당시 사람들에게 황금과 마찬가지로 매우 귀중하고 값비싼 물건이었다. 냉장고가 없었던 시대에는 고기를 소금에 절여서 보관했는데, 고기의 잡내를 없애기 위해 향신료, 특히 후추가

반드시 필요했다. 당시에는 나쁜 공기가 병을 가져오고, 좋은 공기는 병을 낫게 한다고 여겼기 때문에 향신료는 의약품으로도 사용되었다고 한다. 현재도 전 세계 열대·아열대 지역에서 유행하며 많은 피해자를 내는 '말라리아(malaria)'도 「mal(나쁜)+air(공기)」가 어원이다.

진화론을 주창한 다윈이 저술한 《종의 기원》의 원제는 On the Origin of Species이다. species는 '종류'라는 뜻으로, '보다'를 의미하는 라틴어 specere에서 유래했다. spice도 같은 어원으로 「보고 확인하는 상품→특별한 상품」에서 '향신료'라는 의미가 되었다.

 ## special(특별한)은 특히 눈에 잘 들어오는 것

spy는 동사로 '몰래 감시하다'이고, 명사로 '스파이, 첩자, 밀정'이다. espionage는 '첩보 활동'이다.

special은 다른 것에 비해 한층 눈에 띈다는 의미에서 형용사로는 '특별한', 명사로는 '특집 방송'이나 '특별할인가(상품, 음식)'이다. specialize는 '전문화하다'이고, 명사형 specialty는 '특산품, 전문', specialist는 '전문가', 부사형 specially나 especially는 '특(별)히'란 뜻이다.

 ## auspicious(상서로운)는 새와 관련된 단어

conspicuous는 「완전히(con) 잘 보이는」에서 '눈에 잘 띄는'이 되었고, skeptical은 '회의적인'이다. auspicious는 '새를 지켜보는 자'라는 의미의 라틴어 auspex에서 온 말로, 과거에는 새가 날아가는 법을 보고 운세를 점쳤기 때문에 '상서로운'을 의미한다. au는 인도유럽조어에서 '새'를 뜻하는 awi로 거슬러 올라간다.

aviation은 '항공술'이나 '항공기 산업'이고, aviator는 '항공기의 조종사'인데 여기에 쓰인 avi도 '새'를 뜻하는 awi에서 유래했다.

왜 despite는 '~임에도 불구하고'라는 뜻일까?

respite는 「뒤에서(re＝back) 보는 것」이므로 일시적 '중단[휴지]'이나 '유예'를 의미한다. despise는 「아래로(de) 보다」에서 '경멸하다'가 되었고, despite는 「~을 아래로 보면서」에서 '~에도 불구하고'라는 의미가 되었다. They went on a hike despite the bad weather.는 '그들은 악천후에도 불구하고 하이킹에 갔다.'라는 뜻이다. spite는 명사로 '악의, 원한'을 의미하며, in spite of는 '~에도 불구하고'이다.

 ## '레트로(retro)'는 회고적으로 돌아보는 것

specify는 「보고 명확하게 하다」에서 '구체적으로 명시하다'라는 의미가 되었고, 형용사형 specific은 '명확한'이다.

specimen은 「보는 것」에서 '표본'이 되었고, spectacle은 '관람물, 장관', 복수형 spectacles는 '안경', 형용사형 spectacular는 '장관의, 극적인', spectator는 '관객, 구경꾼'이다. speculate는 '추측하다'이고, speculation은 '추측, 투기'이다.

retrospective는 「되돌아보는」에서 '회고하는, 회상하는'이 되었고, retrospection은 '회고, 회상'이다.

 ## 접미사로 사용하는 spect

aspect는 「~쪽을(a) 바라보는 것」에서 '국면, 외관'이 되었다. inspect는 「속을(in) 보다」에서 '검사하다, 점검하다'가 되었고, 명사형 inspection은 '검사, 점검', inspector는 '조사관, 감독관'이다.

prospect는 「앞을 내다보다」에서 '전망, 가능성'이 되었고, 형용사형 prospective는 '유망한'이라는 뜻이다.

respect는 되돌아볼수록 '존경하다', suspect는 「아래에서 위를 보다」에서 '의심하다', 형용사형 suspicious는 '의심이 많은', expert는 「밖을 내다보다」에서 '예상하다, 기대하다', 명사형 expectation은 '예상, 기대'가 되었다.

perspective는 「통해서(per) 보는 것」에서 '관점, 시각'이 되었고, 미술용어로는 실제로 보이는 것처럼 거리감을 전달하도록 화면에 표현하는 '원근법'을 말한다.

 접미사로 사용하는 scope

scope는 '보다'에서 '범위, 기회'라는 의미가 되었다. telescope는 멀리 보는 '망원경'이고, microscope는 작은 것을 보는 '현미경', periscope는 주위를 보는 '잠망경', kaleidoscope는 아름다운 것을 보는 '만화경', stethoscope는 가슴을 보는(진단하는) '청진기'이다.

그리스 신화에서 계절의 여신 '호라(Hora)'는 시간의 hour의 어원인데, horoscope는 「시간(horo)을 보다」에서 '점성술'이 되었다.

046

「레전드(legend)」는 후세가 '읽어야' 할 전설

leg/log/lect

= 모으다, 선택하다, 말하다, 읽다

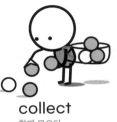

collect
함께 모으다
➡ 수집하다

select 다른 곳에 모으다
➡ 신중하게 선택하다

elect 밖에서 표를 모으다
➡ 투표로 선택하다

neglect
모으지 않는다
➡ 소홀히 하다

 수집(collection)과 수집가(collector)

collection(수집), collector(수집가)의 기초가 되는 동사 collect(수집하다)의 어원은 「co(l)(함께)+lect(모으다)」이며, 라틴어로 '모으다'라는 뜻의 legere에서 유래했고, 인도유럽조어 leg로 거슬러 올라갈 수 있다.

선거의 election과 선별의 selection

elect는 「밖으로(e) 모으다」에서 투표로 '선택하다'가 되었다. 명사형 election은 '선거', 형용사형 elective는 '선거로 선택된, 선거권이 있는', electoral은 '선거의'이다. select는 좋은 것을 「다른 곳에(se) 모으다」에서 '(신중하게) 선택하다, 가려내다'가 되었고, 형용사형 selective는 '조심해서 고르는, 선택적인', 명사형 selection은 '선택, 선별'이다.

intelligence는 지능, intellect는 지성

인도유럽조어 leg는 lect 외에도 lig나 log 등으로 변형되어 많은 단어를 만들어 냈다. intelligence(지능, 지력)는 '많은 것 중에서(inter) 선택하거나 식별할 수 있다'는 말이고, 형용사형 intelligent는 '지능이 높은'이다. 비슷한 의미의 단어로 intellect가 있다. 어원은 intelligence와 마찬가지로 '많은 것 중에서 선택하거나 식별할 수 있다'는 뜻이지만, intelligence보다는 지적인 것에 흥미나 능력이 있다는 것을 강조하는 단어로 '지성, 지적능력'이나 '지적인 사람'을 가리킨다. intellectual은 형용사로 쓰면 '지적인, 총명한'이고, 명사로 쓰면 '지식인'이 된다.

diligent는 「하나하나 따로(di) 선택하는」 것이므로 '애쓰는' 것이고, 여기서 '근면한, 성실한'이라는 뜻이 되었다. legion은 「선택된 것」에서 '군단, 부대'라는 의미가 되었다.

대학(college)과 동료(colleague)는 같은 어원

college는 「co(l)(함께)+leg(모으다)」에서 파생된 라틴어 collega(동료)가 프랑스어를 거쳐 '대학'이라는 의미로 영어에 들어왔다. colleague도 같은 어원으로, 주로 전문직이나 공직에 있는 사람의 '동료'를 의미한다.

법의 law과 맥주의 lager는 같은 어원

선택된 것은 강제력을 가지기 때문에 legal은 '법률상의, 합법적인'이라는 뜻이고, illegal은 '비합법의, 불법적인'이다. legal에서 나온 단어가 loyal이며, 법률처럼 신뢰할 수 있다는 뜻에서 '충실한, 충성심이 있는'이라는 의미가 되었다. 명사형 loyalty는 '충실, 충성심'이다.

'법'의 law는 legal과 어원이 다른데, law는 '~을 두다'라는 의미의 lay와 같은 어원으로 원래 '두고 정한 것'이라는 뜻이다.

'라거 맥주'의 lager는 독일어로 '저장소'인데, 양조 후 몇 달씩 보관소에서 숙성시킨 맥주를 라거라고 부른다. lager도 law와 같은 어원이다.

국회의원(legislator)의 일은 법률을 만드는 것

legal에서 나온 법률과 관련된 단어들을 몇 개 더 소개한다. legislator는 「법률을 운반하는(late) 사람」에서 '법률 제정자, 국회의원'이 되었다. 이밖에 legislation(법률), legislature(입법부, 의회), legislative(입법의), legitimate(합법적인, 정당한), legislate(법률을 제정하다) 등이 있다.

전설(legend)은 후세에 읽혀야 하는 것

legend(전설)는 라틴어로 '읽혀야 할 것'이라는 말에서 유래했다. legible은 '읽을 수 있는'이고, illegible은 '읽기 어려운, 판독이 불가능한'이다. dyslexia는 '난독증'이고, alexia는 뇌에 생긴 질환으로 인해 글자로 표시된 내용을 이해하지 못하는 증상인 '실독증, 독서불능증'을 말한다.

형태가 조금 다른 lesson은 원래 성경을 소리 내어 읽는 '성경봉독'을 뜻했는데, '학생이 배워야 할 것'에서 '수업, 교습, 교훈' 등의 의미가 된다.

강의(lecture)는 말하는 것

lecture는 '강의(하다)'이고, dialect는 「지역을 가로질러(dia=through) 말하는 단어」에서 '방언'이 되었고, lexicon은 '말하기'에서 '사전, 어휘집'이 되었다. logic은 '논리(학)'이고, 형용사형 logical은 '논리적인'이다.

 카탈로그(catalogue)는 완전히 다 말하는 것

'프롤로그(prologue)'는 「미리(pro) 말하는 것」에서 '서문, 서막'이 되었고, catalogue는 「완전히 말하는 것」에서 '목록, 편람'이 되었다. '에필로그(epilogue)'는 「추가해서(epi) 말하는 것」이므로 사건의 '결말'이고, dialogue는 「상대를 통해(dia) 말하는 것」이므로 '대화, 회담'이 되었다.

apology는 「apo(떨어져서)+logy(말하는 것)」가 어원으로, '죄를 피하기 위해 말하는 것'에서 '사과, 사죄'가 되었다. 동사형 apologize는 '사과하다'이다.

 '보내다, 위임하다'라는 의미의 leg

leg에는 '보내다'라는 의미도 있다. legacy(유산)는 '유언으로 후세에게 보내진 것'이고, delegate는 「떨어진(de) 곳으로 보내는 중요한 사람」이라는 뜻에서 '사절단, 대표; 위임하다', relegate는 「다시(re) 원래대로 보내다」에서 '격하시키다, 강등시키다', allege는 「a(l)(~쪽으로) 말을 보내다」에서 '단언하다, 주장하다'가 되었다. allegiance는 「a(l)(~쪽으로) 몸을 맡기다」이므로 '헌신, 충성'이다.

「마켓(market)」은
'거래하는' 장소

mark/merc = 거래하다

supermarket *Supermarket*
시장을 넘어선 것
➡ 슈퍼마켓

market
거래하는 장소 ➡ 시장

merchandise
거래되는 것 ➡ 상품

merchant
거래하는 사람 ➡ 상인

마켓(market)은 거래하는 장소

이번 주제는 '거래하다'라는 의미의 어근 mark와 merc이다.

merchant는 '상인'이고, supermarket은 보통의 시장 크기를 넘는 곳
이라는 뜻에서 '슈퍼마켓'이 된다. 또 거래되는 '상품'은 '좋은 것'이라는 뜻

의 단어 goods도 쓸 수 있지만, 정식으로 말하면 merchandise이다.

'플리마켓'은 헌 옷, 오래된 생활 도구 등 개인이 필요 없어진 것을 공원이나 광장에서 매매하는 시장이다. 이 명칭의 유래는 free market(자유로운 시장)이 아니라, flea market(벼룩시장)이다. '시장'의 market은 옛 프랑스어로 원래 '거래하는 장소'라는 뜻이 있다.

 ## 영어에는 CM이 없다고?

market을 미국에서는 '마트(mart)'라고도 한다. 독일어로는 '마르크트(markt)', 프랑스어로 '마르쉐(marché)', 스페인어와 포르투갈어로 '메르카도(mercado)', 이탈리아어로 '메르카토(mercato)'이다. 이들은 모두 '거래, 매매'라는 뜻의 라틴어 mercari로 거슬러 올라간다. TV, 라디오의 광고를 뜻하는 '씨엠(CM)'은 commercial message를 줄인 말이다. 영어에서는 CM이라는 줄임말을 사용하지 않는다. commerce는 '거래하는 것'에서 '상업'과 '무역'의 의미가 된다.

 ## Mercury는 상업의 수호신

태양계 행성 가운데 태양과 가장 가까운 곳에 위치한 '수성'은 '머큐리(Mercury)'이다. Mercury는 로마 신화에서 상업, 여행, 도둑의 수호신인 메르쿠리우스(Mercurius)의 영어 이름이다. 소문자로 mercury라고 표기하면 화학 용어로 '수은'이다.

 ## mercy는 거래의 대가

프랑스어로 '감사합니다'인 merci[메르시]는 원래 '거래의 대가' 즉 '보상'이라는 뜻으로, 신으로부터 받는 은혜에 대한 감사의 뜻에서 유래했다. 영어의 mercy도 같은 어원으로, 신의 '자비'나 '긍휼'을 뜻한다. mercy killing 은 '안락사'이다. merciful은 '자비한'이고, 그 반의어인 merciless는 '무자 비한'이다.

메르세데스(Mercedes)는 자비하신 마리아

메르세데스 벤츠(Mercedes-Benz)는 독일 자동차 회사 다임러가 생 산하는 고급 승용차의 브랜드 이름이다. Mercedes는 스페인의 여자 이 름으로 성모 마리아의 다른 이름 María de las Mercedes(자비로운 마 리아)의 줄임말로, 다임러 자동차의 고객이자 딜러였던 오스트리아 자산 가 에밀 옐리넥이 자신의 딸인 메르세데스 옐리넥의 이름을 따서 지은 것 으로 알려져 있다. 라틴어로 merced는 '자비'라는 뜻의 명사로, 복수형인 mercedes에서 유래했다.

COLUMN 더 재미난 어원 이야기

★ 화성과 태양의 유래

수성 이야기가 나온 김에 잠깐 옆길로 빠져보자. 태양의 4번째 행성(planet)인 '화성'은 Mars이다. 로마 신화에서 전투의 신인 마르스(Mars)에서 유래했다. 형용 사 martial은 '싸움의, 전쟁의'이고, martial arts 하면 태권도, 가라테, 유도, 쿵후 등의 '무술'을 말한다.

'태양'을 뜻하는 sun은 인도유럽조어 sāwel에서 유래했으며, 형용사는 solar(태 양의)이다. south(남쪽), southern(남쪽의), Sunday(일요일)도 마찬가지이다. insolation은 「햇볕을 쬐는 것」이므로 '일사병'을 뜻한다. solstice(지점)는 「태양이 가만히 멈추는 것(stice)」으로, 태양이 적도에서 북쪽이나 남쪽으로 가장 멀리 떨어 져 있을 때를 가리킨다. the summer solstice는 '하지'이고, the winter solstice 는 '동지'이다.

048

「문법(grammar)」과
「매력(glamour)」은 같은 어원

gram/graph = 쓰는 것

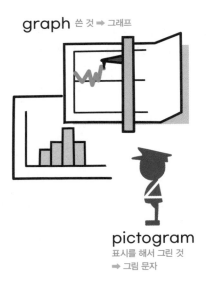

graph 쓴 것 ➡ 그래프

calligraphy
예쁘게 쓰는 것 ➡ 서예

pictogram
표시를 해서 그린 것
➡ 그림 문자

crab
발톱으로 긁는 것 ➡ 게

 프로그램(program)은 사전에 쓴 일정표

TV, 연극, 콘서트의 '프로그램(program)'은 「pro(미리)+gram(쓴 것)」이
어원으로, 어근의 gram은 그리스어로 '쓰다'라는 뜻의 graphein에서 유래
했다.

'문법'의 grammar는 '글자를 쓰는 기술'을 의미한다. 열차의 '운행표'는 diagram인데, 「dia(통해)+gram(쓰다)」이므로 첫 열차부터 최종 열차까지의 출발과 도착시각을 전부 쓴(그래프화한) 것이다.

 '이모티콘'은 픽토그램(pictogram)

gram은 접미사로도 사용한다. 예를 들어, kilogram은 그리스어에서 유래했고 「kilo(1000)+gram」에서 '킬로그램'이 되었고, milligram은 라틴어에서 유래했고 「millim(1000분의 1)+gram」에서 '밀리그램'이 되었다.

telegram은 「tele(먼)+gram(쓰다)」으로 멀리 있는 사람에게 쓰는 '전보'이다. ideogram은 「생각(idea)를 쓰다」에서 '표의문자'(그림 문자, 상형 문자처럼 시각에 의해 사상을 전달하는 문자)이고, phonogram은 「소리(phone)를 쓰다」에서 '표음문자'(사람이 말하는 소리를 기호로 나타내는 글자)가 된다. hologram은 「전체(holo)를 그리다」에서 '홀로그램, (3차원 영상으로 된) 입체 화상', pictogram은 「그림(pict)을 그리다」에서 '상형 문자, 그림 문자, 이모티콘'을 의미하게 되었다. epigram은 「위에(epi) 쓰다」로 원래는 '묘비명'이라는 뜻이지만, '재치 있는 경구'라는 의미가 되었다.

 라틴어에서는 graph로

그리스어에서 유래한 gram은 라틴어를 통해 graph(y)로 변화했다. '그래피티(graffiti)'는 '낙서'이고, '그래프(graph)'는 '도표'이다. graph의 형용사형인 graphic은 '도표의, 생생한'이고, graphical은 '그래픽의'이다. graph(y)는 '쓰기, 기록'이라는 의미가 있으며, 접미사로도 많은 단어를 만든다.

열을 검사하는 서모그래피(thermography)

autograph는 '자필'과 유명인의 '사인'이고, paragraph는 「한 칸을 비워서(para) 쓰는 것」에서 '단락', calligraphy는 「아름답게(calli) 쓰다」에서 '서예', bibliography는 「책(bible)을 기록하다」에서 '참고문헌(목록), 서지학'이라는 의미가 되었다.

'서모그래피(thermography)'는 「열(therm)을 기록하다」로 신체 표면의 온도를 측정하고 영상으로 진단하는 방법이다. 참고로, thermometer는 「열(therm)을 측정하다」이므로 '온도계'이고, thermostat은 「열(therm)을 멈추다(stat)」이므로 '(자동) 온도 조절 장치'이다.

gram/graph는 '세게 긁는 것'

gram과 graph는 인도유럽조어 gerbh(쓰다, 세게 긁다)로 거슬러 올라간다. g 발음은 게르만어를 거치면서 '그림의 법칙(79쪽 참조)'에 따라 k 발음으로 바뀌었고, crab과 carve가 탄생했다. crab은 집게발로 세게 긁는 이미지의 '게'이고, carve는 세게 긁어서 흠집을 낸다는 뜻에서 '조각하다'나 '고기를 자르다'가 되었다. carving은 '조각(작품)'이나 '고기를 분리하는 것'을 말한다.

grammar(문법)에서 glamour(매력)로

grammar(문법)은 '쓰는 기술'이라는 의미의 그리스어가 라틴어와 고대 프랑스어를 거쳐 14세기 말 영어에 들어온 단어이다. 15~16세기의 유럽은 이른바 오컬트 붐으로, 마녀나 마술에 관한 책이 많이 나왔고, 마녀사냥도 행해졌던 시대이다. 당시 책은 라틴어로 쓰여 있어서 글을 읽고 쓸 수 없는 서민에게는 어려운 주문과 같았기에 grammar는 '마법'을 연상시켰다.

　　결국, grammar라는 단어는 스코틀랜드에서 glamour로 발음이 바뀌
게 된다. 19세기에 들어 스코틀랜드 출신의 시인이자 작가인 월터 스콧이
그의 저서에서 '마법'이란 의미로 glamour란 단어를 사용했다. 이를 계기
로 glamour가 '마법'이라는 의미로 널리 쓰이게 되었지만, 현재는 '매력'이
나 '매혹'의 의미로 사용된다.

★ picture는 새겨서 표시한 것

　　픽토그램과 연결해서 좀 더 얘기해보려 한다. 어근 pict는 '그림'의 picture나
'(물감으로) 그리다, 페인트를 칠하다'의 paint와 마찬가지로 '새기다, 표시하다'라
는 의미의 인도유럽조어 peig로 거슬러 올라간다. pictorial은 '그림 같은, 그림의',
picturesque는 '그림처럼 아름다운, 생생한', pigment는 '그림물감, 색소, 안료'
이다.

　　depict는 「아래에(de) 새겨 표시하다」에서 '그리다, 묘사하다'가 되었다. 빨간색,
초록색 등 다양한 색상의 채소 '피망(pimento)'은 음식과 음료에 색을 첨가한다는
뜻에서 유래했다. a pint of lager(1파인트의 라거 맥주)의 pint(파인트)는 영국에서
약 0.57ℓ(리터)에 해당하는 유리잔 부분에 페인트로 표시한 것에서 생긴 말이다.

　　pinto는 '페인트 칠해진, 얼룩진'을 뜻하는 라틴어 pinctus에서 유래하여 스페인
어를 통해 영어에 들어온 말로, '흑백의 얼룩무늬(인)'를 의미한다.

049

「파티(party)」는
행동을 '함께 하는' 사람들의 모임

par(t) = 나누다, 할당하다; 일부

partner
함께 나누는 사람
➡ 배우자

depart
그 자리에서 떠나다
➡ 출발하다

part
나눈 것 ➡ 일부

department
나눈 것 ➡ 부문

party
함께 나누는 사람들의 모임 ➡ 정당

다의어 part의 의미

　part의 가장 기본적인 의미는 전체를 구성하는 '일부분'으로, 기계라면 '부품', 팀이라면 '일원', 국가나 세계라면 '한 지역', 영화나 극이라면 '역할'이 된다. part는 동사로는 '떼어내다, 나누다' 등의 의미가 있는 다의어로 어원은 인도유럽조어에서 '나누다, 주다'라는 뜻인 pere로 거슬러 올라간다.

partial은 '부분적인'에서 '편파적인'으로

part의 형용사인 partial(일부의, 부분적인)은 의미가 바뀌어 '한쪽만 편 드는, 편파적인'이 되었고, 반의어인 impartial은 「부분적이지 않은(im)」에 서 '공정한'이 되었다.

partner는 원래 슬픔과 기쁨을 「함께 나누는 사람」이란 뜻으로 '배우자, 애인, 동업자'를 말한다. partnership은 '제휴, 동업'이고, party는 「행동을 함께 하는 사람들의 집단」에서 '파티' 외에 '정당, 일행, 당사자'라는 의미가 있다. party를 동사로 써서 Let's party! 하면 "파티를 하자!"이다.

방을 구분하는 칸막이는 partition

part-time은 형용사나 부사로 '시간제의[로], 비상근의[으로]'라는 뜻이 다. '아르바이트하다'는 work part-time으로, "오늘은 아르바이트가 있다." 라는 말은 I have my part-time job today이라고 한다.

방, 사무실의 공간을 구분하는 칸막이는 '파티션(partition)'이다.

아파트는 apartment, 백화점은 department store

apart는 「a(~쪽으로)+part」로 원뜻은 '한쪽으로'이며, 시간이나 거리가 '떨어져, 따로'임을 의미한다. apartment는 '구분된 것'에서 '아파트'가 되었 고, compartment는 열차의 '칸막이 객실'이다.

depart는 그 자리에서 벗어나는(de) 것이므로 '출발하다'가 되었고, 명사형 departure는 '출발(편)'이다. department는 정부나 기업을 나 눈 것이므로 '부서'나 '과(課)'이고, 대학을 나눈 것은 '학과'가 된다. a department store는 '매장을 나눈' 가게이므로 '백화점'이다.

 part가 port를 거쳐 portion으로

균형이 잡힌 몸을 두고 '비율이 좋다'라고 표현하는데, proportion이 바로 '비율, 균형'을 의미한다. port는 part가 변한 말이다. portion은 '일부, 1인분'이란 뜻이다.

 particular는 '작은 부분'에 관한 것이므로 '특별한'

particle은 「작은(cle) 부분」에서 '미립자, 미량', parcel도 마찬가지 이유로 '소포'이다. particular는 「작은 부분에 관한」 것이므로 '특정한, 특별한'이나 '자세한 사실'을 뜻한다. participate는 「전체 중 일부를 취하다(cip)」에서 '참가하다, 참여하다'가 되었고, participant는 '참가자'이다. partisan은 「부분적으로 편향된 사람」에서 '열렬한 지지자'나 '편파적인'이라는 의미가 되었다. bipartisan은 「두 쪽의(bi=two) 열렬한 지지자」에서 '두 정당의, 양당의'라는 의미가 되었다.

 '페어(pair)'는 서로 나누는 사람

골프에서 '기준 타수'를 par라고 부르는데, 이것도 인도유럽조어 pere에서 유래했다는 설이 있다. '나누다'가 '동등하다'를 연상시킨다는 것이다.

'한 쌍, 두 사람이 한 조'의 pair와 '동등한 사람, 또래'를 뜻하는 peer는 모두 '동등하다'가 어원이다. compare도 「모두/함께(com) 동등하게 하다」에서 '비유하다, 비교하다'가 되었다. 명사형 comparison은 '비교', 형용사형 comparative는 '비교적, 상대적인', 형용사형 comparable은 '비교할 만한, 비슷한'이다.

204

움직이는 심판은 referee, 움직이지 않는 심판은 umpire

심판을 뜻하는 '엄파이어(umpire)'의 pire도 '같다'가 어원으로, 「um(~이 아닌)+pire(같다)」이므로 '같지 않다'가 원래의 뜻이다. 대립하는 두 팀과 같은 사람이 아닌 제3자가 들어가서 심판을 한 것에서 유래했다. 참고로, umpire는 야구나 탁구처럼 경기 중에 움직일 필요가 없는 심판이고, 농구나 축구처럼 움직이는 것이 불가피한 심판은 '레퍼리(referee)'라고 부른다.

refer는 '참조하다, 위임하다'로, referee의 어미 ee는 동사의 뒤에 붙어 '~되는 사람'을 뜻하는 접미사이다. 이 말은 '판단을 위임받은 사람'에서 유래했다.

COLUMN　더 재미난 어원 이야기

★ '~하는[되는] 사람'을 뜻하는 접미사 ee

동사의 접미사 ee에는 '~하는 사람', '~되는 사람'이라는 의미가 있는데, ee가 들어간 다음 단어들은 기억해두면 좋겠다.

employee(직원), returnee(귀환자, 귀국자 자녀), absentee(결석자, 부재자), abductee(납치된 사람), addressee(수취인), adoptee(양자), appointee(임명자), awardee(수상자), devotee(애호가, 추종자), donee(수증자, 장기이식 피이식자), draftee(징집병), enlistee(입대자), evacuee(피난민), examinee(수험생, 응시자), fiancée(약혼녀), honoree(수상자), nominee(추천된 사람, 후보), refugee(난민, 망명자) 등이 있다.

050

'할당할' 때 필요한
「숫자(number)」

num/nom = 할당하다, 취하다

numberless
수가 없는 ➡ 무수히 많은

number
할당된 것 ➡ 수

numerous
수가 많은 ➡ 수많은

3 8

상대에게 복종한다는 의미의 '나마스테'

인도나 네팔에서는 만나거나 헤어질 때 '나마스테(namaste)'라고 인사
한다. "안녕하세요?"라고 만나서 나누는 안부 인사나 "안녕히 가세요."라
고 헤어질 때 하는 인사말로 쓰이는 말인데, '감사합니다'라는 의미는 없

다. 양손을 가슴 앞에서 합장하고 가볍게 절 하면서 말하는 게 관례이다. namaste는 고대 인도에서 사용했던 산스크리트어로 「namas(복종)+te(당신에게)」가 어원이다. 어근의 namas는 인도유럽조어로 '할당하다, 취하다'라는 의미인 nem으로 거슬러 올라간다.

복수의 여신 '네메시스'의 어원

그리스 신화에 등장하는 복수의 여신 '네메시스(Nemesis)'도 같은 어원이다. 네메시스 여신은 신을 무시하는 인간의 오만함에 가차 없이 엄격한 벌을 내렸다고 한다. nemesis에는 '강적, 피할 수 없는 벌'이라는 의미가 있으며, '적합한 무게로 나누다'라는 뜻의 그리스어 nemein에서 유래했다.

할당할 때 필요한 숫자(number)

뭔가를 할당하거나 가질 때는 수를 셀 필요가 있다. '수, 숫자'를 뜻하는 number도 nem(할당하다)에서 파생되었다.

'무수히 많은'이라는 의미의 numberless는 「number(수)+less(없다)」에서 유래했다. '셀 수 없이 많은, 무수한'의 innumerable은 「셀 수 없는」이 원래의 뜻이다. numeral(수의), numerate(계산 능력이 있는; 세다, 계산하다), numerous(수많은)도 모두 같은 어원이다. numerate의 반의어인 innumerate는 「수를 셀 수 없는(in)」에서 '수학을 이해할 수 없는'이 되었고, 명사형 innumeracy는 '기초적인 수학능력이 없음'을 말한다. enumerate는 하나씩 밖으로(e) 꺼내듯 숫자를 붙여가는 행동에서 '하나하나 수를 세다, 열거하다'라는 의미가 되었다.

노마드랜드(Nomadland)는 유목민의 토지

nimble은 「취할 수 있는(ble)」에서 '이해가 빠른, 재빠른'이라는 의미가 되었다. 추위 등으로 감각이 '마비된, 무감각해진'을 의미하는 numb은 원래 '붙잡힌, 통제 불능인'이라는 뜻이었다. benumb은 보통 be benumbed의 형태로 쓰이며, '감각이 없어진'이라는 의미이다.

'유목민, 유랑자'인 nomad는 원래 '할당된 땅에서 방목하는 사람'이라는 뜻이다. 미국 영화 《노마드랜드 Nomadland》(2021)는 주인공이 방랑자로서 가혹한 계절노동 현장을 누비는 이야기이다.

 ## 접미사로 사용하는 nomy는 '관리, 지배'를 의미

어근의 nem은 -nomy의 형태로 영어에 들어와 '관리, 지배'를 의미하는 접미사로 사용되었다. agronomy는 「밭(agro) 관리」에서 '농업경제학', autonomy는 「자기(auto) 관리」에서 '자치권', astronomy는 「별(astro)의 관리」에서 '천문학', economy는 「집, 지구(eco)의 관리」에서 '경제', gastronomy는 「위(gastro)의 관리」에서 '미식학, 요리법'이 되었다.

COLUMN ▶ 더 재미난 어원 이야기

★ gastric(위)은 그리스어 gaster에서

위(stomach)를 뜻하는 gastric은 그리스어 gaster에서 왔다. 여기에 ectomy(절단하다, 348쪽 참조)를 붙인 gastroctomy는 '위(gastr)절제술'을 뜻한다.

gastric juice는 '위액', gastritis는 '위염', gastrology는 '위병학', gastroscope는 '위내시경', gastronomy(복수형 gastronomies)는 '위절제술'이다. gastro(위장)에 '규칙'의 -nomie를 붙인 프랑스어 gastronomie에서 유래한 영어 gastronomy는 '미식(美食)'이라는 뜻이다. 영국에서는 고급 맥주와 고급 요리를 제공하는 술집을 '가스트로펍(gastropub)'이라고 한다.

열이나 빛을 '느끼는'
감지 장치「센서(sensor)」

sens/sent = 느끼다, 알다

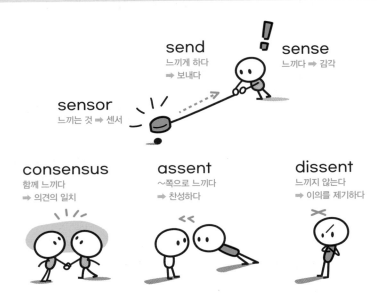

send
느끼게 하다
➡ 보내다

sense
느끼다 ➡ 감각

sensor
느끼는 것 ➡ 센서

consensus
함께 느끼다
➡ 의견의 일치

assent
~쪽으로 느끼다
➡ 찬성하다

dissent
느끼지 않는다
➡ 이의를 제기하다

---

sense는 느끼다

'감각', '분별', '의식', '의미', '의의', '느끼다', '감지하다' 등의 의미가 있는 sense은 라틴어 sentire(느끼다, 알다)의 명사형 sensus에서 유래했으며, '가다, 향하다'라는 뜻의 인도유럽조어 sent로 거슬러 올라간다.

sensor는 느끼는 것

sensor는 「느끼는 것」에서 열이나 빛을 '감지하는 장치'나 '센서'가 되었고, send(보내다)는 '향하게 하다'가 원뜻이다.

assent는 「~쪽으로 느끼다」에서 '찬성하다, 동의하다', consent는 「함께(com) 느끼다」에서 '동의하다, 허락하다'이다. 특히, assent는 특별히 반대할 이유가 없으니 '동의한다'는 뉘앙스이다.

dissent는 「느끼지 않다(dis)」에서 '이의를 제기하다'가 되었다. resent는 「몇 번이나 완전히(re) 느끼다」에서 '분개하다'가 되었고, 명사형 resentment는 '분노, 원한'이다.

 consensus는 함께 느끼는 것

ressentiment는 프랑스어로 약자가 강자에 대해 느끼는 '분노'나 '원한'을 뜻한다. nonsense는 「의미가 없다(non)」에서 '말도 안 되는 생각, 넌센스', consensus는 「함께(com) 느끼는 것」에서 '의견의 일치', sensation은 「느끼는 것(tion)」에서 '감각, 선풍적인 화제'라는 의미가 되었다. sentiment는 '감정, 감상'이고, 형용사형 sentimental은 '감상적인'이다. presentiment는 「미리(pre) 느끼는 것」으로 '(불길한) 예감'을 뜻한다.

sentinel은 '파수꾼, 감시자'이고, sentry는 '보초병', scent는 코로 느끼는 '냄새'나 '향기'를 말한다.

sentence는 '느낌, 의견'을 의미하는 라틴어 sentire가 어원으로, '문장'이나 판사가 죄인에게 느낀 것(결정)을 내리는 '판결, 선고' 또는 '판결을 내리다'라는 뜻이다.

접두사로 사용하는 sense

sense는 다양한 접미사를 붙여 다양한 의미의 형용사를 만들어낸다.

sensible은 「느낄 수 있는(able)」에서 '분별 있는, 현명한', sensitive는 '(신경이) 예민한, 민감한', sensory는 '감각의, 지각의', sensual은 '관능적인, 섹시한', sensuous는 '오감에 호소하는'이다.

senseless는 '무감각의, 무의미한'이며, less는 명사나 형용사에 붙는 접미사로 '~이 없는'이라는 의미의 다양한 단어를 만든다.

COLUMN ▶ **더 재미난 어원 이야기**

★ **접미사 less에 대해 좀 더 이야기해보자.**

less는 명사, 형용사에 붙는 접미사로 '~이 없는'을 의미하는 다양한 단어를 생성한다. cashless(현금이 없는), homeless(집 없는), endless(끝없이 계속되는), careless(부주의한, 조심성 없는), harmless(해가 없는), useless(쓸모없는), hopeless(가망 없는), painless(고통 없는), heartless(인정 없는)가 있다.

브래지어를 '브라'라고 하는 것처럼 영어에서도 일상 회화에서는 bra가 사용된다. '노브라'는 영어로 braless이다. less는 '작은, 소량의, 거의 없는'을 뜻하는 little의 비교급 less에서 파생되었다. less의 파생어 lessen은 동사로 '축소시키다'이다. lesser는 형용사로 '덜한, 더 작은[적은]'이라는 뜻으로 lesser panda(레서판다)와 같이 명사 앞에 두고 사용한다.

PART

PART

7

「자연계의 움직임」에
관련된 어원

빛, 물, 식물 등 대자연의 변화를
품고 있는 단어들을 소개한다.

052

「수달(otter)」과 「물(water)」은 친척관계

wed = 젖은, 물
und = 파도치다

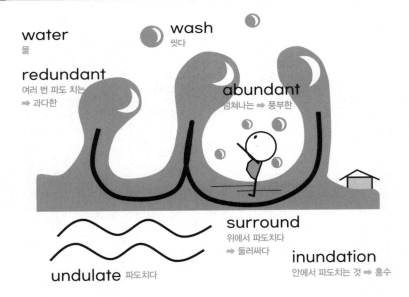

water
물

wash
씻다

redundant
여러 번 파도 치는
➡ 과다한

abundant
넘쳐나는 ➡ 풍부한

surround
위에서 파도치다
➡ 둘러싸다

inundation
안에서 파도치는 것 ➡ 홍수

undulate 파도치다

 물(water)과 친척 관계인 씻다(wash)

water(물), wash(씻다), wet(젖은), winter(겨울), whiskey(위스키)는 모두 첫 글자가 w로 시작한다. 이런 단어들은 '물' 또는 '젖은'이라는 의미의 인도유럽조어(1쪽 참조) wed에서 유래한다.

위스키(whiskey)와 보드카(vodka)는 친척 관계

whiskey는 켈트어에 속하는 게일어로 '생명의 물'이 어원이다. 영국에서는 아일랜드산 위스키와 구별하기 위해 '스카치 위스키'를 whisky라고 표기하니 주의하자.

인도유럽조어 wed의 지소사('작은, 조금 등의 의미를 나타내는 접미사)인 woda는 러시아어로 알코올 도수가 높은 증류주 vodka(보드카)로 발전했다.

 ## 물(water)과 친척관계인 수달(otter)

물가에 서식하는 야행성 동물 '수달'은 영어로 otter[오터]인데, water와 발음만 비슷한 것이 아니라 실제로 어원도 같다. 수족관에서 인기 만점인 '해달'은 수달과 친척관계로 영어로 sea otter이다. 수달은 강이나 호수 등 민물에, 해달은 주로 바다에 서식한다.

 ## wed는 그리스어를 경유해서 hydr(o)로

'물'을 의미하는 인도유럽조어 wed는 그리스어에서 hydor가 되고, 영어에 hydr(o)로 들어온다. 주로 접두사로 쓰이며, 다음 단어들을 만들었다.

hydrogen은 '수소', hydroplane은 「물의 비행기(plane)」이므로 '수상비행기, 수상 활주정', hydrocarbon은 「물의 탄소(carbon)」이므로 '탄화수소', carbohydrate는 「탄소의 수화물(hydrate)」이므로 '탄수화물', hydroelectric은 「물의 전기(electric)」이므로 '수력발전의', dehydration은 「물에서 멀어지는(de) 것」이므로 '탈수증상', hydrant는 '소화전(=fire hydrant)'이다.

장마철이 제철인 '수국'은 hydrangea이다. 어원은 「물을 넣는 그릇(angea)」으로 역시 물과 관련이 깊다는 것을 알 수 있다.

킹 기도라는 그리스 신화의 이것에서 유래?

그리스의 수도인 아테네 항구에는 에게해에 있는 3개의 섬을 둘러보는 당일치기 투어가 매일 운영되고 있어서 필자도 참여한 적이 있다.

3개의 섬 중 하나인 이드라 섬은 Hydra라고 쓰는데, 그리스 신화에서 헤라클레스가 퇴치한 머리가 여러 개 달린 바다뱀에서 유래했다. 특수촬영 괴수 영화 《고질라》 시리즈에 등장한 머리가 3개인 '킹 기도라'는 King Hydra에서 따온 이름이 아닐까 싶다.

wed는 라틴어를 거쳐 unda로

wed는 비음화되어 '파도'라는 뜻의 unda가 되었고, 결국 라틴어와 프랑스어를 거쳐 영어로 들어오게 된다.

undulation은 '파동'을 의미하며, 특히 골프에서 페어웨이의 기복이나 그린의 미묘한 굴곡을 가리킨다. 동사 undulate는 '파도[물결]치다, 기복을 이루다'이고, inundate는 「안에(in) 파도가 치다」에서 '물에 잠기게 하다, 쇄도하다'라는 의미가 되었다. 명사형 inundation은 '범람, 홍수, 쇄도'이다.

surround는 파도가 밀려와서 넘치고 둘러싸는 것

소리에 둘러싸여 있는 듯한 입체적인 음향 효과를 '서라운드'라고 하는데, surround(둘러싸다)는 「위에서(sur) 파도치다」로 파도가 밀려와서 넘치고 둘러싼다는 의미가 되었다. 명사형 surroundings는 사람과 물건을 감싸는 일시적인 '환경'을 뜻한다.

abundant는 「ab(멀리)+und(파도치다)+ant(~한)」이므로 넘칠 만큼 '풍부한, 대량의'가 되고, 그 동사형이 abound(많이 있다)이다. 파도가 밀려오듯이 부와 행운이 차례로 굴러들어와서 풍족하게 즐길 수 있다는 뜻이다.

　redundant는 「여러 번 밀려오다」에서 '잉여(인원)의, 과잉의'이 되며, 표현이 불필요하게 '중복되는'이라는 의미도 있다. 동사형 redound는 신용이나 이익 등이 '증가하다'이고, 명사형 redundancy는 '잉여(인원), 불필요한 중복'이다. 불필요한 중복이란 '말에서 낙마한다'처럼 개념을 명확하게 설명하는 데 필요 이상의 단어를 사용하는 것을 말한다.

　참고로, 영어에서 redundancy(불필요한 중복)의 예를 들어보자면, new innovations(새로운 혁신), repeat again(다시 반복하다), free gift(무료 선물), past history(과거 역사), consensus of opinion(의견 일치) 등이 있다.

053

「혁명(revolution)」은 세상을 뒤집어엎는 것

volve/wel = 돌다, 구르다

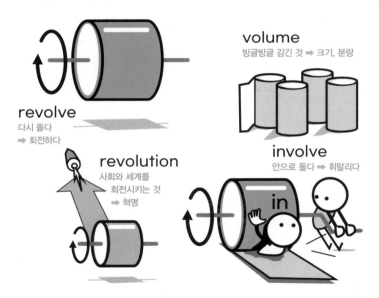

revolve
다시 돌다
➡ 회전하다

volume
빙글빙글 감긴 것 ➡ 크기, 분량

revolution
사회와 세계를
회전시키는 것
➡ 혁명

involve
안으로 돌다 ➡ 휘말리다

in

소용돌이처럼 굽이치는 버드나무는 willow

　'밸브(valve)'는 관을 통과하는 액체나 기체의 양과 압력을 조절하는 도구이다. 이 단어는 '돌다, 구르다'라는 의미인 인도유럽조어 wel에서 유래한다. walk(걷다)도 옛날에는 '구르다'를 의미했다. wel에서 파생된 단어로는, 4분의 3박자의 우아한 무곡에 맞춰 춤을 추는 '왈츠(waltz)', 물이 회전하듯이 솟아나는 well(우물), 원래 '굽이치다, 구불구불하다'라는 뜻인 willow(버드나무), 지폐를 둘둘 말아 넣은 wallet(지갑) 등이 있다.

 ## '혼돈의 상태'인 웰터급

권투의 체급 가운데 welterweight(웰터급)이 있다. welterweight에서 welter는 동사로는 '뒹굴다', 명사로는 '혼란'이라는 뜻이다. 이 체급은 세계적으로 가장 선수층이 두텁고 하드펀처들이 모여있다. 그래서 왕좌의 교체가 가장 치열한 '혼돈의 상태'에 있다는 것에서 유래했다.

 ## volume은 '두루마리'에서 '서적'으로

volume은 원래 글자가 적힌 양피지를 둘둘 말 것을 지칭하는 말인데, 옛날 책의 형태에서 유래한 단어이다. 두루마리의 '크기'에서 '양'을 연상시켜서 '음량, 분량, 부피, 서적' 등의 의미가 되었다. volume의 형용사형은 voluminous로 '(옷이) 넉넉한, (작품의) 권수가 많은, (용기가) 큰' 등의 의미로 사용된다. voluminous writer(다수의 저작을 가진 작가, 다작의 저술가), voluminous research(방대한 연구)와 같이 사용한다.

 ## 혁명(revolution)은 세상을 뒤집어엎는 것

탄환이 들어가는 부분을 탄창이라고 하는데, 그 탄창이 회전식인 연발 권총을 '리볼버(revolver)'라고 부른다. revolve는 「다시(re) 돌다」에서 '회전하다'라는 뜻이 되었다. 명사형 revolution은 사회와 세계를 돌려 뒤집어엎는 것이므로 '혁명'을 의미한다. 형용사형 revolutionary는 '혁명적인'이다.

진화(evolution)는 바깥을 향해서 전개하는 것

revolve와 비슷한 단어로 revolt가 있다. revolt는 「뒤로(re=back) 돌리다」에서 '반란(을 일으키다)'라는 뜻이 되었다. evolve는 「밖으로(e=ex) 돌다」로 바깥쪽을 향해 전개되는 것에서 '진화하다'가 되었고, 명사형 evolution은 '진화'이다. devolution은 「아래로(de) 돌아가는 것」에서 '퇴화, 권력 이양'이다. involve는 「안에서(in) 돌리다」이므로 '휘말리다, 연루되다, 포함하다'가 된다. 형용사처럼 쓰는 involved는 '말려든'에서 '참여한, 열중한'이 되었고, 명사형 involvement는 '관여, 몰두'이다.

wel은 그리스어를 거쳐서 hel로

첫 머리에 등장한, 단어의 의미의 기본이 되는 어근 wel(돌다, 구르다)은 그리스어에서 hel로 형태를 바꾸어 사용되었다.

helicopter는 그리스어 「helico(선회하다, 나선형의)+pteron(날개)」의 합성어로 '헬리콥터'이다. helix는 '나선(형)'인데, 형용사형이 helical(나선형의)이다. heliport(헬리포트)는 「heli(헬리콥터)+port(항구)」이므로 '헬기 이착륙장'이다.

위점막에 서식하면서 위암의 발생위험을 높이는 '헬리코박터 파이로리균(Helicobacter pylori)'은 '나선형'의 모양을 하고 있기 때문에 붙여진 이름이다.

054

돈이 '넘쳐나는' 왜소행성 「명왕성(Pluto)」

plu / flo / flu = 흐르다

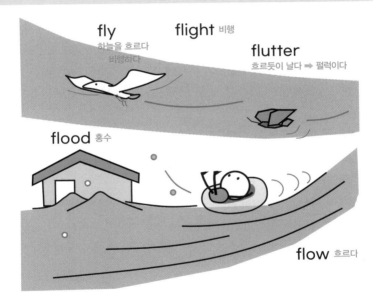

fly
하늘을 흐르다
비행하다

flight 비행

flutter
흐르듯이 날다 ➡ 펄럭이다

flood 홍수

flow 흐르다

 왜소행성으로 강등된 명왕성(Pluto)

한때 태양계의 행성은 태양에서 가까운 순서대로 '수금지화목토천해명'이었지만, 2006년 '명왕성(Pluto)'은 행성의 지위를 잃고 왜소행성으로 분류되었다.

이를 계기로 소문자 pluto는 동사로 '강등시키다'나 '가치를 낮추다'라는 의미로 쓰이게 되었다.

예를 들어, The team was plutoed to the J2 league. 하면 "그 팀은 J2 리그로 강등되었다."라는 말이다.

지하세계의 신 플루토(Pluto)

태양계의 행성에서 제외된 Pluto는 로마 신화에서 지하세계의 신인 '플루토(Pluto)'의 이름에서 유래했다.

로마 사람들은 지하세계가 땅 아래에 있고 귀금속과 보석이 풍부하다고 생각했다. 그래서 Pluto는 부의 수호신 '플루톤(Pluton)'이라고도 불렸다.

요컨대 지하세계의 신 Pluto의 이름에 '부(富)'의 의미가 있었다는 것인데, 이는 인도유럽조어에서 '흐르다, 넘치다'라는 의미의 pleu로 거슬러 올라간다.

plutocracy(금권정치)는 「부에 의한 지배(cracy)」에서 '금권정치'가 되었고, plutocrat은 '금권정치인'을 뜻한다. plutocracy의 cracy는 '지배'와 '권력'을 나타내는 접미사이다.

98쪽에 나온 aristocracy는 「가장 고귀하고 덕이 있는 사람이 지배하다(cracy)」에서 '귀족계급', bureaucracy는 「사무책상이 지배하다(cracy)」에서 '관료제', autocracy는 「스스로가 지배하다(cracy)」에서 '독재정치'가 되었다.

Pluto의 또 다른 의미인 '흐르다'와 관련된 단어로는 pluvial이 있다. '비의, 비가 많은'이라는 뜻으로 pluvial climate는 '비가 많이 오는 기후'를 의미한다.

폐는 공기가 흘러들어가는 곳

　pulmonary는 공기가 흐르는 '폐의'라는 뜻으로, pulmonary artery(폐동맥), pulmonary vein(폐정맥)과 같이 사용된다. 형태는 약간 다르지만 pneumonia는 그리스어 '폐의 증상'에서 '폐렴'이라는 의미가 된다. 이는 죽은 가축을 물속에 넣으면 폐의 부력으로 떠서 표류하는 것에서 유래했다.

　pneumatic은 '공기가 들어 있는'이라는 의미로 pneumatic balloon(공기압 풍선)처럼 사용된다.

pl은 게르만어를 거쳐서 fl로 변화

　인도유럽조어의 자음 p는 '그림의 법칙'(79쪽 참조)에 따라 게르만어를 거치면 f 소리로 바뀌어 pl은 fl이 된다.

　'업무 흐름도'는 flowchart, 아이스크림을 띄운 커피는 coffee float, '(비행기) 여행, 비행'은 flight이다. '날다'에서 나온 flea(벼룩) 등 fl을 포함하는 이 단어들의 어원은 모두 '흐르다'라는 뜻의 인도유럽조어 pleu에서 유래했다. flood(홍수)는 동사로 '흘러넘치다'라는 의미가 있으며, '흐르다'와 관련이 있다. 그리고 flee는 날아가듯 '도망치다'이고, fleet는 형용사로 '빠른', 명사로 '함대, 선대'이다.

　fledged(날 수 있게 된), flit(훨훨 날다, 가볍게 돌아다니다), flutter(펄럭이다, 휘날리다)도 모두 같은 어족으로 '흐르다'의 이미지가 있다.

055

「정리해고(restructuring)」는 회사의 '재건축'이나 '확대, 개혁'

str(uct) = 펼치다, 쌓아 올리다

construct
모두 쌓아 올리다
➡ 건설하다

destroy
쌓지 않다
➡ 파괴하다

instrument
위에 쌓아 올린 것
➡ 조립한 것
➡ 도구

street
펼쳐진 것 ➡ 거리

street과 road의 차이

street(거리)은 라틴어 via strata(포장된 도로)에서 유래했다. 더 이전으로 가면 인도유럽조어에서 '넓히다, 퍼지다'라는 의미의 stere로 거슬러 올라갈 수 있다.

street은 보통 시내 안에 있고 길의 한쪽이나 양쪽에 집, 가게 등의 건물이 늘어선 포장된 길을 말한다. 마을과 마을을 연결하는 길인 road와 겹치는 부분도 있지만, 구분해서 사용한다. 자전거와 자동차가 다니는 도로가 road이다. road는 ride(타다)와 어원이 같은데, ride는 원래 '말이나 탈것을 타고 하는 여행'을 뜻한다.

 빨대(straw)와 거리(street)는 같은 어원

환경보호를 위해 플라스틱 빨대 사용을 금지하는 움직임이 전 세계적으로 확산되고 있지만, 예전에는 빨대의 원료로 밀의 이삭을 잘라내고 남은 straw(밀짚)를 이용했기 때문에 빨대는 straw라는 이름으로 불리고 있다. '밀짚모자'를 뜻하는 straw와 구별하기 위해서 drinking straw라고 한다. 사실 straw도 street과 같은 어원으로, 원래는 넓은 지역에 '뿌려진 것'을 뜻했다.

stray는 '길에서 방황하다'가 본래의 뜻으로, 동사로는 '길을 헤매다', 형용사로는 '길 잃은, 헤매는, 흩어진'이다. astray는 「길 잃은 쪽으로(a)」에서 '길을 잃어'라는 뜻의 부사가 되었다. strew는 '흩뿌리다, 흩어지다'라는 동사이다.

 앵글로색슨족이 즐겨 먹었던 베리(berry)

우리가 먹는 붉은 딸기(strawberry)는 꽃잎이나 꽃받침을 얹는 '꽃턱'이 커진 것이며 열매는 없다고 한다. 표면에 붙어있는 알갱이들이 진짜 열매이고 그 알갱이 속에 씨앗이 들어 있다고 한다. strawberry의 어원은 「straw(씨앗을 뿌리다)+berry(베리)」이다. berry는 apple(사과)과 함께 앵글로색슨족이 즐겨 먹어서 영국에 오래 전부터 있던 과일이다.

대기에 퍼져 있는 '성층권'은 stratosphere

strategy(전략)는 지휘관이 부대를 승리로 이끌기 위해서 세운 전체적인 계획으로, 광범위하게 펼쳐진 계획을 떠올리게 한다. 형용사형은 strategic(전략상 중요한)이다. stratum은 라틴어 sternere(넓게 퍼지다, 덮다)가 어원으로, 한면에 퍼져 있는 '지층'이나 사회적인 '계층'을 말한다. stratosphere는 대기권에 퍼져 있는 '성층권'이다.

'정리해고'는 downsizing

이번에는 '쌓아올리다'의 str(uct)와 관련된 단어이다. '정리해고'는 보통 구조조정에 따른 인원 감축이나 해고의 의미로 쓰인다. 영어의 restructuring은 「다시(re) 쌓아 올리는 것」으로 '회사 조직의 재구축'을 의미하며, 기업의 개혁이나 확대의 의미로 쓰인다. 기업, 조직 등의 인원을 감축하는 정리해고는 downsizing이다.

인프라(infrastructure)는 사회의 기반

structure(구조, 건축물)는 라틴어 struere(쌓다)가 어원이다. '인프라'는 infrastructure의 약자로, 「infra(아래)+structure(구조)」로 구성되어 있으며 본래 '사회나 생활의 기반이 되는 구조물 또는 장치'라는 뜻이다.

참고로, infra와 관련된 단어로 infrared, inferno가 있다. infrared(적외선의)는 적색의 아래(옆)에 위치하는 파장이 긴 전자파를 말하며, inferno는 지하에 있다는 뜻에서 '지옥'을 의미한다. 《The Towering Inferno》(1974)라고 초고층 빌딩의 화재를 그린 미국 영화가 있다.

construction은 '건설', destruction은 '파괴'

construct는 「con(함께=모두) 쌓아올리다」에서 '건설하다'라는 의미가 되었고, 형용사형 constructive는 '건설적인', 명사형 construction은 '건설'이다. destroy는 「쌓지 않다(de)」에서 '파괴하다'가 되었고, 형용사형 destructive는 '파괴적인', 명사형 destruction은 '파괴', destroyer는 '파괴자'이다.

 두 가지 형용사가 있는 industry

industry는 「안으로(in) 쌓아 올리는 것」에서 '근면', 더욱 조직적인 근면함에서 '산업'이라는 의미로 발전했다. 형용사 industrious는 '근면한'이고, industrial은 '산업의'이다.

 가르쳐서 쌓아 올리는 instructor

instruct는 「위에(in) 쌓아 올리다」에서 '가르치다, 지시하다'라는 뜻이 되었고, 명사형 instruction은 '지시, 지도'이다. instructor는 기초부터 하나하나 노하우를 쌓아 가르치는 '지도자, 강사'이고, 형용사형 instructive는 '도움이 되는, 교육적인'이다.

obstruct는 「상대를 향해(ob) 쌓아 올리다」에서 '방해하다'가 되었고, 명사형 obstruction은 '장애, 방해'이다. 스포츠에서 상대의 플레이를 방해하는 반칙을 obstruction이라고 한다.

instrument는 「위에 쌓아 올린 것→조립한 것」에서 '도구, 악기'를 의미하게 되었다. prostrate는 「앞으로(pro) 펼쳐진」에서 '엎드린, 몸을 가누지 못하는'이라는 형용사와 '엎드리다'라는 동사가 되었다. consternation은 「완전히(con) 퍼진 것」으로 '경악, 대경실색' 등을 의미한다.

056

반짝반짝 '빛나는'
「유리(glass)」

gl = 빛나다, 반짝거리다

glass 빛나는 것
➡ 유리

glad
눈앞이 밝아지다
➡ 기쁘다

gloss
빛나는 것
➡ 광택

glow
빛나다

glisten
빛나다
➡ 반짝이다

glance
눈을 빛나게 하다
➡ 흘낏 보다

glimpse
눈을 빛내다
➡ 잠깐 보다

glare
눈부시게 빛나다

---

 gold(금)와 glitter(빛나다)는 같은 어원

황금색으로 빛나는 gold(금, 금괴)는 게르만조어에서 온 단어로, 인도유럽조어에서 '빛나다, 반짝하다'라는 뜻의 ghel로 거슬러 올라간다.

All that glitters is not gold.(반짝인다고 다 금은 아니다.)라는 속담의

glitter(빛나다)도 gold와 같은 어원이다. '금박을 입히다, 금색으로 칠하다'
는 gild이다. 예전 네덜란드 화폐 단위였던 '길더(guilder)'도 '금화'를 의미
하는 gulden에서 유래했다.

glad(기쁜)는 눈앞이 밝아진 것

glass(유리), gloss(광택, 윤기), sunset glow/evening glow(석양)은
모두 빛나는 이미지가 있다. glow는 동사로 '빛나다', 명사로 '빛'이다. 형용
사 glad(기쁜)도 마찬가지다. 결과를 걱정했던 시험에 합격했음을 알았을
때 I'm glad to hear the news.(그 소식을 듣고 기쁩니다.)와 같이 표현한
다. glad는 안도하며 눈앞이 밝아지는 듯한 뉘앙스를 가진 단어이다.

glee club(남성 합창단, 글리 클럽)의 glee는 '큰 기쁨, 환희'라는 의미
가 있다. '(자신의 성공에) 흡족해하다, (남의 실패를) 고소해하다'는 의미의
gloat도 빛나다는 이미지와 관계 있는 단어이다.

'흘낏 보다, 언뜻 보다, 노려보다'의 gl

glance(흘낏 보다), glimpse(잠깐[언뜻] 보다), glare(섬광: 눈부시게
빛나다, 노려[쏘아]보다), glaze(도기 등에 유약을 바르다), glimmer(희미
하게 빛나다), gleam(반짝이다, 어슴푸레 빛나다), glisten(반짝이다, 번들
거리다), glint(반짝거리다) 등의 단어가 있다. gl로 시작하는 단어들은 게
르만어에서 유래했고 '빛나다'라는 의미를 포함하는 단어가 많다는 특징이
있다.

하늘을 미끄러지듯이 날아가는 글라이더(glider)

동사 glide는 '미끄러지듯 가다, 활공하다'이다. '글리사드(glissade)'는

등산 용어로 빙설의 경사면을 미끄러져 내려가는 '제동 활강'을 말한다. 발레 용어로는 미끄러지게 진행하는 '활보'를 의미한다. 이것도 어원적으로 gl(빛나는)과 관련이 있다.

 ## ghel은 그리스어를 거쳐서 chlo와 chol로

인도유럽조어의 ghel(빛나다, 반짝이다)은 그리스어를 거치면서 '황록색'의 chlo와 chol로 변경되었다. chlorophyll은 「chloro(황록색)+phyll(잎)」이므로 '엽록소'이고, 녹조의 일종인 '클로렐라(chlorella)'도 있다. 앞에 나온 담즙(156쪽 참조)도 황록색을 띠므로 chole이다.

 ## 콜레라(cholera)는 황담즙이 일으킨다?

고대 그리스에서는 인간의 몸이 '혈액, 점액, 황담즙, 흑담즙'의 4가지 체액으로 구성되며, 인간의 건강 상태와 기질은 4가지 체액의 균형과 풍토 사이의 관계에서 결정된다고 생각했다. 법정 전염병 중 하나인 '콜레라(cholera)'는 황담즙에 의해 일어나는 급성 장염이고, melancholy(우울증)는 「melan(흑)+choly(담즙)」으로 흑담즙이 원인이라고 생각했던 데서 유래한 이름이다.

 ## 레드와인 베이스의 상그리아(sangria)

혈액 순환이 잘 되면 '낙천적이고 희망이 가득한' 상태가 된다고 해서 라틴어 sanguis(혈액)가 변해 영어에서 sanguine(낙천적인)이 되었다. 레드와인에 베리 등의 과일을 섞은 스페인의 술 '상그리아(sangria)'도 같은 어원이다.

★ 빙하(glacier)는 다른 어원으로 '차가운'에서 유래

glacier(빙하)도 어쩌면 같은 어원이 아닐까 생각할 수 있지만, 이 말은 '차가운, 얼어붙는'이란 의미의 인도유럽조어 gel에서 유래했다.

'그림의 법칙'에 따라 인도유럽조어의 g 자음은 게르만어를 거치면 k 발음으로 바뀌는데, cold(차가운, 추운), cool(시원한, 냉정한, 근사한), chilly(쌀쌀한, 서늘한)의 바탕이 된 것이 gel이다. 그 외에도 gel(젤리 상태의 물질), gelatin(젤라틴), gelato(젤라토, 이탈리아 아이스크림), jelly(젤리), jellyfish(해파리)도 같은 어원의 단어이다.

congeal은 「con(함께)+geal(얼다)」가 어원으로, 본래는 얼어서 굳어지는 것을 의미했지만 현재는 단순히 '응고하다'라는 의미로 쓰인다.

★ 마롱글라세는 얼음처럼 반짝이는 밤

표면에 투명한 설탕 코팅이 되어 있는 프랑스 과자 '마롱글라세(marron glacé)'는 원래 '얼음처럼 반짝이는 밤'이란 뜻이지만, 프랑스어 glacé는 영어로는 '설탕에 절인, 매끄럽고 윤기 있는'이라는 의미다.

'불꽃색으로 빛나는' 새
「플라밍고(flamingo)」

fla/bl(a) = (하얗게) 빛나다, 불타다

flame
불타는 것 ➡ 불꽃

blaze
불타오르는듯한 색

flamingo
불꽃색으로 빛나는 새
➡ 플라밍고

blanket
하얗고 작은 것 ➡ 모포

blank
하얗게 빛나는 ➡ 빈 칸

 프랑스 요리의 조리법 플랑베(flambé)

　플랑베(flambé)는 프랑스 요리 기법의 하나로, 요리 마지막에 브랜디, 럼주 등 알코올 도수가 높은 술을 넣고 불을 붙인 후 단숨에 알코올 성분을 날려, 재료에 향을 입히는 조리법이다. flambé는 '타오르는 불꽃'이라

는 라틴어의 flamma가 프랑스어로 들어가서 탄생한 말이다.

 ## 플라밍고(flamingo)와 플라멩코(flamenco)

플랑베와 마찬가지로 '플라밍고(flamingo)'는 라틴어 flama(불꽃색으로 빛나는)가 스페인어와 포르투갈어를 통해 영어로 들어온 말이다. '플라멩코(flamenco)'는 스페인 남부 안달루시아 지역의 춤인데, 열정적이고 선명한 색상의 의상을 입고 춤을 추었던 것에서 유래했다.

여기서 flam은 '불타다, (하얗게) 빛나다'라는 의미의 인도유럽조어 bhel로 거슬러 올라간다.

 ## nonflammable과 inflammable의 차이

이처럼 '불꽃, 선명한 빨강, 불타오르다'라는 의미의 flame은 라틴어에서 유래했다. '불을 보듯 뻔하다'라는 표현처럼 flagrant는 행동이 '노골적인, 명백한' 것이고, flamboyant는 '화려한, 야한'이다.

flammable은 「태울 수 있는(able)」이므로 '가연성의', nonflammable은 「타지 않는(non)」이므로 '불연성의'이다. 그런데 이때 '불연성의'라는 뜻의 nonflammable과 '가연성의'라는 뜻의 inflatable(flammable과 같은 뜻)은 헷갈리기 쉬우니 주의해야 한다.

inflame은 「마음속을(in) 태우다」에서 '자극하다, 흥분시키다'가 되었고, inflammable은 '가연성의', 명사형 inflammation은 몸 안의 일부가 불타는 것이므로 '염증'을 말한다. conflagration은 「완전히(con) 불타는 것」이므로 '큰불, 대화재, 전쟁'이다.

인도유럽조어 bhel은 게르만어를 거쳐서 bl로 변화

'(하얗게) 빛나다, 불타다'라는 의미의 인도유럽조어 bhel는 게르만어를 거쳐 bl의 형태가 되어 영어에 들어온다. '빈 칸', '백지의'라는 뜻의 blank는 '표백하다'의 blanch와 어원이 같다. blank에 지소사 et을 붙인 blanket은 「하얗고 작은 것(et)」에서 '담요'라는 의미가 되었다. '표백하다, 퇴색하다'의 bleach는 원래 '표백'을 뜻한다. '음산한, 황량한'의 bleak, 맑은 하늘빛의 '푸른색'을 뜻하는 blue나 '금발인 사람, 금발의'라는 의미인 blond도 모두 같은 어원이다.

블레이저(blazer)는 밝게 빛나는 것

blaze(화재, 불꽃, 불타는 색)는 말이나 소의 양쪽 눈 사이에서 콧등까지 안면의 중앙을 지나는 하얀 선을 뜻하기도 한다. '블레이저'로 발음하는 콤비 재킷 blazer는 '밝게 빛나는 것'이라는 의미로 영국 케임브리지 대학의 보트부 학생들이 입었던 진홍색 재킷에서 유래했다는 설이 유력하다.

bhe는 불탄 흔적인 '검은색'을 의미

불타오른 뒤 남은 흔적들이 검게 변하는 것에서 검은색을 이미지화한 단어도 있다. black(검은색), blind(눈먼), blindfold(눈가리개; 눈을 가리다), blemish(오점, 흠; 더럽히다)가 그런 단어들이다. white(흰색)과 마찬가지로 옛날 사람은 black(검은색)은 색이 없다고 여겼던 것 같다. 흰색도 검은색도 아닌 중간쯤에 있는 어렴풋한 이미지의 단어로 bland(특징 없는, 특별한 맛이 안 나는), blend(섞다, 혼합하다), blur(흐림; 흐릿하게 말들다), bleary(눈이 흐린, 침침한) 등이 있는데 모두 같은 어원으로 볼 수 있다.

★ 지소사 et

blanket의 끝에 붙은 et은 '작은, 조금' 등 작은 것 또는 애착을 나타내는 접미사인 '지소사'이다. booklet(작은 책자, 소책자), crosslet(작은 십자가), eaglet(새끼 독수리), owlet(새끼 올빼미), piglet(새끼 돼지)처럼 주로 크기가 작은 것이나 새끼를 말한다.

tablet은 「판(table) 모양의 작은 것」에서 '태블릿, 명판(名板)', cabinet은 「작은 방과 오두막(cabin)」에서 '내각, 옷장', cutlet은 「잘라낸 작은 고기」에서 '커틀릿', budget은 「작은 가죽 가방(budg)」에서 '예산, 경비'가 되었다. hamlet은 「작은 집(ham=home)」에서 '아주 작은 마을'이 되었고, fillet은 「작은 끈(fil)」에서 '뼈가 없는 살코기, 묶는 끈'이 되었다.

toilet(화장실)은 프랑스어 toilette에서 유래하는데, 어원은 「작은 천조각」이다. 과거 프랑스에서 화장대 위에 작은 천을 깔고 그 위에 화장 도구를 늘어놓았던 것에서 유래했다고 한다.

★ '장소'를 나타내는 접미사 ery

접미사와 관련된 이야기를 좀 더 해보려 한다. ery는 '장소'를 나타내는 접미사로 winery는 '와인 양조장', bakery는 '빵집', fishery는 '어장, 어업'이고, grocery는 「groc(=gross 12다스)+ery(장소)」이므로 '식료 잡화점'이다. nursery는 「nurse(보모, 간호사)+ery(장소)」이므로 '(영국의) 유치원, 보육 시설'이다. cattery는 「고양이(cat)가 있는 곳」에서 '고양이 호텔', cemetery는 「누워있는(cemet) 곳」에서 '공동묘지', piggery는 '양돈장', artery는 혈액을 심장에서 각 혈관에 「보내는(art) 곳」에서 '동맥'을 의미한다.

「풍선(balloon)」도 「공(ball)」도 '부풀어 오른' 것

bal/bol/bul/fla
= 부풀어 오르다, 바람이 불다

balloon
부풀어 오른 것
➡ 풍선

blast
강하게 한 번에 내뿜기
➡ 돌풍, 폭발(하다)

blow
바람이 불다

belly
부풀어 오른 부분
➡ 배

bellows
바람을 불어서 부풀어 오른 것 ➡ 풀무

 '하얗게 빛나는'의 bhel에 '부풀다'라는 의미도

　대장장이가 금속을 녹일 때 용광로의 온도를 높이기 위해 사용하는 공기를 불어 넣는 도구인 '풀무'는 영어로 bellows라고 한다. bellows는 오르간의 '송풍기'나 카메라의 '자바라(주름상자)'라는 의미도 있다. 어원은 인도유럽조어에서 '부풀다, 바람이 불다, 숨을 내쉬다'라는 의미의 bhel에서 유래한다.

푹신한 belly(배)와 ball(공)

'배'의 belly도 같은 어원으로, 습관적으로 맥주를 많이 마셔서 나온 똥배는 beer belly이다. '공'의 ball에도 푹신한 이미지가 있는데, '풍선'을 뜻하는 balloon(풍선)은 「ball(부풀다)+oon(=one 물건)」이 어원이다.

blow는 '바람이 불다' 외에 '숨을 내쉬다', '폭발하다' 등의 의미가 있다. blast는 '돌풍'이나 '폭발(하다)'이고, '방광'의 bladder도 부풀어 오르는 이미지가 있다.

bouldering은 부풀어 오른 둥근 거석

'샐러드볼(salad bowl)'과 같은 요리용 그릇인 bowl, 몸통이 부풀어 오른 bull(황소), '크기, 부피'를 뜻하는 bulk도 모두 부풀어 오른다는 이미지가 있다. 2020 도쿄 올림픽에서 정식 종목이 된 스포츠 클라이밍 '볼더링(bouldering)'의 boulder는 부풀어 오른 '둥근 거석'에서 유래했다.

구원투수 연습장 bullpen은 황소 우리

야구장에서 구원투수가 연습하는 장소를 '불펜(bullpen)'이라고 하는데, 어원은 「bull(황소)+pen(울타리)」이다. 미국의 남북전쟁 당시 야영지에 포로들을 일시적으로 수용하는 '수용소'의 의미로 사용되었던 bull pen에서 유래했다는 설도 있다.

투표용지 ballot은 작은 구슬이었다

boulevard(대로)는 원래 마을을 지키는 성벽을 허물고 만든 폭이 넓은 '산책로'를 뜻했는데, 길 양쪽에 가로수가 있는 대로를 말한다.

'투표(하다)'나 '투표용지'라는 의미의 ballot은 원래 '작은 구슬'을 뜻했다. 과거 무기명 투표를 할 때 항아리에 작은 구슬을 던졌던 데서 유래했다.

부풀어 오른 굵은 글씨는 볼드(bold)

bold face(볼드체)는 '굵은 글씨'를 의미한다. 여기서 bold라고 한 것은 글자가 부풀어 오른 것처럼 보였기 때문이다. '대담한'이라는 뜻의 형용사 bold는 기분이 부풀어 오른 것에서 유래한다.

초고속 열차는 bullet trains

'예산'과 '경비'를 의미하는 budget은 「부풀어 오르는 작은 가죽 가방」이 어원이다. 일본의 초고속 열차 '신칸센'은 the Shinkansen으로 통용되지만, 영어로 bullet trains(총알 열차)가 맞다. '총알'을 뜻하는 bullet은 '작은 공'에서 유래했다.

bhel에는 '흐르다, 넘치다'라는 의미도

인도유럽조어 bhel은 '부풀어 오르다'에서 '흐르다, 넘치다'의 이미지를 가진 단어를 만들어낸다. blood는 콸콸 흐르고 뿜어져 나오는 '혈액'이고, 동사형 bleed는 '피를 흘리다'이다. bless는 제물의 혈액으로 제단을 깨끗이 한다는 뜻에서 '축복하다'가 되었다. '넘치다, 흐르다'에서 '번영하다, 꽃을 피우다'라는 이미지의 bloom(꽃이 피다), blossom(꽃)도 생겼다.

「꽃(flower)」과 「밀가루(flour)」는 원래 같은 단어

flo/fla = 넘치다, 번영하다

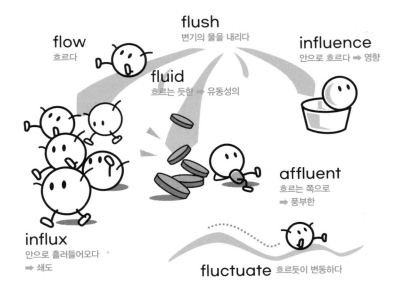

flush
변기의 물을 내리다

flow
흐르다

fluid
흐르는 듯한 ➡ 유동성의

influence
안으로 흐르다 ➡ 영향

affluent
흐르는 쪽으로
➡ 풍부한

influx
안으로 흘러들어오다
➡ 쇄도

fluctuate 흐르듯이 변동하다

bhel은 라틴어를 거쳐 fl로 변화

앞에 나온 '부풀어 오르다, 바람이 불다, 숨을 내뱉다'라는 의미의 인도유럽조어 bhel은 라틴어를 거치면서 소리가 fl로 바뀐다.

'변기의 물을 내리다'라고 할 때 쓰는 flush, '수분, 유체'와 '흐르는 듯한,

유동성의'라는 뜻의 fluid, '유창한'을 뜻하는 fluent도 있다. fluent의 명사형은 fluency(유창성)이다.

 바보(fool)는 머리가 부풀어 오른 사람

'바보', '속이다'라는 의미의 fool은 머리가 부풀어 올라 안에 아무것도 들어있지 않다는 뜻에서 나온 말이다. 형용사 foolish는 '바보같은, 어리석은'이고, folly는 명사로 '어리석음'이다.

 인플루엔자(influenza)는 안으로 흐르는 것

influence는 「안으로(in) 흐르는 것」에서 '영향(을 주다)'가 되었고, 형용사형 influential은 '큰 영향을 미친'이다. 유행성 독감 '인플루엔자(influenza)'는 과거 점성술사들이 병의 원인을 천체의 영향이라고 생각한 데서 유래했다. influx는 「안으로 흐르는 것」에서 '쇄도, 유입', affluent는 「~에(a) 흘러들어가는」에서 '풍부한, 부유한, 넘치는'이 되었다. fluctuate는 '변동하다, 동요하다'이고, 명사형 fluctuation은 '변동, 동요'이다.

 부풀려서 구운 수플레(souffle)

수플레(soufflé)는 프랑스어로 '부풀게 해서 구운'이란 뜻의 디저트요리이다. '인플레이션(inflation)'은 「안으로 부풀어 오르는 것」이므로 '통화팽창, 물가 폭등'이 되었고, 반의어인 '디플레이션(deflation)'은 「부풀지 않음(de)→수축」이 어원이다. '배에 가스가 찬'은 flatulent이고, 음식이나 음료의 냄새가 온통 퍼지는 것이 flavor(풍미; 풍미를 더하다)이다. 악기인 '플루트(flute)'도 마찬가지로 fla에서 유래했다.

'넘치다'에서 '번영하다'라는 이미지로

flower(꽃)도 같은 어원이다. flour(밀가루)는 flower와 같은 발음인데, 이 두 단어는 원래 같은 단어였다. 과거 서양에서는 곡물가루 중에서도 밀가루를 최고로 여겨 '분말의 꽃'이라고 불렸고, flower와 flour를 함께 썼던 것에서 유래한다.

 꽃과 봄의 여신 플로라(Flora)

대문자로 시작하는 '플로라(Flora)'는 로마 신화에서 꽃과 봄의 여신이다. 소문자 flora는 '식물군'이고, floral은 '꽃의, 꽃무늬의', florid는 '혈색이 좋은, 벚꽃색의', florist는 '플로리스트, 꽃집(주인)', flourish는 '번영하다, 번창하다'이다. 르네상스의 중심지였던 이탈리아 '피렌체'의 영어 이름은 '플로렌스(Florence)'로 '꽃이 만발한 도시'에서 유래했다. 미국의 '플로리다(Florida)'는 '꽃과 같은'이라는 스페인어에서 유래했다.

 포트폴리오(portfolio)는 잎을 운반하는 것

'알루미늄 포일(aluminum foil)'의 foil(포일, 금속의 얇은 조각)도 flower와 같은 어원으로, 원래는 '잎'을 뜻했다. trefoil은 「tre(3)+foil(잎)」이므로 클로버 같은 '삼엽형 식물'이다. folio는 용지를 2번 접어서 4쪽으로 만든 '2절지, 2절판 책'을 말한다. portfolio는 「port(운반하다)+folio(잎)」에서 '크고 얇은 케이스, 서류 가방'이 되었다.

⭐ stupid는 머리를 부딪쳐서 멍한 상태

fool과 같은 '바보'라는 의미의 stupid(어리석은)는 머리를 세게 부딪혔을 때처럼 의식을 잃을 뻔한 멍한 느낌을 표현하는 단어이다. 명사형 stupidity는 '어리석음', stupor는 '인사불성, 혼미', 동사형 stupefy는 '기절시키다, 멍하게 만들다'이다. 형용사형 stupendous는 '깜짝 놀라게 하는'에서 '거대한, 경탄할'이 되었다.

「빵(bread)」은
신부가 '구운' 것

br = 끓이다, 부풀다, 굽다

brewery
양조 장소

brew
끓이다 ➡ 양조하다

bread
신부가 구운 것 ➡ 빵

broil
굽다

 크림브륄레는 프랑스어로 '불에 탄 크림'

'크림브륄레(crème brûlée)'는 겉은 바삭바삭하면서 고소하고 속은 부드러운 크림으로 채워진 프랑스의 디저트로, 어원은 '탄 크림'이다. '브륄레'란 크림 위에 설탕을 얹고 버너나 토치로 그을리는 조리법으로, 이 단어는 인

243

도유럽조어로 '굽다, 끓이다, 부풀리다'라는 의미의 bhreu에서 유래한다.

 ## 빵(bread)은 로마 시대 신부의 주된 일

bhreu는 게르만어를 통해 영어에서 br 형태로 다양한 단어를 만든다. 밀가루, 효모, 물, 소금 등을 주원료로 구워내는 '빵'은 영어로 bread이다. 고대 그리스 로마 시대에는 신부의 주된 임무가 결혼한 남편의 집에서 빵을 굽는 일이었다는 데서 유래한다.

삶은 국물을 만드는 일도 신부의 중요한 일이었다. '신부'의 bride도 '묽은 수프, 고기 육수'의 broth도 bread처럼 '굽다, 삶다'가 어원이다.

 ## bride(신부)와 ale(술)에서 탄생한 단어는?

bridal은 「bride(신부)+ale(에일, 맥주)」에서 만들어진 단어로 한때는 '결혼식'이나 '결혼 피로연'의 의미로 쓰였지만, 형용사 어미 al(~의)이 있어서 '신부의'라는 형용사로 쓰이게 되었다.

그릴을 사용하여 고기와 생선을 직화로 '굽는' 것을 broil이라고 한다. 구운 어린 닭은 '브로일러 치킨(broiler chicken)'이고, braise는 고기와 채소를 기름으로 볶아 '찜'을 하는 것이다.

 ## 관리에게 빵 조각을 뇌물(bribe)로 주다

이처럼 bread는 '신부가 구운 것'이라는 것이 정설이지만, 과거에는 빵을 떼어서 먹었기 때문에 '한 입 음식'인 break과 같은 어원이라는 설도 있다. '뇌물'과 '뇌물을 주다'의 bribe라는 단어는 빵 조각을 관리에게 건네주고 편의를 봐달라고 부탁한 것에서 유래했다는 설이 있다.

뽀글뽀글 맥주를 발효시키는 brewery

brew는 맥주 원료가 발효되어 뽀글뽀글 거품이 일으키는 것에서 연상해 '양조하다', 차나 커피에 뜨거운 물을 붓고 '차를 끓이다' 등의 의미가 있다. brewery는 「brew(양조하다)+ery(장소)」이므로 '양조장'이다.

breeder는 알을 따뜻하게 품는 사람

'브리더(breeder)'는 개나 고양이를 돌보며 번식시키고 그것을 판매해 수입을 얻는 사람이다. breed는 본래 어미 새가 알을 따뜻하게 품어서 새끼를 부화시킨다는 뜻으로, '번식시키다, 새끼를 낳다'가 된다. brood는 새가 '알을 품다; (같은 때에 태어난) 새끼'이다.

bhreu가 게르만어를 거쳐 fer로 변화

지금까지는 bhreu가 게르만어를 거쳐 영어에 들어온 단어의 예로, 라틴어를 거치면 b는 f 발음으로 바뀌고 뽀글뽀글 거품이 나면서 '발효하다'라는 ferment라는 단어가 탄생한다. '발효하다'에서 감정이나 소요 등이 '끓는다'라는 의미로도 사용된다. fermentation은 '발효 작용'이지만, fervor(열정), fervid(열정적인), fervent(열렬한)도 같은 어원이다.

브라질(Brazil)은 '붉은 염료 나무의 땅'

남미의 '브라질(Brazil)'은 포르투갈인이 발견한 곳으로 처음에는 발견자의 이름을 따서 '산타크루스'라고 불렸다. 나중에 '붉은 염료 나무의 땅'이라는 의미의 포르투갈어 terra de brasil에서 Brazil로 불리게 되었다.

Brazil도 인도유럽조어에서 '굽다'라는 의미인 bre와 같은 어원이다. 브라질우드(Brazil wood)는 현재도 바이올린의 재료로 사용되고 있다.

⭐ 낮과 밤의 시간이 같은 에콰도르(Ecuador)

브라질에 이어 국가 이름의 유래를 하나 더 소개한다.

남미의 적도 바로 아래에 있는 나라 '에콰도르(Ecuador)'는 '적도'의 equator(같아지는 것)인데, 이는 「낮과 밤의 시간이 같은 장소」에서 유래했다.

어근의 equ(같다)를 포함한 단어로는 다음과 같은 것들이 있다.

equal은 '평등한, 같은'이고, equality는 '평등', equate는 '동일시하다'이다. equation은 좌우를 「동등한 것으로 보다」라는 의미에서 '방정식'이 된다.

equinox는 「낮과 밤(nox)이 같을 때」이므로 '춘분, 추분'이 되었는데, the spring equinox는 '춘분', the autumn equinox는 '추분'이다

adequate는 「동등한 쪽으로」에서 '충분한, 적절한', equivocal은 「같은 목소리의(vocal)」에서 '비슷한 목소리의'로 확장되어 결국 '모호한, 애매한'이 되었다. equivalent는 「가치(val)가 같은」에서 '동등한'이 되었다.

'살기' 위해서 하는 유산소 운동 「에어로빅스(aerobics)」

bi(o) / viv = 살다

aerobics
공기로 살아가는 활동 ➡ 유산소 운동

biology
살아가는 학문 ➡ 생물학

survive
넘어서 살다 ➡ 살아남다

revive
다시 살다 ➡ 부활하다

 유산소 운동은 에어로빅스(aerobics)

걷기, 조깅 등 산소를 충분히 들이마시면서 하는 '유산소 운동'은 영어로 aerobic exercise 또는 aerobics라고 한다. 어원은 「aero(=air 공기, 산소)+bi(살다, 생명)+ics(학문, 활동)」로 '살기 위한 산소 활동'이라는 뜻이다.

숨을 거의 쉬지 않고 하는 '무산소 운동'은 anaerobic exercise이다.

 ## 그리스어로 '생명'은 bio

bi(o)는 그리스어로 '생명'이라는 의미의 bios에서 유래했고, 인도유럽조어로 '살다'를 의미하는 gwei로 거슬러 올라간다. '바이올로지(biology)'는 '생물학'이고, 형용사형 biological은 '생물학적'이고, biological clock은 '생체시계'이다. biography는「평생을 기록한 것(graphy)」이므로 '전기'이고, autobiography는 '자서전'이다. '미생물'의 microbe도 같은 어원이다.

'바이오해저드(biohazard)'는 유해한 생물이 일으키는 '재해'로, 어원은 「bio(생명)+hazard(위험한 것, 위협)」이다. hazard는 고대 프랑스어로 어떤 수가 나올지 알 수 없는 '주사위의 눈'에서 유래했다.

 ## 바이오 매트릭스(biometrics)는 생체 인증

biometrics는 원래「생명을 측정하는(meter) 활동(ics)」이란 뜻으로, 지문이나 얼굴의 특징 등을 사용해서 본인 확인을 하는 '생체 인증'을 말한다. symbiosis는「함께(sym) 살다」에서 '공생'이 되었다.

 ## 라틴어로 '생명'은 viv/vit

인도유럽조어 gwei는 라틴어를 거쳐서 viv나 vit로 변화해 영어에 들어온다. vital은 '생명의'에서 '매우 중요한, 치명적인'이 되었고, 명사형 vitality는 '활력, 생명력'이다. 이탈리아어에서 유래한 viva(만세, 잘한다)는 Viva Korea와 같이 명사 앞에 두고 사용한다. vivid는 '생생한', vivacious는 '활발한, 쾌활한', viable은「성장할 수 있는」에서 '실행 가능한'이 되었다.

비타민(vitamin)은 생명 활동에 필수적인 아민

'비타민(vitamin)'은 「vit(생명)+amine(아민)」이 어원이다. amine은 '암모니아(ammonia)'로부터 생성되는 화합물의 일종으로, 단백질의 원료가 되는 것으로 여겨져 '생명 활동에는 없어서는 안 되는 아민'이라는 의미로 vitamin이라는 단어가 만들어졌다.

 서바이벌(survival)은 역경을 극복하고 살다

survive는 「sur(넘어)+vive(살다)」이므로 '살아남다'가 되었고, revive는 「다시(re) 살다」이므로 '부활하다'이다.

인도유럽조어 gwei(살다)는 그리스어를 거쳐 zoo의 소리로도 바뀌었다. zoology는 '동물학'이고 zoologist는 '동물학자', 형용사형 zoological은 '동물학의'이다. zoological garden(동물원)을 줄인 단어가 zoo이다.

zodiac circle(십이궁도)은 태양의 궤도면을 통과하는 12개의 별자리를 표시하여 그린 그림으로, zodiac(황도 12궁)의 원뜻은 '작은 동물'이다.

 gwei의 발음은 k 발음으로 변화

인도유럽조어의 gwei는 게르만어를 거치면서 '그림의 법칙'에 따라 k 발음으로 변화했다.

'민첩한, 빠른'의 quick은 원래 '생동감이 있는'이라는 뜻으로, 동사형 quicken은 '빨라지다, 더 빠르게 하다'가 된다. quiver도 「생동감 있다→움직이고 있다」에서 공포나 흥분 등으로 '떨다[떨리다]', '떨림, 진동'으로 의미가 확장되었다.

「유형(genre)」과 「종류(kind)」는 같은 어원에서 태어난 단어

gen/kin/gn(a)/na

= 태어나다, 종

gene 태어나다 ➡ 종

generate
태어나다 ➡ 발생시키다

engine
안에서 동력이 생기다
➡ 엔진

generation
태어나서 아이를
가질 때까지의 기간
➡ 세대

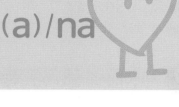

general
모든 종족에 관한
➡ 일반적인

 gene(유전자)는 인도유럽조어의 gen에서

DNA의 모든 유전 정보인 '게놈(genome)'은 독일 식물학자인 한스 빙클러(Hans Winkler)가 유전자(gene)와 염색체(chromosome)를 조합하여 만든 용어이다. genome과 gene에 포함된 gen(e)은 '태어나다, 아버지가 되다, 종'을 뜻하는 인도유럽조어 gene에서 유래했다.

 지구의 창조를 기록한 '창세기'는 Genesis

gene(유전자)의 형용사형 genetic은 '유전자의'이고, genetics는 '유전학'이다. genesis는 '기원, 발생'인데, 대문자로 시작하는 Genesis는 구약성서의 '창세기'이다. 태어날 때부터 뛰어난 재능을 가진 '천재'는 genius라고 한다.

 좋은 가문에서 태어나 교육 잘 받은 남성 gentleman

congenital은 「태어났을 때 함께(con) 가지고 있는」에서 '선천적인'이 되었다. congenial은 「태어날 때의 성격을 가지고 있는」에서 '마음이 맞는'이라는 의미가 되었고, genial만 쓰면 '상냥한'이라는 뜻이다. gentle은 「잘 태어난」에서 '부드럽고 온화한'이 되었다. 좋은 가문에서 태어나 교육 잘 받은 '신사'는 gentleman이고, '품위 있는, 점잔빼는(약간 부정적인 의미)'은 genteel이다.

 태어나서 아이를 가질 때까지의 기간은?

generate는 「태어나다」에서 '발생시키다, 만들어내다'가 되었고, 명사형 generation은 '(동)세대'이다. one generation(한 세대)은 태어나서부터 아이를 가질 때까지의 기간(25년~30년)을 나타낸다. degenerate는 「태어나지 않다(de)」에서 '퇴화하다'가 되었다.

엔지니어(engineer)는 군용 엔진 제작자

ingenious는 '머릿속에서 번뜩이는' 것이므로 '기발한, 독창적인'이다. '안에서' 동력을 만들어낸다는 뜻에서 나온 '엔진(engine)'도 같은 어원이다. '기술자'나 '기관사'를 의미하는 engineer는 궁리해서 만들어내는 사람, 특히 군사용 엔진을 제작하는 사람이라는 뜻이다. engineering은 '공학(기술), 획책, 책략'이다.

gen은 라틴어를 거쳐 gn과 na로 변화

gene은 gn과 na의 발음으로 바뀐다. benign은 「좋은(beni) 상태에서 태어난」에서 '상냥한, 양성의'이 되었다. malign은 「나쁜 (mal) 상태에서 태어난」이므로 '악의적인, 중상하는', malignant는 '악성의, 악의에 찬'이다. pregnant는 「태어나기 전(pre)」에서 '임신한', cognate는 「함께(co) 태어난」이므로 '같은 조상[기원]의' 가 된다.

nature는 태어난 상태

na(t)가 어근에 있는 단어에는 다음과 같은 것이 있다. nature는 「태어난 상태」에서 '자연, 본질'이 되었고, 형용사형 natural은 '자연의, 당연한, 타고난'이다. naive는 「태어난 그대로의 상태」에서 '순진한, 단순한'이 되었다. native는 '그 땅에서 태어난 (사람)'이고, nation은 인종과 민족의 집합체이므로 '국가, 국민'이다. 형용사형 national은 '국가의, 국민의', nationality는 '국적'이다. 14세기부터 16세기에 걸쳐 서유럽에서 전개된 고전 문화부흥 운동인 '르네상스(Renaissance)'는 원래 프랑스어로는 '다시 태어나다'라는 뜻이었다.

제너릭 의약품은 이름 없는 약?

gene은 태어나기 전의 상태, 즉 '종(족)'이라는 의미로 다양한 단어를 만들어낸다. genre는 주로 문학이나 예술 등의 '유형'을 의미하는 '장르', '제노사이드(genocide)'는 「종족을 죽이다(cide)」에서 '대량학살'이 되었다. general은 「모든 종족에 관한」이므로 '일반적인, 전체적인'이 되었다. generic은 '일반적인, 포괄적인'이라는 뜻이었는데, 의약품 중에서 상표 등록으로 보호받지 않고 일반 명칭으로 판매되는 약을 이야기한다. indigenous는 「같은 땅에서(indi=within) 태어난」에서 '고유의, 토착의', genealogy는 「종족의 학문(logy)」에서 '계보학, 가계도', genuine은 '순수한 혈통인'에서 '진짜의, 진품의, 진실한'이 되었다. homogeneous는 '동종의', heterogeneous는 「다른(hetero) 종족의」이므로 '이종의', eugenics는 '우생학'이다.

 gen은 게르만어를 거쳐서 kin으로 변화

인도유럽조어 gen의 g 발음은 '그림의 법칙'에 따라, 게르만어를 통해 k 발음으로 바뀌어 영어에 들어온다. kind는 '종류'나 '친절한'이고, kin과 kindred는 '친족, 친척'이다. akin은 '동종의, 유사한'이고, '왕'의 king도 고귀한 태생이 어원이다.

 gen이 접미사로 쓰인 단어들

hydrogen(수소)은 「hydro(물)+gen(낳다)」이고, nitrogen(질소)은 「nitro(니트로, 질소)+gen(낳다)」이다. 포도당의 저장형태인 '글리코겐(glycogen)[그라이코젠]'은 「glyco(당)+gen(낳다)」이고, 남성호르몬인 '안드로젠(androgen)'은 「andro(남성)+gen(낳다)」이다.

「페르몬(pheromone)」은
체외에서 '운반된' 호르몬(hormone)

bher = 운반하다, 낳다

bring
운반하다 ➡ 가지고 오다

bear
운반하다

burden
짊어지다 ➡ 부담

different
다른 곳으로 운반하다 ➡ 다른

suffer
아래에서 옮기다 ➡ 고통받다

transfer
넘어서 나르다 ➡ 이동하다

 빛을 운반하는 루시퍼(Lucifer)

마왕인 타락천사 '루시퍼(Lucifer)'의 어원은 라틴어로 「빛(luci)을 운반하다(ferre)」이다. Lucifer는 '샛별, 금성'의 의미로도 사용된다. 조도의 단위는 '럭스(lux)'이고, 로마 신화에서 빛나는 달의 여신은 '루나(Luna)', 형용사 lunar는 '달의'이다. 옛날 사람들은 달이 차고 이지러져서 정신이 이상해진다고 생각했던 것에서 lunatic은 '정신 이상(의)'를 뜻한다.

 '운반하다, 낳다'를 연상시키는 b로 시작하는 영단어

라틴어로 '운반하다'인 ferre의 어근은 인도유럽조어에서 '운반하다 낳다'라는 의미의 bher로 거슬러 올라간다. '운반하다, 낳다'를 연상시키는 b로 시작하는 단어로는 bring(가져 오다), birth(탄생), bear(낳다, 운반하다, 지원하다), born(태어난), burden(부담, 무거운 짐) 등이 있다.

 행운을 가져다 주는 것이 fortune

ferre(운반하다, 낳다)는 fer나 for 등으로 형태가 바뀐다. 과거에는 아이를 낳는 것은 행운이며 아이는 재산이었기 때문에, fortune은 '운'이나 '재산'이라는 의미가 된다. 형용사형 fortunate는 '행운의'이고, 반의어는 unfortunate(불운의), 명사형 fortune의 반의어는 misfortune(불운)이다.

 접미사로 사용되는 fer

differ는 「서로 다른 곳으로(di) 운반하다」에서 '다르다'가 되었고, 형용사형 different는 '다른', 명사형 difference는 '다름'이다. indifferent는 「다른 것과 다르지 않다」에서 '무관심한, 그저 그런'이 되었고, 명사형 indifference는 '무관심'이다. differentiate는 「다른 것으로 하다(ate)」에서 '구별하다, 구분하다'가 되었다. refer는 다시 돌아가서 '참조하다, 언급하다', 명사형 reference는 '참조, 언급'이다. suffer는 「아래에서 무거운 것을 옮기다」에서 '고통받다, 고민하다', 명사형 suffering은 '고통, 고뇌'이다.

좋아하는 것을 자신의 앞에 옮기는 것이 prefer

prefer는 좋아하는 것을 자신의 「앞으로(pre) 가져오다」에서 '선호하다'가 되었고, 명사형 preference는 '좋아하는 것, 우선순위', 형용사형 preferable은 '바람직한'이다. transfer는 「넘어서(trans) 나르다」에서 '이동하다, 환승하다', offer는 '상대 쪽으로' 발길을 옮긴다는 뜻에서 '제의(하다), 제안(하다)'이다.

 같은 장소로 발을 옮기는 회의 conference

confer는 「같은 장소에 발을 옮기다」에서 '논의하다'가 되었고, 명사형 conference는 '회의'이다. defer는 「멀리(de) 옮기다」에서 '연기하다', proffer는 「앞으로(pro) 옮기다」에서 '내밀다, 제공하다', infer는 「머릿속에 (in) 가지고 가다」에서 '추측하다, 암시하다'가 되었다.

 페로몬과 호르몬은 같은 어원

'페로몬(pheromone)'은 인간(동물)의 몸에서 분비되어 인간(동물)의 행동에 영향을 미치는 물질로 그리스어 pherein(운반하다)과 hormone(호르몬)의 합성어이다. 호르몬(hormone)은 내분비선에서 혈액에 분비되는 물질을 말한다.

metaphor는 「너머(meta) 운반하다」로 다른 말로 바꾼다는 뜻에서 '은유'가 된다.

fertile은 「아이를 낳기 쉬운(ile)」에서 '비옥한, 다산의'가 되었고, 명사형 fertility는 '비옥, 다산'이다. fertilize는 '비옥하게 만들다, 수정(수분)시키다'이며, 명사형 fertilizer는 '(화학)비료'이다.

ferret은 '운반하는 작은 동물'

furtive는 몰래 꺼내어 운반한다는 뜻에서 '은밀한, 몰래하는'이다.

'페럿(ferret)'은 흰담비로 쥐와 토끼를 구멍에서 쫓아내기 위해 사육된 흰머리 족제비과의 동물로 원래 '운반하는 작은 동물'이라는 뜻이다.

peripheral은 「주위에(peri=around) 운반하다」로 '핵심을 잡지 못하다'에서 '중요하지 않은, 주변적인'이라는 뜻이 되었고, 명사형 periphery는 '주변, 말초'이다.

 암포라(amphora)는 고대 그리스 로마의 항아리

amphora(암포라)는 「amph(주위에)+phor(운반하다)」가 어원으로 고대 그리스나 로마 시대에 쓰던 '양쪽에 손잡이가 달린 항아리'이다. 와인이나 올리브 오일을 저장하거나 수송할 때 사용되었다. 아름다운 장식을 한 암포라는 상품(賞品)이 되기도 했다고 한다.

 접미사 ferous는 '~을 운반하다, 낳다'

vociferous는 「목소리(voc)를 운반하다」에서 '큰소리로 외치는, 떠들썩한'이 되었고, somniferous는 「잠(somn)을 낳다」에서 '졸리게 하는'이다. carboniferous는 '석탄을 산출하는', fossiliferous는 '화석을 함유한'이다.

「조지(George)」는
땅에서 '일하는' 농부

werg/work = 행하다, 일하다

energy
일하는 중 ➡ 에너지

allergy
다른 쪽으로 일하기 ➡ 알레르기

organ
인체를 일하게 하는 것 ➡ 장기

surgery
손의 일 ➡ 수술

 어두에 붙는 work

'일, 일하다'의 work는 인도유럽조어에서 '해야 할 일'을 뜻하는 werg 에서 유래했다. work가 앞에 붙은 단어에는 workforce(노동 인구, 직원 수), workman(육체노동자), workshop(작업장, 공부모임),

workout(근력 운동, 훈련), workday(평일, 근무 시간), workplace(직장), worksheet(연습문제지, 작업계획표) 등이 있다. 일 중독을 말하는 '워커홀릭(workaholic)'은 work와 alcoholic(알코올 중독)의 합성어이다.

 ## 어미에 붙는 work

work를 어미에 붙인 단어에는 homework(숙제), housework(가사), needlework(바느질), network(정보망), overwork(과로, 초과근무), paperwork(문서업무), roadwork(도로공사), woodwork(목공품)이 있다.

 ## work와 소리가 비슷한 irk도 같은 어원

wrought는 예전에는 work의 과거형이나 과거분사형이었지만, 현재는 과거분사만이 남아 '세공된'이라는 뜻의 형용사로 사용된다. work와 발음이 비슷한 irk는 '지치게 하다, 짜증나게 하다'이고, 형용사형 irksome(지루한, 귀찮은)도 같은 어원이다.

 ## energy도 work와 같은 어원

일할 때 필요한 '에너지(energy)'도 「일하는 중→일을 하고 있다」에서 태어난 단어이다. 형용사형 energetic은 '활기찬, 효과적인'이고, '에르그(erg)'는 물리학에서 '일량(일의 양=힘×거리)'의 단위이다.

 ## 알레르겐(allergen)은 다른 쪽으로 작용하는 물질

'알레르기 유발물질'인 allergen은 「다른(Al) 쪽으로 일하는 물질(gen)」에서 유래했다. allergy는 '알레르기', allergic은 '알레르기가 있는'이다.

외과(surgery)는 손의 작업

surgery는 「손의 작업」이 어원으로 '외과, 수술'을 의미한다. surgeon은 '외과 의사', surgical은 '외과(수술)의', '외과 수술'은 a surgical operation 이다. synergy는 특히 비즈니스에서 두 회사 이상 협력해서 얻는 '시너지 (상승) 효과'를 말한다.

라이트 형제의 조상은 목수?

wright는 work와 같은 어원으로 '일하는 사람, 제작자'를 의미한다. playwright는 '극작가', wheelwright는 '(옛날에는) 자동차 목수, 수레바 퀴 제조인', shipwright는 '선박 목수, 조선공'이다. 동력 비행기를 발명했던 세계 최초의 비행기 조종사 라이트 형제(Wright brothers)의 조상은 아마 도 목수 등 장인이었을 것으로 추정된다.

organ은 인체를 작동시키는 '장기'

인체를 작동시키는 '기관, 장기'인 organ도 werg에서 유래했다. organic 은 '유기체의, 무농약의', organism은 '유기체, 생명체'이다. organize는 '준 비하다, 체계화하다'이고, organization은 '조직(화)'이다.

조지(George)는 대지에서 일하는 사람

'조지(George)'라는 이름도 「gaia(지구, 대지)+orge(일하다)」가 어원으 로, '땅을 경작하는 농부'에서 유래했다. '가이아(Gaia)'는 그리스 신화에 나 오는 '대지의 여신'이다.

「빵(pan)」과 「패닉(panic)」은 '음식을 주다'라는 어원

pan, pasto = 음식을 주다

company
빵을 함께 먹는 곳 ➡ 회사

pantry
빵이 있는 곳 ➡ 식료품 창고

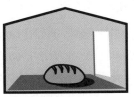

pastor
가축에게 목초를 주는 사람 ➡ 목사

pasture
가축에게 목초를 주는 곳 ➡ 목초지

 이탈리아 요리의 전채요리 안티파스토(antipasto)

레스토랑에서 풀코스 요리를 주문하면 가장 먼저 나오는 전채요리에는 '오르되브르(hor-d'oeuvre)', '안티파스토(antipasto)', '애피타이저(appetizer)' 등의 명칭이 사용된다. 여기서 주목해야 할 것은 antipasto

속에 포함되는 어근 pa이다.

antipasto는 라틴어 「anti(전에)+pasto(음식)」에서 유래했는데, pasto는
인도유럽조어로 '음식을 주다'라는 의미인 pa로 거슬러 올라간다.

 빵은 포르투갈에서 유래

빵은 포르투갈어의 pão에서 유래했다.(기독교와 함께 포르투갈에서 일본으
로 건너온 '빵'이 한국으로 전해진 것) '빵'은 스페인어에서는 pan, 프랑스어로
는 pain으로, 이러한 근원이 된 것이 라틴어 panis이다.

 빵을 함께 먹는 company

'회사, 동료, 동석'인 company는 원래 「함께 빵을 먹는 것」과 「함께 빵
을 먹는 곳」을 뜻한다. companion(동료)도 같은 어원이다.

accompany는 「동료로서 손을 잡다」라는 뜻에서 '함께 가다'가 되었고,
pantry도 「pan이 있는 장소」에서 '식료품 창고'가 되었다.

 목초지에서 가축에게 먹이를 주는 목사

'목초'나 '목초지'를 의미하는 pasture는 원래 「가축에게 목초를 주는
것」을 뜻한다. 개신교의 '목사'를 가리키는 pastor는 「목초를 주는 사람, 양
치기」에서 유래했다. 형용사형은 pastoral(목가적인, 목사의)이다.

 목양신 판(Pan)이 가져오는 '패닉'

'패닉(panic)'은 '공황 상태'나 '공황 상태에 빠지다'라는 의미이다. 그리스
인은 모르는 것에 대한 막연한 두려움을 숲과 들판, 목양의 신인 판(Pan)

의 소행이라고 생각한 데서 유래했다. 외딴 곳에 있는 가축과 사람들이 판이 내는 신비한 소리를 듣고 이유를 알 수 없는 두려움을 느꼈기 때문이다.

 ## 사람들을 괴롭히는 페스트균

pester도 원래는 pastor와 같은 어원으로, 양의 입장에서 보면 목자의 존재는 고민의 씨였기 때문에 '고민하게 하다'에서 '괴롭히다'라는 의미가 되었다. 페스트균(Yersinia pestis)의 어원이 된 pest는 '해충, 유해 동물'의 의미로 발전했고, pesticide는 「해충을 죽이다(cide)」에서 '살충제'가 되었다.

 ## p 발음은 f로 변화

인도유럽조어 pa의 p는 게르만어를 거치면서 '그림의 법칙'에 따라 f로 바뀌었다. 대표적인 예가 food(음식)와 feed(음식을 주다)이다. 그 외에도 forage(소와 말을 위한 사료), fodder(가축의 사료, 꼴), foster(양육하다, 육성하다) 등이 있다.

fur는 먹이를 주는 것은 곧 보호하는 것이므로, 동물의 피부를 보호하는 '모피'나 '모피 제품'을 뜻하게 되었다. furry는 '털로 덮인', furrier는 '모피 상인', furriery는 '모피업'이다.

066

빵에 '녹인' 치즈를 찍어 먹는
「치즈 퐁듀(cheese fondue)」

fond/fuse = 쏟아붓다, 녹다

refuse
다시 쏟아붓다 ➡ 거절하다

confuse
모두 함께 쏟아붓다 ➡ 혼란스럽게 하다

diffuse
멀리 떨어져 쏟아붓다 ➡ 발산하다

 퐁듀, 퐁당, 폰트는 같은 어원

    스위스를 대표하는 요리로 '치즈 퐁듀(cheese fondue)'가 있다.
fondue는 프랑스어로 '녹은 것'이라는 뜻으로, 라틴어로 '녹는다'라는 뜻의
fundere에서 유래했다.

케이크나 쿠키 같은 서양과자의 장식에 사용되는 매끄러운 크림 모양의 설탕 옷을 '퐁당(fondant)'이라고 한다. 프랑스 요리에서 '퐁당(Fondant)'은 '혀 위에서 녹는 요리'를 말한다.

서체나 종류를 의미하는 '폰트(font)'는 중기 프랑스어로 원래 '녹은 것'이란 뜻으로, 금속 활자를 주조소에서 녹이는 공정을 지칭하는 말이었다. 이 단어들은 라틴어 fundere(녹다)와 인도유럽조어 gheu(쏟아붓다)로 거슬러 올라간다.

 깔때기로 만드는 퍼넬케이크

refund는 「다시 쏟아붓다」에서 '환불하다'가 되었다. refundable은 '환불 가능한'이다. 동사 found는 '설립하다'라는 의미로 명사형은 foundation(기초)이 일반적이지만, '금속을 주조하다, 유리를 녹이다'라는 의미로도 쓰인다.

foundry는 '주물공장, 유리공장'이고, 용기에 부어 넣는 도구인 funnel은 '깔때기'를 뜻한다. 도넛을 만들 때 반죽을 깔때기에 부어 짜내서 바삭하게 튀긴 후 설탕을 뿌려 먹는 '퍼넬케이크(funnel cake)'는 미국의 과자이다.

 refuse는 주어진 것을 다시 쏟아붓는 것

'퓨즈(fuse)'는 전기 회로에 과도한 전류가 흐를 때 녹아서 회로를 차단하는 배선 재료이다.

음악에서 '퓨전(fusion)'이라고 하면, 재즈를 기반으로 록, 라틴 음악 등을 융합한 것을 말한다. fuse와 fusion 모두 라틴어의 fundere(녹다)에서 유래했다.

fuse에서 파생된 대표적인 단어들은 살펴보자. refuse는 상대의 제안을 「다시(re) 쏟아붓다」에서 '거절하다'가 되었고, 명사인 '거절'은 refusal이다. confuse는 모두 함께(con) 쏟아부어 '혼동하다, 혼란스럽게 하다'이고, 명사형 confusion은 '혼동, 혼란(상태)'이다.

profuse는 모든 사람 앞에서(pro) 쏟아붓는 것이므로 '풍부한, 아낌없는'이 되었다. infuse는 사람의 머릿속에(in) '주입하다, 영향을 미치다'이고, 명사 infusion은 '투입, 주입'이다.

 향기를 확산시키는 디퓨저(diffuser)

diffuse는 「멀리 떨어져(di) 쏟아붓다」이므로 빛이나 기체, 액체 등을 '발산하다, 확산하다'가 되었고, 명사형 diffusion은 '발산, 확산'이다. 아로마테라피 등에서 한창 주목받고 있는 향기를 퍼뜨리는 기구 '디퓨저(diffuser)'는 「퍼뜨리는 것」을 뜻한다. effusion은 「밖으로(e) 붓는 것」이므로 '유출(물)'이다.

 녹다→공허하다→무익하다

futile은 '녹기 쉬운'에서 '흐르는'이라는 의미로 발전했고, 수다를 잘 떠는 사람은 가치가 없는 것만 말한다는 의미가 더해져 '헛된'이라는 뜻으로 확장되었다. 또 가치 없는 이야기는 녹아 없어지기 때문에 '무익한, 쓸데없는'이라는 의미로도 쓰인다. 명사 futility는 '무익, 낭비'이다.

 창자(gut), 가트(gut), 간헐천(geyser)은 같은 어원

인도유럽조어 gheu(쏟다)의 gh 소리는 게르만어를 거치며 '그림의 법칙'에 의해 g로 변화한다. '돼지의 위나 창자'를 가리키는 gut은 원래 액체가

흘러나오는 '도관'을 뜻하는 말이었다가 '배, 근성, 용기'라는 의미로 쓰이게 되었다. 테니스 라켓에 사용하는 '가트(gut)'도 과거에는 동물의 창자로 만들었던 데서 유래한 명칭이다.

　갑자기 휙 하고 부는 세찬 바람이나 갑자기 어떤 감정이 툭 튀어나오는 것을 지칭하는 gust(돌풍, 격발), 물이나 피가 갑자기 쏟아지는 gush(솟구치다; 분출), 지하의 뜨거운 물이 주기적으로 지상에 분출되는 geyser(간헐천)도 마찬가지이다.

067

「보충제(supplement)」는 부족한 것을 끌어올려 '채우는' 것

pele/ply = 채우다

fill
채우다

supply
부족한 것을 채우다 ➡ 공급하다

full
가득 채워진

plenty
가득 찬 상태 ➡ 다수, 다량

complete
완전히 채우다 ➡ 완성하다

 폴리네시아(Polynesia)는 다수의 섬

　오세아니아 해양부는 미크로네시아, 멜라네시아, 폴리네시아의 이렇게 셋으로 나뉜다. Micronesia는 「micro(작은)+nesia(섬들)」, Melanesia는 「mela(검은)+nesia(섬들)」, Polynesia는 「poly(다수의)+nesia(섬들)」라는 그리스어에서 유래했으며, poly는 인도유럽조어의 pele(채우다, 충족하다)로 거슬러 올라간다. poly는 접두사로 다양한 단어를 만들어냈다.

 폴립(polyp)은 여러 개의 다리를 가진 것

'폴리그래프(polygraph)'는 거짓말 탐지기로 뇌파, 맥박, 호흡, 발한 등 다양한 증상을 기록하고 측정하는 장치이다. polyp는 「다수의 다리(pos)」를 뜻하는 그리스어 polypos가 어원이다. 본래는 오징어나 문어 등 여러 개의 다리를 가진 것을 의미하는데, 말미잘이나 히드라 등을 총칭해 '폴립'이라고 부른다.

이 모양과 비슷하게 생긴 피부나 점막 등의 표면이 튀어나온 구형 종기도 '폴립(polyp)'이라고 한다.

 접두사로 사용하는 poly

'폴리에틸렌(polyethylene)'은 「poly(다수)+ethyl(에테르)+ene(화학물질)」이 어원이다.

'폴리머(polymer)'는 「poly(다수)+mer(부분)」가 어원으로 '중합체, 고분자'를 의미하고, 여러 개의 단량체(monomer)가 결합하여 사슬 모양이나 그물 모양을 이루면서 생긴 화합물이다.

또 신종 코로나바이러스 감염증을 진단하기 위한 PCR 검사의 PCR은 Polymerase Chain Reaction(중합 효소 연쇄반응)의 약자이다. '폴리메라아제(polymerase)'는 DNA나 RNA 합성에 필요한 효소이다.

그밖에 polyclinic(종합진료소), polygamy(일부다처제), polygon(다각형) 등이 있다.

poly가 plu/ple로 변화

'1 더하기 1은 2'를 영어로 적으면 One plus one is two이다. 이 plus 도 같은 어원으로 '~을 더하여'라는 의미의 전치사이다. plus에 접두사 sur(넘어서)를 붙여 surplus라고 하면 '잉여(의), 과잉(의)'이 되고, plural 은 '복수의', plenty는 '다수, 다량', 형용사형 plentiful은 '풍부한', plenary 는 '전원 출석의; 총회'가 된다.

 ## pele(채우다, 충족하다)의 p가 f로 변화

인도유럽조어 pele(채우다)의 p 발음은 '그림의 법칙'에 따라 게르만어를 거치면 f로 변화한다.

fill은 '채우다'이고, 형용사 full은 채워지기 때문에 '가득한, 충분한'이 고, 이 두 단어를 합친 fulfill은 「ful(충분한)+fill(채우다)」이므로 '실현시키 다'가 된다. refill은 '다시 채우다'이고, 명사로는 '보충물, 리필 제품'이다.

 ## compliance는 규칙을 완전하게 채우기

'법률 준수'를 뜻하는 compliance는 「완전히(com) 채우는 것」이 어 원으로, 원래 '규칙이나 요구를 완전히 채우는 것'이라는 뜻이 있다. 동사 comply는 '규칙이나 요구에 따르다'이다.

supply는 「아래에서(sup) 채우다」이므로 '공급하다, 제공하다'이고, 명사 는 '공급(양), 필수품'이다. supplement(보충제, 영양제)는 원래 '부족한 것 을 밑에서부터 채우는 것'이라는 뜻으로 '보충, 특집판; 부록을 붙이다' 등 의 의미도 있다. 형용사형 supplementary는 '보충의, 추가의'이다.

호텔 객실에 있는 complimentary card란?

해외 호텔에 머물 때 객실 테이블 위에 과일과 함께 complimentary라고 적힌 카드가 놓여져 있는 것을 볼 수 있는데, 이것은 '무료의'라는 의미이다. 「상대방의 마음을 완전히(com) 만족시키는」 것이므로 '무료의, 인사말'이라는 의미가 된다. compliment만 쓰면 '인사, 칭찬'이라는 뜻이다.

compliment와 동음이의어인 complement도 「완전히 채우는 것」에서 '보충물; 보완(하다)'가 되었고, 형용사형 complementary는 '보충적인'이다. implement는 「안을 채우는 것」이므로 계획이나 약속을 '실행하다, 이행하다'가 되었고, 명사로 쓰면 장인이 일하기 위해서 쓰는 '도구'이다.

complete는 필요를 완전히 충족시키는 것

complete는 「완전히(com) 채우다」에서 '완전한; 완성하다'가 되었다. replete는 「다시(re) 채우는」에서 '충분히 갖춘, 가득한'이 되었고, 동사형 replenish도 「다시(re) 채우다」이므로 '보충하다'이다. accomplish는 「a(c)(~쪽으로)+com(완전히)+plish(채우다)」에서 일이나 계획 등을 '성취하다'가 되었고, 명사형 accomplishment는 '업적, 성취'이다.

068

복싱의 「스파링(sparring)」은
상대방의 펀치에 '대비하는' 연습

par(e)/per

= 낳다, 준비하다, 정리하다

prepare
미리 정리하다 ➡ 준비하다

separate
따로 떼어놓고 정리하다 ➡ 구별하다

repair
다시 준비하다 ➡ 수리하다

 부모(parent)는 '낳는 사람'

parent(부모)는 「낳는(pare) 사람」이 어원이고, pare는 인도유럽조어에서 '낳다, 만들어내다'라는 뜻의 pere로 거슬러 올라간다. pere에는 '준비하다, 정리하다' 등의 의미도 있어서 여기에서 많은 단어가 영어에 들어왔다.

일렬로 줄지어 행진하는 퍼레이드(parade)

'행렬'을 뜻하는 '퍼레이드(parade)'는 동사로는 일렬로 줄지어 '행진하다'이다. '파라솔(parasol)'은 「para(준비하다)+sol(태양)」로 태양을 위해 준비한 것에서 유래했다. parachute는 프랑스어로 '낙하(chute)를 준비하다'에서 '낙하산; 낙하산을 타고 뛰어내리다'라는 의미가 되었다. parapet은 어원이 「para(준비하다)+pet(가슴)」으로 층계, 발코니, 다리 등에 사람이 떨어지지 않게 가슴이 닿도록 설치한 '난간'이다.

 '미리' 정리하는 거니까 prepare=준비하다

pare는 사과 등의 과일을 자르고 먹을 수 있도록 준비하는 것에서 '(과일의) 껍질을 벗기다'라는 뜻도 있다. prepare는 「미리(pre) 정리하다」에서 '대비하다, 준비하다'가 되었고, 명사형 preparation은 '준비, 대비', 형용사형 preparatory는 '준비[대비]를 위한'이다. repair는 「다시(re) 준비하다」이므로 '수리(하다)'이다.

'어패럴(apparel)'은 「준비된 것」이라는 뜻으로 원래는 '전투복'을 의미했지만, 현재는 '의복'이나 '의류'가 되었다. apparatus도 같은 어원으로 '기계, 장치'의 의미로 쓰인다.

 '떼어놓고' 정리하는 거니까 separate=구별하다

separate는 「따로 떼어놓고(se) 정리하다(pare)」로 동사로는 '구별하다, 떼어내다', 형용사로는 '멀리, 별개의'이고, 명사형 separation은 '분리, 분류'이다.

복싱의 '스파링(sparring)'은 글러브를 착용하고 실전처럼 연습하는 방법의 하나이다. sparing은 「s(=ex 밖으로)+par(준비하다)+ing(일)」이므로 상대방의 펀치에 대비하여 펀치를 피하는 연습을 말한다.

 하나를 여러 개로 떼어놓은 several(각자의)

형태는 조금 다르지만, sever와 several도 같은 어원이다. sever는 「떨어져서(se) 준비하다」가 어원으로, 아기를 어머니로부터 떼어놓는 것 즉 '젖을 떼다'에서 '절단하다, (관계를) 끊다'라는 의미가 되었다. several도 '여러 개로 떼어놓은'에서 '몇몇의, 각자의'라는 의미가 되었다.

 "한 줄로 서라!"라고 명령하는 황제(emperor)

emperor(황제)도 나라 안의 사람들에게 명령하고 1열로 줄을 세우는 이미지에서 비롯된 단어이다.

'엠파이어(empire)'는 '제국'이고, 형용사형 imperial은 '황제의, 제국의'이다. imperialism은 '제국주의', imperialist는 '제국주의자'이다. 형용사 imperative는 황제의 명령이라는 뜻에서 '반드시 해야 하는, 위엄 있는'이 되었고, imperious는 '오만한, 거만한'이다.

「초승달(crescent moon)」은
월초부터 서서히 '커지는' 달

cre/cru = 증가하다, 성장하다, 자라다

increase
위로 자라다 ➡ 증가하다

decrease
아래로 자라다 ➡ 감소하다

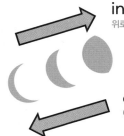

create
성장하다 ➡ 창조하다

concrete
함께 자라다 ➡ 굳어지다 ➡ 콘크리트

 풍요의 여신 케레스가 낳은 시리얼

로마 신화에서 풍요의 여신 '케레스(Ceres)'는 그리스 신화에서는 '데메테르(Demeter)'라고 부른다. Ceres는 라틴어로 '태어나다, 성장하다, 증가하다'라는 의미의 crescere에서 유래했고, 인도유럽조어에서 '성장하다'

라는 의미의 ker로 거슬러 올라간다.

풍요의 여신 케레스에서 나온 단어가 '곡물'과 아침 식사용 '곡물 가공식품'을 의미하는 '시리얼(cereal)'이다.

천체 '케레스(Ceres)'는 1801년 이탈리아인 피아치(Piazzi)가 화성과 목성 사이에 발견한 최초의 소행성이라고 주장한 바 있으며, 2006년에는 왜소행성으로 분류되었다.

 ## 초승달 모양의 크로와상

초승달 모양의 빵 '크로와상(croissant)'은 프랑스어에서 유래한 것으로, 영어로는 crescent roll이라고 한다. crescent는 '초승달'이라는 의미로 「cre(성장)+scent(하고 있다)」가 어원이다. 원래 '초승달 상태에서 점점 더 커지고 있다'라는 뜻이다.

음악 용어의 '크레셴도(crescendo)'는 '점점 강하게'라는 뜻으로, 원래 '소리의 강도나 크기가 점점 커지는' 것을 뜻한다. 반대로 '점점 약하게'는 '데크레셴도(decrescendo)'이다.

 ## crescendo: decrescendo=increase: decrease

crescendo, decrescendo와 비슷한 관계를 가진 영어 단어가 increase, decrease이다. increase는 「위로(in) 자라다」이므로 '증가하다', decrease는 「아래로(de) 자라다」이므로 '감소하다'이다. increase와 decrease는 동사와 명사의 형태가 동일하지만, 명사로 쓰일 때는 악센트의 위치가 [ínkriːs], [díːkriːs]와 같이 앞쪽으로 이동한다.

레크레이션(recreation)은 기분전환

create는 '창조하다, 창작하다'이고, 명사형 creation은 '창조, 창작', creature는 '생물, 인간', creator는 '창조주, 신, 창작자'이다. 형용사형 creative는 '창조적인'이다.

'레크레이션(recreation)'은 원래 「다시(re) 창조하는 것」이라는 뜻으로, 일한 뒤에 피로 회복을 위한 '기분전환 활동'을 말한다. 동사인 recreate는 '재현하다, 기분전환을 시키다'이다.

자갈과 모래, 시멘트를 물에 섞으면 서서히 굳어 '콘크리트'가 된다. 이 concrete는 「함께(con) 자라다」가 어원으로, 굳어져 형태가 되는 이미지에서 형용사로 '구체적인, 콘크리트로 만든'을 의미한다.

 ## 리크루트(recruit)는 병사의 수를 늘리는 것

'크루(crew)'는 원래 '증원 부대'라는 뜻으로, '특정 업무에 종사하는 사람'이라는 의미를 거쳐 배나 비행기의 '승무원'을 의미하게 되었다.

'리크루트(recruit)'는 「다시(re) 늘리다」가 어원으로, 원래는 병사의 수를 늘린다는 뜻이었는데 '신규 채용하다'에서 '신병, 신입사원'이라는 뜻의 명사까지 의미가 확장되었다. accrue는 「~쪽으로 늘리다」에서 이자나 자본 등이 '누적되다, 축적되다'라는 의미가 되었다.

「시간과 공간」에
관련된 어원

자연의 주기와 순환, 모양, 상태를
담은 단어들을 만날 차례이다.

「서커스(circus)」는
방사형 도로 중심에 있는 '원형광장'

cir(c)/cr = 구부러지다, 돌다

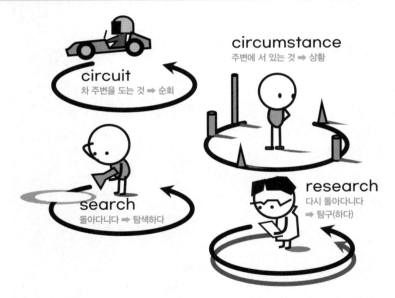

circuit
차 주변을 도는 것 ➡ 순회

circumstance
주변에 서 있는 것 ➡ 상황

search
돌아다니다 ➡ 탐색하다

research
다시 돌아다니다
➡ 탐구(하다)

 서커스(circus)는 그리스어의 '바퀴'에서

circus(서커스)는 그리스어 kirokos(바퀴)에서 라틴어로 '바퀴, 원형경기장'을 의미하는 circus를 거쳐 영어에 들어온다. 서커스 하면 캐나다 퀘벡주에 본사를 둔 Cirque du Soleil이 유명한데, 프랑스어로 '태양의 서커스'

라는 의미이다.

 ### 런던 피커딜리 서커스(Piccadilly Circus)는 원형광장

영국 런던에 있는 원형광장 '피커딜리 서커스(Piccadilly Circus)'처럼 circus에는 '원형광장'이란 의미가 있다. 어원적으로 연관성이 있는 circle (원형, 동그라미)은 「작은 바퀴」에서 유래했다. 형용사형 circular는 '원형의, 순환의'이고, 동사는 circulate로 '순환하다', 명사형 circulation은 '순환, 유통, 발행 부수'라는 뜻이다.

자동차와 오토바이 경주장인 '서킷(circuit)'은 「circ(바퀴)+it(가다)」로 '일주, 순회'라는 의미이다. 라틴어 circum(바퀴, 주위)은 접두사로 사용되는데, circumstance는 「주변에 서 있는 것」에서 '상황, 처지', circumference는 「주위로 옮겨지는 것」에서 '원주, (구의) 둘레', circumspect는 「주위를 보는」에서 '조심스러운, 신중한'이라는 의미가 되었다.

 ### 밤하늘을 돌아다니는 서치라이트(searchlight)

철자는 다르지만 소리가 비슷한 search와 research도 같은 어원이다. 멀리 있는 물체를 비추거나 신호등으로 밤하늘을 돌아다니는 '서치라이트(searchlight)'의 search는 동사로 '찾다, 탐색하다', 명사로 '수사, 조사'이다. research는 「다시(re) 돌아다니다」에서 '연구(하다), 탐구(하다)'라는 의미가 되었다.

 ### circus와 circle은 인도유럽조어 sker에서 유래

어근의 circ(원)은 인도유럽조어로 '돌다, 돌리다, 구부러지다, 굽히다'라는 의미의 sker로 거슬러 올라갈 수 있다. sker는 cir(c)로 변화하고, cur 나 cr(i) 등으로 형태가 바뀌어 영어에 들어온다.

 ## crepe는 구부러진 이미지, corona는 둥근 이미지

cir(c)나 cur, cr(i)에서 탄생한 단어에는 팬케이크 반죽을 얇게 구워 말 아 만든 crepe(크레페), 구부러진 이미지가 있는 crest(새의 볏), 둥근 모 양을 한 crown(왕관), 태양의 주변에서 볼 수 있는 corona(코로나, 광환) 등이 있다. '코로나바이러스'는 영어로 novel coronavirus이다.

덴마크와 노르웨이의 통화 krone(크로네), 스웨덴의 화폐 krona(크로 나)와 같이 통화 관련 용어에도 이 어원이 들어가 있다. '곡선, 커브; 구부 러지다'라는 뜻의 curve도 같은 어원이다.

 ## '반지'의 ring에서 '수축하다'의 shrink로

영국 영어의 crisp는 미국 영어의 (potato) chips(감자칩)에 해당한다. 이 crisp도 기름에 튀길 때 얇은 감자가 구부러져 쭈글쭈글해진 것에서 유 래했다.

어근 cri의 c가 빠진 단어로는 ring(구부려진 것→반지, 원형 경기장)이 있다. 아이스 스케이트장의 ice rink나 '줄(어들)다'의 shrink도 구부러져 수축하는 이미지가 있다.

 ## 원을 그려 정하는 '범위'는 range

rank는 줄을 지어 원을 그리는 이미지에서 '집단, 계급, 열'을 의미한다. range도 원을 그려 정하는 '폭'이나 '범위'가 되는데, 동사로는 '줄 세우다, 분류하다, 돌아다니다'라는 의미이다. ranger는 「돌아다니는 사람」에서 '삼림 경비대원'이나 '순찰대원'처럼 특정한 영역을 담당하는 사람을 의미하게 되었다.

arrange는 「범위 쪽으로(a)」에서 '가지런히 배열하다, 정리하다'이고, 명사형 arrangement는 '배열, 협정, 준비'이다. derange는 「de(멀리)+range(범위)」로 '어지럽히다, 미치게 하다'라는 뜻이다.

ridge는 동물의 굽은 '등줄기'나 '산등성이'

ridge는 동물의 굽은 '등줄기'나 좁은 '산등성이'를 말한다. 미국의 '블루 리지 산맥(Blue Ridge Mountains)'은 원래 '푸른 능선 산맥'이라는 뜻이다. rucksack(배낭)은 독일어로 「rücken(등)+sack(자루)」에서 유래한다.

목장과 농원에서 인기 있는 ranch dressing

'목장, 농원'을 뜻하는 ranch는 스페인계 미국인들이 농장 주변에 집을 나란히 세워놓은 것에서 유래했다.

'랜치 드레싱(ranch dressing)'은 미국에서 가장 인기 있는 드레싱으로 사워크림, 버터밀크, 요거트, 마요네즈 등에 허브 딜과 다진 샬롯(미니양파), 마늘 파우더 등의 향미 채소와 향신료를 섞어서 만든다.

'주기'와 '순환'을 나타내는
「사이클(cycle)」

cycle/cult = 돌다, 회전하다

bicycle
두 개의 바퀴 ➡ 자전거

culture
괭이를 휘둘러서 경작하는 것 ➡ 문화

cyclone
회전하는 것 ➡ 사이클론

collar
목을 돌리는 것 ➡ 카라

 인도양에서 발생하는 사이클론은 회전하는 것

'주기'와 '순환'을 나타내는 '사이클(cycle)'은 라틴어로 '원'이나 '바퀴'를 나타내는 cyclus에서 유래했다. 바퀴가 두 개인 '자전거'는 bicycle, '세발자전거'는 tricycle이다. 인도양이나 남태평양에서 발생하는 열대 저기압 '사이클론(cyclone)'은 원래 「회전하는 것」을 뜻한다.

 시클라멘은 둥글게 부푼 구근

라틴어 cyclus는 인도유럽조어로 '회전하다'라는 의미의 kwel로 거슬러 올라간다. encyclopedia는 「en(안에)+cyclo(주위)+ped(유아)」로 자녀의 훈육과 관련된 '백과사전'을 뜻한다.

덩이줄기 구근식물인 '시클라멘(cyclamen)'은 구근이 둥글게 부푼 모양을 하고 있어서 붙여진 이름이다. kwel과 형태가 비슷한 wheel은 회전하는 '바퀴'인데, 바퀴가 달린 의자는 '휠체어(wheelchair)'라고 한다.

 문화(culture)는 마음을 경작하는 것

culture(문화)는 라틴어 colere의 과거분사 cultus에서 유래했다. 괭이를 휘둘러서 밭을 경작한다는 것이 원뜻으로, 마음을 경작한다는 의미에서 '문화'나 '교양'이 되었다.

 농업(agriculture)은 밭을 경작하는 것

culture에는 '경작'과 '재배'의 의미도 있다. '식민지, 집단 거주지'나 생물이 스스로 살기 쉽게 한 '군락, 군거'를 '콜로니(colony)'라고 한다. '경작하다, 재배하다'의 cultivate, 과격한 신흥 종교 집단을 가리키는 '컬트 교단'이나 '숭배자의 집단'을 뜻하는 cult, 목둘레의 '칼라, 깃'을 말하는 collar도 culture와 같은 어원이다.

'농업'의 agriculture는 라틴어의 「밭(agri)을 경작하는 것」에서 유래했다. agronomy는 「agriculture(농업)+economy(경제)」를 합쳐서 만든 단어로 '농업 경제학', '농경학'을 말한다. aquaculture(수경 재배, 수산양식)는

「물(aqua)로 경작[양식]하는 것」이고, floriculture(화훼재배)는 「꽃(flor)을 경작[재배]하는 것」, pisciculture(양어, 어류 양식)는 「물고기(pisc=fish)를 양식하는 것」, horticulture(원예학)는 「정원(hort)을 경작하는 것」에서 유래한다.

애그리투어리즘(agritourism)이란?

'팜스테이(farm stay)'는 해외에서 농장주의 자택에서 머물며 농장의 가축을 돌보거나 농작물 수확 작업 등을 도와주는 프로그램을 말한다. 농업 활동과 관광을 연결한 이런 형태를 영어에서는 agritourism(농촌 체험 관광)이라고 한다.

면적 단위, 에이커(acre)의 어원

면적의 단위인 '에이커(acre)'는 멍에에 연결한 2마리의 소가 하루에 경작하는 밭의 면적을 말한다. 1에이커는 대략 1,200평이나 4,000m² 정도이다.

정원(garden)은 둘러싸인 땅

'원예'의 horticulture는 라틴어 hortus(정원)에서 유래했고 '둘러싸다'라는 의미의 인도유럽조어 gher로 거슬러 올라간다. garden(정원)은 원래 「둘러싸인 땅」을 뜻했다. gird는 동사로 '둘러싸다, 묶다'로, 여성의 복부나 허리를 정돈하기 위한 기초 속옷인 '거들(girdle)'은 「감싼(gird) 것(le)」이 어원이다. '유치원(kindergarten)'은 독일어 「아이들(kinder)의 정원(garten)」이 어원이다.

garden이 court로 변화

g 발음은 라틴어에서는 k 발음으로 변화한다. court는 건물에 둘러싸인 안뜰의 '궁정, 법정'이나 테니스장의 '코트'가 된다. courtesy는 궁정에서 지켜야 할 '공손함, 정중함'이고, courteous는 '예의 바른'이다.

성이나 저택의 '안뜰(courtyard)'의 yard도 gher가 변화한 것으로, 둘러싸인 토지에서 '정원'이라는 의미가 되었다. '뒤뜰'은 backyard이다. '과수원'의 orchard는 「채소나 식물(wort)의 정원(yard)」이 어원이다.

churchyard는 '교회의 경내 정원'이나 '교회 부속 묘지'이고, graveyard는 '묘지', farmyard나 barnyard는 '농가의 마당', junkyard는 '폐차장, 폐품처리장', lumberyard는 '목재 야적장'이고, scrapyard는 '고철 처리장'이다.

★ 물고기자리는 왜 Pisces인가?

pisciculture(양어, 어류 양식장)와 관련된 단어가 하나 더 있다.

pisc는 인도유럽조어로 '물고기'를 뜻하는데, 게르만어를 통해 fish의 형태로 영어에 들어오게 되었다. 물고기자리는 Pisces 또는 the Fishes이다.

072

「스위트룸(suite)」은
부엌과 거실을 갖춘 하나로 '이어진' 방

sec/seq/su(i) = 계속되다, 이어지다

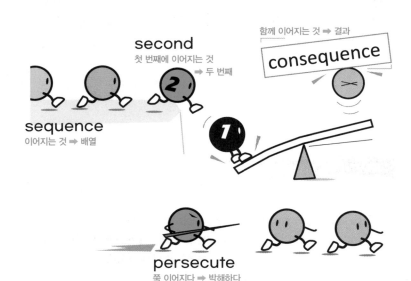

함께 이어지는 것 ➡ 결과

consequence

second
첫 번째에 이어지는 것
➡ 두 번째

sequence
이어지는 것 ➡ 배열

persecute
쭉 이어지다 ➡ 박해하다

초(second)는 분(minute)에 계속되는 것

시간의 단위 '분'을 의미하는 minute은 1시간을 60분의 1로 「작게 한 것」이 원뜻으로, 더 나아가 1분을 60분의 1로 작게 한 것은 second(초)이다. 따라서 second는 minute에 '계속되는 것'으로, 어원은 인도유럽조어로

'계속되다'를 뜻하는 sekw이다.

 하나로 이어진 방은 스위트룸(suite)

'두 번째(의)'를 뜻하는 second도 「first에 이어지는 것」이 원래의 뜻이다. 종교의 '분파, 종파' 또는 '학파, 파벌'을 뜻하는 '섹트(sect)'는 같은 신조나 주의를 추종하는 집단을 뜻한다.

호텔의 suite(스위트룸)는 방 하나에 침실 외에 다이닝룸, 주방, 거실 등이 있는 고급 객실을 가리킨다. '스위트'를 sweet(달콤한)라고 오해하지 말자. '연속되는 공간'을 뜻하는 suite이다.

 윗옷, 바지, 조끼가 모두 갖추어진 정장(suit)

사물의 '연속'이 잘 되면, '적합하다, 한 벌'이라는 의미가 된다.

'수트(suit)'는 정장을 의미하는데 남성용은 상의와 조끼, 바지이고 여성용은 같은 원단으로 만든 상의와 스커트를 함께 입는 것이다. suit에는 일련의 연속된 과정으로 이루어지는 '소송'의 의미도 있다. suit가 동사로 쓰이면 '어울리다'이고, 형용사형 suitable은 '적절한, 어울리는'이다. sue는 프랑스어의 suivre(뒤따라가다)를 거쳐 법률 용어로서 '소송을 제기하다, 고소하다'라는 의미로 사용된다. "소송할 거야!"는 I'll sue you!이다.

같은 어원 suitor는 법정의 '원고'인데, '구혼자'나 '기업을 인수하려는 회사'라는 의미도 있다.

ensue는 「위에(en=upon) 이어지다」에서 '잇따라 일어나다', pursue는 「앞에(pur=pro) 이어지다」에서 '추구하다, 추적하다'가 되었고, 명사형 pursuit은 '추구'이다.

피겨 스케이팅에서 여러 번의 스텝과 턴을 조합해 하나로 이어지는 연기를 '스텝 시퀀스(step sequence)'라고 한다. sequence는 「이어지는 것(ence)」이므로 '순서, 배열'이 된다. consequence는 「함께(con) 이어지는 것」에서 '결과, 중요성', subsequent는 「아래에(sub) 이어지는」에서 '뒤에 오는, 후속의'라는 의미가 되었다.

execute는 「밖으로 나가서(ex) 끝까지 따라가다」에서 '실행하다, 처형하다'가 되었고, 명사형 execution은 '처형, 실행'이다. 형용사형 executive는 중요한 일을 실행한다는 뜻에서 '중역의, 임원의, 행정상의'가 되고, 명사는 '중역임원'이다. executive suite는 한 줄로 이어진 '중역실, 임원실'이다.

persecute도 같은 어원으로 「쭉 이어지다」에서 따라다니며 괴롭힌다는 의미로 '박해하다'가 되고, 명사형 persecution은 '박해'이다. prosecute는 「앞에(pro) 이어지다→법정 앞까지 이어지다」에서 '기소하다, 수행하다'가 되었다.

형태는 다르지만, society도 뒤에 계속 이어지는 것을 연상시키므로 사람들이 모이는 집단인 '사회'가 된다. 형용사형 social은 '사회의', sociable은 '사교적인'이다. associate는 「~쪽으로(as=to) 이어지다」에서 '연상하다, 교제하다', 명사형 association은 '관계, 협회'이다. socio는 접두사로 sociology(사회학), sociologist(사회학자), sociological(사회학의), sociolinguistics(사회 언어학) 등의 단어를 만들어 낸다.

073

몸의 형태를 '바꾸며' 돌아다니는 단세포 생물 「아메바(amoeba)」

mun/mut = 바꾸다, 움직이다

common
서로 교환하다
➡ 서로 나누다 ➡ 공통의

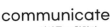

communicate
의사를 교환하다
➡ 연락을 주고받다

community
이익을 서로 나누는 공동체

commute
완전히 바꾸다 ➡ 장소를 바꾸다 ➡ 통근하다

 '상식'을 의미하는 두 단어

'상식'을 의미하는 영어 단어로 common knowledge와 common sense가 있다. 전자는 누구나 알고 있는 '(지식으로서의) 상식', 후자는 경험에서 익힌 '상식'으로 구별한다. common은 「com(함께)+mon(변

291

하다)」로 '서로 교환하다 → 함께 나누다'에서 '공통의, 흔한'이 되었다. commonwealth는 영국과 재산(wealth)을 공유하는 경제동맹인 '영연방', commonplace는 「공통의 장소」로 '흔한(것), 식상한(것)'을 의미한다.

의사교환의 communication

어근의 mon은 인도유럽조어로 '변하다, 움직이다'라는 뜻의 mei에서 유래했다. '커뮤니케이션(communication)'은 common에서 파생된 단어인데, 서로 의사를 주고받는다는 뜻에서 '의사소통, 통신 수단', 동사 communicate는 '의사소통을 하다, 연락을 주고받다, (정보, 의사 등을) 전달하다'라는 의미가 되었다. excommunicate는 「밖으로 (ex) 나가라는 의사를 전하다」로 교회에서 사람을 '파문하다'이고, 명사형 excommunication은 '파문, 제명'이다.

공산주의(communism)는 무엇을 서로 나누는가?

사회 전체의 이익과 의무를 공유하는 '공산주의'는 communism이고, '공산주의자'는 communist이다. '공동체'나 '공동사회'는 community 또는 commune이다. municipal은 '의무를 맡은 자유도시 시민의'라는 의미에서 '지방 자치의, 시에서 운영하는'이 되었다. commute는 「완전히 (com) 변화시키다」에서 있는 곳을 바꾸는 '통근하다, 통학하다'가 되었고, commuter은 '통근[통학]자'이다. telecommute는 '회사에서 멀리 떨어진 곳으로 장소를 바꾸다'에서 '재택근무를 하다'라는 의미가 된다.

immune은 외부 요인에 대해 변하지 않는 상태

후천성 면역결핍증 '에이즈(AIDS)'는 acquired immune deficiency

syndrome의 약자이다. immune은 외부 요인에 대해 변하지 않는(im) 상태로 '면역이 된, 면제된'이고, 명사형 immunity는 '면역(성), 면제', immunology는 '면역학'이다.

형태를 바꾸는 단세포 생물 아메바(amoeba)

물속에 사는 초소형 단세포 생물 '아메바(amoeba)'는 '변화하다'라는 의미의 라틴어 amoeba가 그대로 영어에 들어온 단어이다. 아메바는 몸의 형태를 바꾸면서 움직인다는 뜻에서 유래했다. 미국 영화 《닌자 거북이 Teenage Mutant Ninja Turtles》는 돌연변이로 사람처럼 변한 4인조 거북이들의 모험을 다룬 액션 영화이다. mutant는 '돌연변이(의), 변종'이라는 뜻이고, 명사형 mutation은 '돌연변이, 변이'이다. mutual은 서로 나눈다는 뜻에서 '상호의'이다.

입국카드는 immigration card

해외여행 시 입국 심사에서 제출하는 immigration card(입국카드)가 있다. immigrate가 「안으로(im) 들어오다」에서 외국인이 '이민을 오다, 이주하다', 명사형 immigrant는 외국에서 온 '이민자, 이주민'이다. 반면, emigrate는 외국으로 '이민을 가다, 이주하다'이다. emigrant는 외국으로 가는 '이민자, 이주민', emigration은 외국으로의 '이민, 이주'이다.

접두사가 없는 migrate는 단순히 '이주하다'나 새와 물고기 등이 정기적으로 '이동하다, 건너가다'이다. 명사형 migration은 '이주, 이동', 형용사형 migratory는 '이주하는, 이동하는'으로, migratory birds는 '철새'를 말한다. permutation은 「통해(per) 변화하는 것」에서 '순열, 치환', transmute는 「넘어(trans) 바뀌다」에서 고차원적인 것으로 '바꾸다, 변화시키다', permeate는 「통과하여(per) 움직이다」에서 '침투하다, 스며들다'가 되었다.

074

「영화(movie)」는 '움직이는' 작은 것

mov/mot/mom
= 움직이다

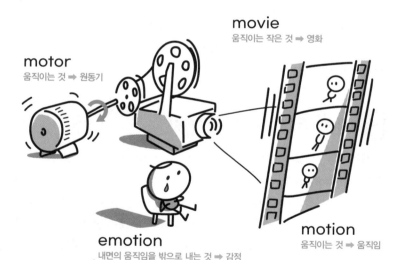

movie
움직이는 작은 것 ➡ 영화

motor
움직이는 것 ➡ 원동기

emotion
내면의 움직임을 밖으로 내는 것 ➡ 감정

motion
움직이는 것 ➡ 움직임

movie는 '움직이는 작은 것'

　　영화를 말하는 '무비(movie)'는 어원적으로는 「움직이는(move) 작은 것」이지만, 이는 moving picture의 약자로 말 그대로 '동영상'을 의미한다. move는 '움직이다, 움직이게 하다'이고, 명사형 movement는 '움직임, 운동', 형용사 movable은 '움직일 수 있는'이다. remove는 「뒤로 움직이다」
에서 '제거하다, 벗기다'이고, 명사형 removal은 '제거, 배제'이다. 어근의
mov는 라틴어의 movere에서 유래했으며, 더 나아가 인도유럽조어에서
'밀어내다'라는 뜻을 가진 meue로 거슬러올라간다.

슬로모션(slow motion)은 천천히

같은 어원을 가진 단어로 motion/motor/moment가 있다. motor는
「움직이는(mot) 것」에서 '원동기, 발동기'가 되었고, motorcycle은 '오토바
이', motorist는 '자동차 운전자'이다.

motion은 「움직이는 것」에서 '움직임, 동작'이 되었다. '느린 동작'은
slow motion, '영화'는 motion picture로 표현할 수 있다. motionless
는 「움직임이 없는(less)」 상태이므로 '정지한', emotion은 「내면의 움직
임을 밖으로(e) 꺼내는 것」에서 '감정', 형용사형 emotional은 '감정적인',
commotion은 「모두(com) 움직이는 것」에서 '소란'이라는 의미가 되었다.

promote는 한 단계 앞으로 움직여서 '승진시키다'

promote는 「앞에서(pro) 움직이다」에서 '승진시키다, 촉진하다'가 되었
고, 명사형 promotion은 '승진, 판촉', promoter는 '주최자, 추진자, 기획
자'이다. demote는 「아래로(de) 움직이다」에서 '강등시키다, 좌천시키다'가
되고 명사형 demotion은 '강등, 좌천'이다. '리모콘'은 remote control인
데, 여기서 remote는 「뒤로(re) 움직이다」에서 '먼, 원격 조작의'라는 의미
가 되었다.

사람의 마음을 움직이는 '동기'는 motivation

'모티프(motif)'는 프랑스어에서 유래한 단어이다. 미술, 영화, 문학 등의 예술 작품에서는 표현의 동기가 되는 중심적인 생각으로부터 '주제'나 '기조'가 정해진다. 여기서 '동기'를 나타내는 '모티브(motive)'가 태어났다. motive의 파생어인 motivate는 '동기를 부여하다, 의욕을 일으키다'이고, 명사형 motivation은 '동기, 의욕'이다.

mobile phone은 움직일 수 있는 전화

'휴대폰'을 말하는 mobile phone은 '움직일 수 있는 전화'이다. 명사형 mobility는 '유동성, 이동성'이고, mob은 mobile에서 나온 단어로 '폭도, 군중'이다. '증기 기관차'는 steam locomotive인데, locomotive는 원래 '장소에서 장소로 이동하는 것'을 뜻했다.

시간의 '움직임'은 moment

공간의 움직임뿐만 아니라 시간의 움직임을 나타내는 단어를 만나보자. 그 주인공은 '순간, 잠시'라는 뜻의 moment이다. 형용사형 momentary는 '순간적인, 찰나의'이고, momentous는 '순간 순간의 소중함'에서 '중대한'이라는 의미가 되었다. momentum은 활동의 '기세'나 '가속도'를 말하는데 물리학에서는 '운동량(물체의 질량×속도)'이다.

⭐ cinema는 kinema에서

'영화(관)'을 cinema라고 하는데, 이 단어는 그리스어 kinein(움직이다)에서 파생한 kinema에서 유래했다.

'낫토키나제(nattokinase)'는 낫토균으로 발효시킨 식품에 포함되는 효소인데, 여기서 kinase는 「움직이는 물질」이 어원이다. kinematics는 '운동학', kinetic은 '운동의', kinesthesia는 '운동 감각'이다.

형태는 다르지만, excite/recite/cite 등의 단어에 포함된 cit(e)도 '움직이다, 부르다(호출)'가 어원이다.

excite는 「감정을 밖으로(ex) 불러내다」 즉 감정을 불러일으킨다는 뜻에서 '흥분시키다'가 되었고, 명사형 excitement는 '흥분'이다. recite는 「반복해서 입으로 내보내다」에서 '암송하다'가 되었고, 명사형 recital은 '독창회, 독주회'이다. cite는 「불러내다」에서 '인용하다'가 되었다.

075

어디를 '가든지' 있는 편리한 가게 「편의점(convenience)」

ven(t) = 가다, 오다

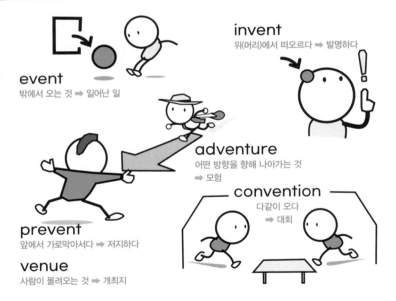

event
밖에서 오는 것 ➡ 일어난 일

invent
위(머리)에서 떠오르다 ➡ 발명하다

adventure
어떤 방향을 향해 나아가는 것
➡ 모험

convention
다같이 오다
➡ 대회

prevent
앞에서 가로막아서다 ➡ 저지하다

venue
사람이 몰려오는 것 ➡ 개최지

become은 '곁에 오다'

자신이 있는 곳에 상대가 '오다'나 화제의 중심을 향해 자신이 '가다'를 의미하는 come은 인도유럽조어로 '오다, 가다'를 나타내는 gwa가 게르만어를 거쳐 영어에 들어온 것이다. '그림의 법칙(79쪽 참조)'에 따라서 g 자음이 k 발음으로 바뀐 것이다.

become은 「be(=by 옆에, 주위에)+come(오다)」의 형태로, 어떤 것의 근처에 온다는 뜻에서 '~가 되다, ~에 어울리다'라는 의미가 되었다. 그래서 This dress becomes you well.(이 드레스는 당신에게 잘 어울린다.)과 같이 사용한다. welcome도 「wel(=will 의사)+come(온다)」으로 오는 손님을 기분 좋게 맞이하는 '환영하다'의 의미이다.

인도유럽조어의 gwa는 라틴어를 거치며 ven(t)로 형태를 바꿔 영어에 들어온다. '사건, 행사'라는 의미의 event는 「밖으로(e=ex) 오다」로 원래는 '일어난 일, 결과'라는 뜻이었다. 여기서 형용사형 eventual은 '최종적인', 부사형 eventually는 '결국'이라는 의미가 되었다.

adventure는 어떤 방향으로 향하는 것

adventure는 「어느 방향으로(ad) 나아가는 것」에서 '모험(심)'이 되었고, misadventure는 「mis(잘못)+adventure(가는 것)」에서 '불운한 사건, 사고사'가 되었다. advent는 「이쪽으로(ad) 오는 것」에서 '도래, 출현'이 되는데, the Advent라고 하면 '그리스도의 강림'을 말한다.

invent는 「위(머리)에서 떠오르다」에서 '발명하다', inventory는 「찾는 장소」에서 '(상품의) 목록, 재고'가 되었다. prevent는 「오는 사람의 앞에(pre) 서서 가로막다」에서 '저지하다, 방해하다', circumvent는 「어려움과 법률의 주변으로(circum) 오다」에서 '우회하다, 회피하다'가 되었다.

많은 사람이 찾아오는 개최지 venue

venue는 사람들이 많이 모이는 장소로 회의, 콘서트, 스포츠의 '개최지'나 '재판장'이라는 의미가 있다. avenue는 「~로(a) 가는 길」에서 '대로, 수단', revenue는 「되돌아(re)오는 것」에서 국가나 지방정부의 '세수, 재원'을 뜻하게 되었다. '토산품, 기념품'의 souvenir는 원래 '의식하지 못하고 기억에 남는 것'을 뜻하였다.

 어디를 가도 있는 편리한 가게는?

'편의점'은 convenience store이다. convenience는 「어디에 가든지 함께(con) 가는(ven) 것」에서 '편리함, 편의(시설), 편리한 것'이 되었고, 형용사형 convenient는 '편리한, 간편한'이다.

convene은 다 함께 '모이다'와 회의를 '개최하다'라는 뜻이고, 명사형 convention은 「모두가 오는 것」이므로 '대회, 집회', 모두가 와서 같은 일을 한다고 해서 '관습'이 되었다. 형용사형 conventional은 '관습적인, 평범한'이다. intervene은 사이에 들어가 '중재하다, 말참견하다'이고, 명사형 intervention은 '중재, 개입, 간섭'이다. covenant는 「양쪽에서 걸어오다 (서로 양보해서 양측의 주장에 가까이 오는 이미지)」에서 '약속, 계약'이 되었다.

 한때 수도원이었던 코벤트가든

런던 중심부에 위치한 '코벤트가든(Covent Garden)'은 연극과 엔터테인먼트의 중심지이지만, '수도원의 정원'이라는 이곳의 지명은 과거 수도원이 있었음을 말해준다. covent는 「co(함께)+vent(오다)」가 어원으로, 15세기 전반에 convent로 변해 현재는 '수녀원'이라는 의미로 사용되고 있다.

076

「웹사이트(website)」는 거미줄처럼 뻗어나간 네트워크망

wegh = 가다, 탈것으로 운반하다

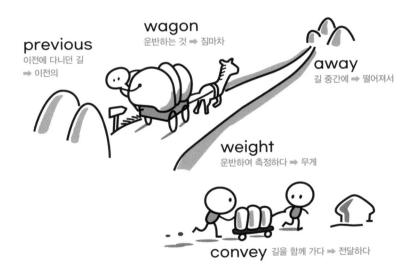

wagon
운반하는 것 ➡ 짐마차

previous
이전에 다니던 길
➡ 이전의

away
길 중간에 ➡ 떨어져서

weight
운반하여 측정하다 ➡ 무게

convey 길을 함께 가다 ➡ 전달하다

 짜다(weave)와 거미줄(web)은 같은 어원

way(방법, 길)와 wagon(짐마차)은 모두 인도유럽조어로 '가다, 탈것으로 운반하다'라는 의미의 wegh에서 유래한다. 탈것을 타면 전후좌우로 흔들리기 때문에 '웨이브(wave)'는 동사로 '손을 흔들어 신호를 보내다', 명사

301

로 '파도'이다. waver는 앞뒤로 움직여서 불안정한 상태라는 뜻에서 '흔들리다, 약하다', wiggle은 신체 일부를 '꿈틀꿈틀 움직이다'이다.

weave는 손을 앞뒤로 움직인다는 뜻에서 '짜다, 엮다, 뜨개질하다', web은 엮은 것이라는 뜻에서 '거미줄'이다.

웹스터 사전의 webster는 '편집자'란 의미

WWW는 World Wide Web의 약자로, 거미줄처럼 촘촘히 엮어서 뻗어 있는 거대한 네트워크망을 말한다.

미국의 대표적인 사전 《웹스터 사전 Webster's Dictionary》은 Noah Webster라는 사전 편집자의 이름을 따서 지었다. 공교롭게도 Webster는 「web(엮다)+ster(사람)」이고 '편집자'를 의미한다. '블로그(blog)'는 web과 log의 합성어로 log는 '항해일지'를 말한다.

away의 어원은 '길을 가다'에서 '도중에'

부사 away(떨어져서, 다른 데로)는 on the way(도중에)가 어원이다. work away는 「계속 일하고 있다」에서 '꾸준히 일하다'라는 의미가 되었고, always도 「도중에 계속」에서 '항상, 언제까지나'라는 의미가 되었다.

노르웨이(Norway)는 북쪽의 길

way와 같은 발음인 weigh는 운반해서 '무게를 달다'이고, 명사형 weight는 '무게, 체중'이다. 북유럽 4개국 중의 하나인 '노르웨이(Norway)'는 「north(북쪽의)+way(길)」이 어원이다. byway는 '샛길', subway는 「sub(아래)+way(길)」에서 '지하철, 지하도', driveway는 도로에서 집의 차고로 통하는 '사유 차도, 진입로', freeway는 '(통행료, 교차로, 건널목이 없는) 고속도로', highway는 '고속도로, 간선도로'이다.

hallway는 '현관 앞 복도'이고, runway는 '활주로', one-way는 '일방통행의, 편도의'이다. 투수와 타자로서 능력이 되어 두 역할을 모두 할 수 있는 야구선수를 a two-way player(투타 겸업 선수)라고 한다.

 ## 컨베이어(conveyor)는 길을 함께 가는 것

wegh는 라틴어를 거쳐서 ve(y)/vo(y)/vi 등으로 변화하여 다양한 단어를 탄생시킨다. 물체를 운반하는 이동식 벨트 conveyor belt에서 convey의 어원은 「함께(con) 길을 가다」로 '운반하다, 전달하다'라는 의미이다. convoy도 같은 어원으로 '호송, 호위대; 호위하다, 호송하다'이고, envoy는 정부나 대통령 등의 지시로 「길 위로(en) 나서다」에서 '외교 사절, 특사'가 된다.

 ## 잡학상식 trivia는 삼거리 길

trivia는 「삼거리(tri) 길(via)」이 어원이다. 삼거리에는 많은 사람이 모이기 때문에 '하찮은 것'이나 '잡다한 정보'도 모인다. 형용사형 trivial은 '사소한, 하찮은'이고, via만 쓰면 전치사로 '(어떤 장소를) 경유하여'라는 의미가 된다. 스페인의 수도 마드리드 중심에 있는 큰 거리는 '그란비아(Gran Via) 거리'이다. viaduct는 「길을 안내하다(duct)」에서 '육교, 고가도로'가 되었다.

 ## previous는 '이전에 다니던 길'

previous는 「이전에(pre) 다니던 길」에서 '이전의', obvious는 「앞으로 나아갈 길을 향해(ob) 놓여 있는」에서 '분명한'이 되었다. devious는 「길을 벗어나(다른 곳으로 우회하)는」에서 '기만적인, 멀리 돌아가는'이 되었고, 동사형 deviate는 '벗어나다, 일탈하다', 명사형 deviation은 '일탈'이다.

 ## 좋은 항해를 기원하는 Bon voyage!

vehicle은 「길을 가는 것」에서 '탈 것, 수단', voyage는 '배 여행, 항해'이다. Bon voyage!는 프랑스어로 '좋은(bon) 항해'라는 뜻으로, 앞으로 여행을 떠나는 사람을 향해 "무사히 다녀오세요!"라고 인사하는 말이다.

 ## watch는 움직이는 것을 '보다'

watch는 명사로는 '손목시계'이고, 동사로는 움직이고 있는 것이나 움직일 가능성이 있는 것을 가만히 '보다'라는 뜻이다. '기다리다'의 wait, '~을 기다리다'의 await, '잠을 깨다'의 wake/waken/awake는 '눈을 부릅뜨다', '바라보다'가 원래의 뜻이며, 인도유럽조어로 '강한, 활기찬'이라는 의미의 weg로 거슬러 올라간다. '움직이다'라는 이미지를 가진 wegh가 변형된 것으로 보인다.

 ## 마녀의 사악한 이미지에서 태어난 wicked

weg는 witch나 wick로 변형되어 '마녀'는 witch, '마법, 마술'은 witchery나 witchcraft가 된다. wicked는 원래 '마법사의'라는 뜻인데 '사악한, 장난기 있는'이라는 의미가 되었다. bewitch는 「be(하다)+witch(마녀)」이므로 '마법을 걸다'인데 이것은 마녀는 마법의 힘으로 사악한 영혼을 불러온다는 생각에서 유래했다.

weg는 라틴어를 거쳐서 vig와 veg로 변화

vigor는 '활력, 힘', 형용사형 vigorous는 '활발한', invigorate는 '활성화하다'이다. vigil은 '(밤샘)간호, 철야, 불침번', 형용사형 vigilant는 '경계를 게을리하지 않는', 명사형 vigilance는 '경계, 조심'이다. vigilante는 스페인어에서 유래했는데 '자경단(범죄, 재난 대비 등을 목적으로 주민 스스로 조직한 경비 단체)'을 뜻한다.

 ## 채소(vegetable)는 활력의 원천

vegetable은 '활력의 원천이 되다'라는 어원에서 '채소'가 되었고, vegetate는 '식물처럼 성장하다, 별로 하는 일 없이 지내다', vegetation은 '식물'이다. '베지테리언(vegetarian)'은 '채식주의자(의)'인데 줄여서 veggie라고 한다. '비건(vegan)'은 고기나 생선 외에 계란, 우유, 치즈 등 동물 유래 식품을 일절 섭취하지 않는 '엄격한 채식주의(의)'를 뜻한다. vegetable에는 '무기력한 사람'이라는 의미도 있다.

 ## 속도의 velocity는 '운반하는 것' 또는 '활력'

'속도'를 의미하는 velocity의 어원은 「운반하는 것」이지만, 그 근원은 '힘, 활력'에 있다고 볼 수도 있다.

velocipede는 「velo(속도)+pede(발)」에서 유래한 것으로 지면을 차고 달리는 초기의 '자전거'이고, velodrome은 「velo(속도)+drome(주행로)」에서 '자전거 경기장'이 되었다.

way(길)의 동의어로 '루트(route)'가 있다. '루틴(routine)'은 「항상 다니는 길(route)」에서 '(매일 하는) 일과'라는 의미가 되었다. route의 원래 뜻은 '토지를 잘라서 만든 길'로 '무너지다'라는 의미의 라틴어 rupta로 거슬러 올라간다.

bankrupt는 「은행이 무너지다」에서 '파산'이고, corrupt는 「모두(cor=com) 무너지다」에서 '부패한; 부패하다', abrupt는 「떨어져 나가(ab=away) 엉망이 되다」로 '갑작스러운, 돌연한'이 되었다.

erupt는 산이 「밖으로(e) 무너지다」에서 '분화하다', 명사형 eruption은 '분화'이다. interrupt는 「사이에(inter) 무너지다」에서 '가로막다, 방해하다'가 되었다. disrupt는 「무너져 뿔뿔이 흩어지다(dis=apart)」에서 '혼란에 빠뜨리다, 분열시키다'가 되었다.

077

앞에서 '가는' 사람
「조상(ancestry)」

cede/ceed/cess
= 가다, 양보하다

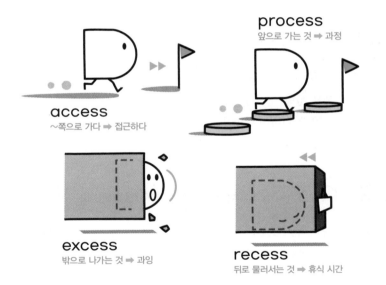

process
앞으로 가는 것 ➡ 과정

access
~쪽으로 가다 ➡ 접근하다

excess
밖으로 나가는 것 ➡ 과잉

recess
뒤로 물러서는 것 ➡ 휴식 시간

 액세스(acess)는 '~에 접근하는 것'

　네트워크나 프로그램에 접속하거나 목적지에 접근한다고 할 때 '엑세스(access)'라는 말을 쓰곤 하는데, access는 「a(c)(~쪽으로)+cess(가다)」가 어원으로, '~에 가까워지다'에서 '접근(하다), 접속(하다)'의 의미로 쓰인다.

accessible은 '접근하기 쉬운, 손에 넣기 쉬운'이고, inaccessible은 '접근하기 어려운'이다.

액세서리(accessory)의 또 다른 의미

'액세서리(accessory)'라고 하면 주로 귀걸이, 목걸이, 반지, 브로치 등의 장신구를 떠올리는데, 영어에서는 그 외에 모자, 우산, 가방, 벨트 등도 포함하는 말이다. accessory는 원래 외출할 때 착용하는 것을 뜻하는데, 법률 용어로 '공범자'라는 의미로도 사용된다.

작업을 진행하는 단계는 프로세스(process)

자연 치즈를 제조 과정에서 유화제 등을 첨가하고 가열 처리를 해서 녹인 후 다시 성형한 것을 '가공 치즈(process cheese)'라고 부른다. process는 「앞으로(pro) 나아가는 것」에서 '과정, 공정'이라는 의미가 되었다. 어근의 cess는 주로 명사형 단어를 만든다.

success는 아래에서 위로 올라가기 때문에 '성공'

excess는 「밖으로(ex) 나가야」 할 정도인 '과잉, 초과', 형용사형 excessive는 '과도한, 극단적인'이라는 뜻이다. recess는 일터에서 「뒤로(re) 물러서는 것」이니까 '휴식 시간, 휴회'이다. necessity는 「양보할 수 없는(ne) 것」에서 '필요성'이 되었고, 형용사형 necessary는 '필요한'이다.

ancestor는 「앞에서(ante) 가는 사람(or)」이므로 '조상'이고, 또 다른 명사형인 ancestry는 '가계, 혈통'이라는 의미가 있다.

succession은 아래로 이어지기 때문에 '계승'

'가다, 양보하다'의 어근 cess는 동사가 되면 ceed나 cede로 변화한다. succeed는 「아래에서 위로(suc) 올라가다」이므로 '성공하다'이다. 아래에서 위로 가는 것을 위에서 아래로 쭉 이어진다고 해석하면 '뒤를 잇다, 계승하다'가 된다. success는 '성공', succession은 '상속, 계승, 연속', 형용사형 successive는 '연속적인', successor는 '후계자, 후임자', successful은 '성공한'이다.

 ## recession은 일시적인 경기침체

recede는 「뒤로(re) 가다」에서 '후퇴하다', 명사형 recession은 경기가 「뒤로 물러나는 것」이므로 일시적인 '경기침체'를 말한다. proceed는 「앞으로(pro) 가다」에서 '계속하다, 진행하다', 명사형 procedure는 '절차, 순서', proceeding은 '절차, 회의록'이다. concede는 먼저 가지 않고 「함께(con) 가다」에서 '양보하다, 인정하다', 명사형 concession은 '양보, 인정'이다.

precede는 「앞서(pre) 가다」로 '~에 선행하다, ~보다 우선하다', 명사형 precedent는 '전례, 선례', predecessor는 '전임자'이다. exceed는 「밖으로 가다」로 '넘다, 초과하다', secede는 「떨어져 가다」로 '탈퇴하다'이다.

 ## decease는 '현세를 떠나다'

cease는 '양보하다'에서 활동을 '그만두다', 계속되던 것이 '끝나다'로 의미가 확장되었다. decease는 「멀리(de) 가다→현세를 떠나다」에서 '사망(하다)'가 되었고, the deceased는 '사망자, 고인'이다.

incessant는 「양보할 수 없는(in)」에서 '끊임없는'이 되었다. cede는 영토나 권리를 타국에 '할양하다', 명사형 cession은 '영토할양'이다.

309

「투어(tour)」는 출발해서 한 바퀴 '돌고' 다시 출발점으로 오는 여행

tere = 돌다, 비틀다, 굵다

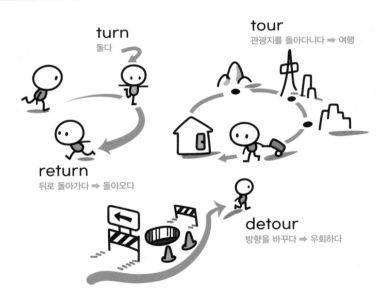

turn
돌다

tour
관광지를 돌아다니다 ➡ 여행

return
뒤로 돌아가다 ➡ 돌아오다

detour
방향을 바꾸다 ➡ 우회하다

 turn은 도르래를 돌리다

turn(돌다, 돌리다; 차례)은 라틴어와 그리스어로 '도르래를 돌리다'가 어원이다. '유턴(U-turn)'은 'U자를 그리며 돌아가는 것'이고, return은 「원래 대로(re) 돌아가다」에서 '돌아오다'가 되었다. downturn은 물가나 경기가 아래로 '하락'하는 것이고, overturn은 「위로 넘어서(over) 돌다」에서 '전복 (시키다)', upturn은 「위로(up) 돌다」에서 경기의 '상승, 호전'이 되었다.

 영국 화가인 William Turner 조상의 직업은?

turn을 접두사로 사용한 단어도 있다. turner는 '돌리는 사람, 녹로공, 선반공'이나 핫케이크 등을 '뒤집는 주걱'이다. turnip은 뿌리가 둥근 '순무', turnpike road는 '유료 고속도로'를 뜻한다. '턴파이크(turnpike)'는 한때 보행자 도로에 말이 들어가지 못하도록 길에 끝이 뾰족한 나무를 장애물 로 설치한 것에서 유래했다.

 투어(tour)는 한 바퀴 도는 여행

tour는 여러 관광지를 둘러보고 돌아오는 '여행'이다. tourist는 '여행자, 관광객', tourism은 '관광업'이다. '오버투어리즘(overtourism)'은 관광객이 너무 많아서 현지인들이 살기 어려워지는 현상을 뜻한다.

'토너먼트(tournament)'는 중세 유럽에서 긴 창을 가진 기사들이 상대 를 말에서 떨어뜨리는 시합을 할 때, 이긴 팀을 남겨 여러 번 싸우게 해서 마지막에 남은 한 팀을 우승시킨 것에서 유래했다.

 변호사(attorney)는 의지할 수 있는 사람

detour는 「방향을 바꾸다」에서 '우회하다; 우회로', contour는 「도르래를 완전히 돌리다」에서 '윤곽(을 그리다)', attorney는 「의지하여 방향을 바꾸 는 것」에서 '변호사'나 '법정 대리인'이 되었다.

트라우마(trauma)는 마음의 상처

라틴어와 그리스어에서 '도르래를 돌리다'를 의미하는 tornare는 인도유럽조어의 '돌리다, 긁다'로 거슬러 올라간다.

'트라우마(trauma)'는 정신의학에서는 '정신적 외상'이라고 하는데, 원래는 몸에 무언가가 찔리거나 타격이 가해져 생긴 '상처'를 뜻하며 의학 용어에서는 '외상'이라는 의미이다.

 ## 체외충격파쇄술은 extracorporeal shock wave lithotripsy

lithotripsy는 「litho(돌)+tripsy(부수다)」로 '(결석) 쇄석술'을 뜻한다. 요로 결석을 외과 수술을 하지 않고 몸 밖에서 충격파를 쏘는 치료법을 '체외충격파쇄술(extracorporeal shock wave lithotripsy)'이라고 한다. 이 치료법은 몸을 손상하지 않고 결석을 가루로 부숴 체외 배출하는 것이다.

detriment는 「긁어서 없어지는 것」에서 '손해, 손실'이 되었고, attrition은 상대의 잦은 공격으로 인한 '소모', contrition은 슬픔이나 원망으로 마음이 긁힌다는 의미로 '회한'을 뜻한다.

 ## throw는 팔이나 몸을 비틀어서 돌리는 것

인도유럽조어에서 t 발음은 '그림의 법칙'에 따라 게르만어를 거쳐 영어로 들어가면서 th 발음으로 바뀐다.

throw는 팔이나 몸을 비틀어 돌리는 것에서 '던지다; 던지기, 투구'를 의미하고, thread(실)는 원래 빙글빙글 감은 '방직실'을 의미했다. thrash는 채찍이나 막대기로 여러 번 강하게 '치다'이고, thresh는 곡물을 두드려 '탈곡하다', '문지방, 문턱'을 뜻하는 threshold는 밟는 발판에서 유래했다.

079

1년에 한 번씩 돌아오는 기념일 「애니버서리(anniversary)」

vers/vert

= 구부리다, 돌리다, 향하다

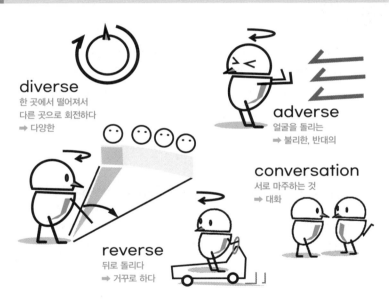

diverse
한 곳에서 떨어져서
다른 곳으로 회전하다
➡ 다양한

adverse
얼굴을 돌리는
➡ 불리한, 반대의

conversation
서로 마주하는 것
➡ 대화

reverse
뒤로 돌리다
➡ 거꾸로 하다

 anniversary는 해마다 돌아오는 기념일

해마다 돌아오는 anniversary(기념일)는 「ann(년)+vers(돌아오다)+ary
(집합체)」이다. 라틴어로 '돌다, 돌리다'라는 의미의 vers나 vert는 인도유럽
조어의 wer로 거슬러 올라간다.

교수를 중심으로 도는 대학(university)

'우주'를 의미하는 universe는 「uni⑴+verse(돌다)」로 '하나로 도는 것'에서 유래했다. '대학'의 university도 교수를 중심으로 학생들이 그 주위를 둘러싸고 있다는 뜻이다. 처음에는 하나의 일과 관련된 그룹을 의미했지만, 법률 용어로 '단체, 회사'를 의미하게 되었고, 결국 교수와 학생이 일체가 된 조직인 대학을 가리키는 말로 사용되었다.

Giants vs. Tigers

verse(운문)는 일정한 길이로 행을 바꾸는 것에서 유래했다. version은 「회전해서(vers) 만들어진 것」에서 '번역'이나 제품·작품 등의 '~판'이 되었다. Giants vs. Tigers 하면 거인과 호랑이가 서로 마주하는 이미지로 '자이언츠 대(對) 타이거스'라는 뜻이다. 여기서 vs.는 versus(~에 대하여)를 줄인 말이다.

앞뒤 양면으로 입을 수 있는 리버서블(reversible)

reverse는 뒤쪽을 향해 '거꾸로 하다, 뒤집다'를 뜻하며, 형용사형 reversible은 '거꾸로 할 수 있는, 뒤집어 사용할 수 있는'이다. traverse는 「건너서(tra) 돌다」에서 '횡단하다, 오가다', perverse는 「완전히(per 강조) 돌리다」로 '비틀린, 비뚤어진'이 되었다.

다양성은 diversity

diverse는 「di(떨어져서)+verse(향하다)」로, '한 곳에서 떨어져서 서로 다른 곳으로 회전하다'에서 '다양한, 다른'을 의미하게 되었다. diversity는 명사로 '다양성'이다.

converse는 「con(함께)+verse(향하다)」에서 마주하고 '대화하다'가 된다. 명사형은 conversation(대화)이다.

adverse는 「ad(~쪽으로)+verse(향하다)」에서 '얼굴을 돌리다, 외면하다'라는 의미가 되었고, 형용사로 '반대의, 부정적인, 불리한'이라는 의미도 있다. adverse에는 '경고'의 의미도 담겨 있다. 명사 adversity(역경)와 adversary(적, 상대편)도 함께 기억하면 좋겠다.

접미사로 사용하는 vert

vert에도 '돌리다, 향하다'라는 의미가 있다. avert는 「~쪽으로(a) 얼굴을 향하다」에서 '피하다, (눈, 얼굴을) 돌리다'가 되었다. convert는 함께 향하여 '바꾸다, 개종시키다', invert는 밖에 있는 것을 안쪽으로 향하여 '뒤집다, 반대로 하다'이다. revert 뒤쪽을 향해 '되돌아가다, 복귀하다', subvert는 아래를 향해 '(정부나 체제 등을) 전복시키다'이다. 이런 단어들 모두 ver가 기본이 되어 생긴 단어이다.

controversy는 「상대방과 반대로(contro) 향하다」에서 '논쟁', diverge는 「멀리(di) 향하다」에서 '갈라지다, 벗어나다'가 되었다.

vertical(수직의)은 라틴어 vertex(소용돌이, 정점, 정수리)에서 유래한 단어로 '빙글빙글 도는 정점에서 그어진 선이 바로 vertical line(수직선, 세로축)이다. 주위가 도는 것처럼 느껴지는 '현기증'은 vertigo이다.

ver→w와 wr로 변화해 뒤틀린 이미지로

게르만어를 통해 영어로 들어온 w나 wr에는 정말로 뒤틀린 느낌을 주는 단어가 많이 있다.

기분이 뒤틀린 느낌을 주는 '걱정(하다)'의 worry, 몸을 비틀며 땅을 기어 다니는 '벌레'의 worm, 왜곡된 '부정'에서 '잘못된'이 된 wrong이 있다.

weird는 소름이 끼칠 정도로 '기괴한, 이상한', wrestle은 몸을 구부리거나 비틀어 '격투하다'라는 뜻이다. wrench는 명사로는 '렌치, 스패너' 등의 작업 공구이지만, 동사로는 '비틀다, 뾰족하다'이다.

wring은 '비틀다, 짜다', wrinkle은 비틀거나 구부려서 생긴 '주름', wrist는 관절을 비틀어 만드는 '손목', wreath는 줄기 등을 비틀어 만든 '화환', wrath는 몸이 뒤틀릴 정도의 '강한 분노, 격노', wriggle은 '몸을 뒤틀다', wry는 '얼굴을 찡그리다'이다. 이렇게 손꼽을 수 없을 정도로 무궁무진하다.

 ## warp는 '워프하다'가 아니다

우주 공간의 왜곡을 이용하여 순식간에 목적지에 도달하는 것을 '워프(warp)한다'고 하는데, 사실 영어의 warp는 단순히 '왜곡하다, 구부리다'라는 뜻일 뿐 '워프한다'라는 의미는 없다.

목을 '비틀어' 돌아볼 만큼 '가치가 있는'은 worthy나 worthwhile이고, '가치가 없는'은 worthless이다. worth는 '~할 가치가 있는'이다.

럭비나 축구 등에서 자기 진영의 전방에 위치한 선수를 '포워드(forward)'라고 부르는 것은 forward가 「for(앞으로)+ward(향하다)」가 어원으로 '앞으로, 앞쪽에'라는 의미이기 때문이다. forward를 동사로 쓰면 '보내다, 전달하다'가 된다.

backward는 '뒤로, 뒤의', afterward는 '나중에', toward는 '~쪽으로(향하여)'이다. awkward는 「awk(잘못된)+ward(향하다)」로, 잘못된 쪽으로 가기 때문에 '서투른, 어색한' 등의 의미가 된다.

★ 기원의 A.D.는 그리스도가 태어난 해

anniversary와 관련된 어원을 소개한다.

anniversary의 어근 ann(enn)은 라틴어로 '년'을 나타내는 annus에서 유래했다. 따라서 annual은 '해마다, 1년에 한 번'이 되고, biennial은 '2년에 한 번', perennial은 「per(통해) + enn(년) + ial(~인)」로 '영속적인, 계속 반복되는'이고, millennium은 「mill(1000) + enn(년) + ium(집합체)」으로 '천년'을 의미한다.

'기원전'의 B.C.는 Before Christ(그리스도가 태어나기 전)이고, '기원, 서기'의 A.D.는 라틴어로 anno Domini(주님의 해), 즉 '그리스도가 태어난 해'를 의미한다.

「인간의 동작」을
나타내는 어원

앉다, 서다, 달리다, 자르다, 때리다 등
움직임을 품은 역동적인 단어들을 소개한다!

080

「휴식(rest)」은
뒤에 '머무는' 것

st = 서다, 머물다, 확고하다

rest
뒤에 머무는 것 ➡ 휴식, 나머지

보충하고 있는 건물
➡ 상점

store

stand
서 있다 ➡ 매점

constant
완전히 머물러 있다
➡ 변함없는

distant
떨어져서 서 있는
➡ 먼

 서 있는 이미지가 있는 영단어

station(역), store(가게), stand(서 있다, 매점), stay(머물다, 체재하다), standard(기준), post(기둥, 지위, 우편), cost(비용), stage(무대, 단계), state(상태, 국가, 주), status(지위), stool(1인용 의자), stem(줄기),

stance(자세, 입장), system(조직, 체계), statue(조각상), stature(키, 위상, 자질), statute(법규, 법령), estate(사유지, 재산), statistics(통계학), understand(이해하다) — 이 단어들은 모두 인도유럽조어(1쪽 참조)로 '서다, 머물다'라는 의미인 st(a)에서 유래했다.

레스토랑(restaurant)은 '기운을 되찾는 장소'

'가게, 상점'의 store는 단순한 건물이 아니라 원래 상품을 '보충해 놓은 건물'이란 뜻이었다. 동사로는 '저장하다, 보관하다'라는 의미가 있다. restore는 「다시(re) 일어서다」에서 '회복하다, 되찾다'가 되었다.

'레스토랑(restaurant)'은 원래 '기운을 되찾는 곳'이라는 뜻이었다. 18세기 프랑스 파리에 일하러 온 사람들을 대상으로 건강을 유지할 수 있도록 콩소메(consommé)처럼 고기를 기본 재료로 하여 만든 소화에 좋은 음식을 제공하는 식당이 있었는데 여기서 restaurant이 유래했다.

rest는 「뒤쪽에(re) 머물러 있다」는 이미지로 '휴식(하다)', '나머지'라는 뜻이 있다.

arrest는 「머무는(rest) 쪽으로(ar)」 범인을 움직이지 못하게 하는 것에서 '체포(하다)'라는 의미가 되었다.

stationery는 대학에서 문구를 팔았던 데서 유래

station(역)은 「서 있는 것」이 어원으로, 파생어 stationary는 「서 있는」에서 '정지된, 움직이지 않는'이 되었다. stationer는 과거에는 역에서 물건을 판매하는 소매상이었다가 대학에서 허가받은 장소에 서서 펜이나 노트를 파는 '문방구, 문구점'을 의미하게 되었다. stationer에 집합체를 나타내는 접미사 y를 붙인 stationery는 '문구류, 사무용품'의 의미가 되었다.

establish는 밖에 세우다

constant는 「완전히(con) 머물러 있는」에서 '변함없는, 끊임없는', distant는 「떨어져(di) 서 있는」에서 '먼', instant는 「가까이(in) 서 있는」에서 '즉각적인, 순간적인', stable은 「서 있을 수 있는(able)」에서 형용사로는 '안정된', 명사로는 '마구간'이 되었다.

contrast는 「반대편에(contra) 서다」에서 '대조(하다), 차이'가 되었고, establish는 「밖에(e) 세우다」에서 '설립하다, 확립하다', substance는 「밑에(sub) 서서 지탱하는 것」에서 '물질'의 의미가 되었다.

destine은 「완전히(de) 확고한 상태로 만들다」에서 '운명 짓다', 명사형 destiny는 '운명', destination은 '목적지'이다.

substitute는 아래에 서서 차례를 기다리는 교체선수

스포츠 경기에서 '교체선수'나 '후보선수'를 substitute라고 한다. substitute는 「sub(아래에)+stitute(서다)」가 어원이며, 동사로 '대체하다, 대용하다'라는 뜻이다.

constitute는 「con(함께)+stitute(서다)」에서 '구성하다, 설립하다'가 되었고, 명사형 constitution은 나라를 확실히 구성하는 것인 '헌법, 체질, 구성'이다.

prostitute는 「남성 앞에(pro) 서는 것」에서 '매춘부', institute는 「위에 세워진 것」에서 명사로 '협회, 연구소', 동사로 '설립하다, 도입하다'이다. destitute는 「세상에서 떨어져(버림받고) 서 있다」에서 '극빈의'가 되었다. '미신'을 뜻하는 superstition은 「경외심을 느끼는 것 위에 서는 것」에서 유래했다.

서모스탯(thermostat)은 열을 멈추는 장치

armistice는 「무기(arm)의 정지」에서 '정전 협정'이 되었다. 어근의 st
가 접미어가 되면 stice나 stat의 형태가 되면서 '정지'의 의미를 가진다.
solstice(지점)는 원래 「태양(sol)의 정지」라는 뜻이 있어서 the summer
solstice는 '하지', the winter solstice는 '동지'가 된다.(197쪽 참조).

'서모스탯(thermostat)'은 「열(thermo)의 정지」에서 '자동온도 조절장
치', hemostat은 「혈액(hemo)의 정지」에서 '지혈제'가 되었다. obstacle
은 「상대방을 향해(ob) 서 있는 것」이므로 '장애(물)', obstinate는 「상대를
향해 서 있을 정도인」에서 '완고한, 집요한'이 되었다.

 사회자 옆에 서 있는 assistant

어근의 st는 sist로 변형되어 많은 단어를 만들어낸다. assist는 옆에
서서 '돕다', 명사형 assistance는 '원조, 도움', assistant는 '조수'이다.
consist는 「함께(con) 서다」에서 '구성하다, 양립하다'가 되었고, 형용사형
consistent는 '일관된, 변함없는'이다.

exist는 「밖에(ex) 서다」에서 '존재하다', 명사형 existence는 '존재'이
다. insist는 「위에 서다」에서 '주장하다, 요구하다'가 되었고, 형용사형
insistent는 '끈질긴, 주장하는'이다.

resist는 「뒤로(re) 서 있다」에서 '저항하다, 참다', 명사형 resistance는
'저항'이다. subsist는 「아래에서(sub) 받쳐주면서 서 있다」에서 어떻게든
'버티다, 근근이 살아가다', persist는 「끝까지(per) 서 있다」에서 '고집하다,
지속하다', 형용사형 persistent는 '끈질긴, 완고한'이다.

desist는 「떨어져(de) 서다」에서 '그만두다, 단념하다'가 되었다.

어미에 stan이 붙는 국가명

　1947년에 영국에서 독립한 '파키스탄(Pakistan)'의 유래에 대한 두 가지 설이 있다.

　첫 번째는 케임브리지 대학의 무슬림 학생이 발안해서 펀자브(Punjab), 아프간(Afghan), 카슈미르(Kashmir) 세 지역의 머리글자를 따서 지었다는 설과 페르시아어 「Paki(청정한)+stan(나라)」에서 유래했다는 설이다.

　어느 쪽이든 이 stan도 인도유럽조어의 sta로 거슬러 올라간다. 국가 이름에 stan이 들어가는 나라에는 아프가니스탄(Afghanistan), 카자흐스탄(Kazakhstan), 타지키스탄(Tadzhikstan), 투르크메니스탄(Turkmenistan), 우즈베키스탄(Uzbekistan) 등이 있다. 중동과 중앙아시아에서 '~스탄'이 붙는 국가명이나 지명은 모두 같은 어원이다.

중앙광장은 콩코스(concourse)

concourse는 「con(함께)+course(달리다)」로, 다양한 방향에서 달려온 사람들이 합류하는 지점이라는 뜻에서 역이나 공항의 '중앙광장'이나 '군중'을 의미한다. intercourse는 「사람과 사람 사이를(inter) 달리다」에서 '교류'나 '성교', recourse는 「뒤로(re) 달리다」에서 '의지가 되는 것[사람]'이 되었다. discourse는 「dis(떨어져서)+course(달리다)」로 이야기가 여러 방향으로 달려가는 것에서 '강연, 담화'가 된다.

 컴퓨터 화면에서 움직이는 커서(cursor)

컴퓨터 화면상에서 현재 위치를 나타내는 표식인 '커서(cursor)'의 어원은 「curs(달리다)+or(물건)」이다. 형용사형 cursory는 「달리는→성급한」에서 '일을 대충 하는, 피상적인'이라는 의미가 되었다. current는 「달리고 있다→흐르고 있다」에서 형용사로 '현재의, 유통하는', 명사로 '흐름, 풍조'라는 의미가 되었다. currency는 세상에 유통되고 있는 것에서 '통화, 화폐'이다.

cursive는 「흐르는 듯한」 이미지에서 '필기체의'가 되었고, corridor는 「달리는 것」에서 '복도, 통로'가 되었다. '교육과정'을 뜻하는 '커리큘럼(curriculum)'은 고대 그리스 로마 시대에 전투나 경기용으로 사용되었던 2두 마차(말 2마리가 끄는 마차)의 코스에서 유래했다. 1680년대에 스코틀랜드 대학에서 고전 라틴어 학부를 창설했을 때 '학생을 단련하기 위한 훈련과정'이라는 뜻으로 curriculum이라고 명명한 것이 시작이다.

 소풍(excursion)은 밖에서 달리는 것

excursion은 「밖으로(ex) 달리는 것」에서 '소풍, 견학, 여행'이 되었다.

occur는 「이쪽을 향해서 달리다」에서 '발생하다, 일어나다'가 되었고, 명사형 occurrence는 '사건, 발생'이다. recur는 '재발하다'이고, incur는 「안으로 달리다」에서 '초래하다, 손실을 입다'가 되었고, concur는 '일치하다, 동시에 일어나다'이다.

 ## car와 carr는 같은 어원

'(자동)차'의 car나 '운반하다'의 carry도 마찬가지로 '달리다'가 어원이다. miscarry는 「잘못(mis) 운반하다」에서 '실패하다, 유산하다'가 되었고, 명사형 miscarriage는 '실패, 유산'이다.

career는 원래 「차가 지나가는 길」이라는 뜻인데, 인간이 걸어온 길에서 '경력'이나 평생의 '직업'이라는 의미가 되었다. carry의 파생어인 carrier는 '운송회사'나 '보균자'이고, carriage는 '마차'나 '(철도의) 객차'이고, cargo는 '선적, 화물'이다.

'쇼핑카트'의 cart도 본래는 '짐마차'라는 뜻이고, '목수'인 carpenter도 마차를 만드는 사람에서 유래했다. '캐리커처(caricature)'는 이탈리아어에서 들어온 말로 '짐을 너무 많이 쌓은 것'이 '과장하다'를 연상시킨다고 해서 사물이나 사람의 특징을 우습게 과장한 '풍자(만)화'을 뜻하게 되었다.

 ## charge는 차에 짐을 싣는 것

「차(car)에 짐을 싣다→부담시키다」의 연상으로, charge는 '청구(하다), 충전(하다), 외상으로 달아놓다', discharge는 「짐을 내리다」에서 '해방(하다), 석방(하다), 방전(하다)'가 되었다. 해외의 레스토랑이나 가게에서 계산할 때 점원들이 "Cash or charge?(현금입니까, 카드입니까?)"라고 묻는데, 이때 charge는 '외상으로 달아놓다'라는 의미로 요즘은 신용카드 사용 시에 쓰는 말이다.

083

「천장(ceiling)」과 「지옥(hell)」
두 단어의 공통점은 '덮어 가리는' 것

cel/hel = 덮다, 숨기다

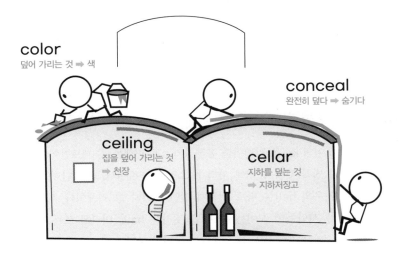

color
덮어 가리는 것 ➡ 색

conceal
완전히 덮다 ➡ 숨기다

ceiling
집을 덮어 가리는 것
➡ 천장

cellar
지하를 덮는 것
➡ 지하저장고

 다의어 cell의 핵심은 덮는 것

cell은 '세포' 외에 '(감옥의) 독방', '(소박한) 수도실', '배터리' 등의 의미가 있다. 스프레드시트에 있는 칸도 '셀'이라고 한다. '휴대폰'은 cellular phone(줄여서 cellphone)인데 지도상에서 무선 네트워크 중계국의 전파 범위를 그리면 세포가 모여 있는 것처럼 보이는 것에서 유래했다.

cell은 라틴어로 '작은 방, 오두막'을 의미하는 cella가 어원으로, 인도유럽조어로 '뒤덮다, 숨기다'라는 의미의 kel로 거슬러 올라간다. 이렇게 생각하면 cell에는 항상 덮여 있는 이미지가 있음을 알 수 있다.

덮는 이미지의 천정(ceiling)과 콘실러(concealer)

cell이 어근인 단어로는 '셀룰로이드(celluloid)', '셀로판(cellophane)'을 비롯해 ceiling(천장)과 cellar(지하저장고, 와인 저장실) 등이 있다.

눈 밑의 다크서클이나 얼굴의 기미, 잡티를 가리기 위해 사용되는 화장품인 '컨실러(concealer)'는 「완전히(con) 덮는 것」이라는 뜻이다. 동사 conceal은 '숨기다, 비밀로 하다'이다. 조금 형태는 다르나 color(색)도 같은 어원으로, 무언가에 색을 입혀서 그것을 '가리는 것'을 의미한다.

어둡게 뒤덮인 '지옥'의 hell

인도유럽조어의 kel은 라틴어를 통해 k가 c로 변했는데, 게르만어를 거치면 '그림의 법칙'(79쪽 참조)에 따라 h 소리로 변하면서 많은 단어를 만들어낸다. '지옥'의 hell은 바로 어둡게 덮인 이미지 그 자체이다. 이밖에 '현관 입구'나 '사람들이 모이는 큰 방'을 뜻하는 hall, 머리에 쓰는 '헬멧(helmet)', 숨겨진 곳에 있는 hole(구멍), 구멍이 뚫린 hollow(속이 빈, 공허한), 권총을 숨기는 휴대용 케이스 '홀스터(holster)' 등이 있다. 곡물 등의 '껍질'을 의미하는 hull은 숨겨져 보이지 않는 배의 '선체'를 의미하기도 한다.

사는 사람을 덮는 집은 house

　형태는 조금 바뀌지만, 그곳에 사는 사람을 뒤덮는 '집'의 house도 같은 어원이다. husband(남편)는 원래 「집에 사는 주인」이라는 뜻이다. 남편의 일인 '농업'과 '축산'은 husbandry이다. 벨기에의 수도 '브뤼셀(Brussels)'은 「brocca(습지)+sel(집, 건물)」이 어원으로 '강 가운데의 모래톱에 세워진 요새'에서 유래한다.

　Brussels sprout(방울양배추)은 16세기에 벨기에에서 품종 개량되어 만들어졌기 때문에 '브뤼셀(Brussels)'이라는 이름이 붙었다.

 ## 오컬트(occult)는 덮여 보이지 않는 신비한 현상

　'오컬트(occult)'는 원래 「위에서 덮여 보이지 않는다」라는 뜻으로, '초자연적인 현상'이나 '신비한 현상'을 말한다. occultist는 '오컬트 신봉자, 주술을 행하는 사람'이고, occultism은 '오컬트 신앙, 신비주의'이다.

 ## 서부극 《로하이드 Rawhide》의 의미는?

　인도유럽조어의 keu(덮다, 숨기다)의 k는 '그림의 법칙'에 따라 h로 바뀐다. 그래서 동사 hide는 '숨기다'이고, 명사 hide는 짐승의 몸을 가리는 '가죽'이다.

　한때 미국의 인기 TV 드라마로 서부극 《로하이드 Rawhide》가 있었는데, rawhide는 '생가죽'으로 '소의 생가죽으로 만든 채찍'이나 채찍으로 '때리다'라는 뜻이다.

084

「차고(garage)」는
차를 '덮어' 보호하는 장소

guar/ver = 뒤덮다

garage
자동차를 덮는 것
➡ 차고

garage sale
차고에서 판매
➡ 중고 물품 세일

cover
완전히 덮다
➡ 커버

recover
다시 덮어 원상태로 되돌리다
➡ 회복하다

discover
덮개를 벗기다
➡ 발견하다

  차고(garage)는 자동차를 덮는 장소

'개런티'라는 말을 자주 쓰는데 영어의 guarantee는 '보증하다'라는 뜻이다. 여기서 guar는 '덮다'의 의미로, 인도유럽조어의 wer로 거슬러 올라간다. 미국에서는 주말이나 이사하기 전에 가재도구를 처분하기 위해 집

마당이나 차고에서 안 쓰는 물건을 판매하는 풍습이 있는데, 이를 garage sale이라고 한다. garage는 원래 「차를 덮고 보호하는 장소」라는 뜻이다.

상품의 '보증'은 warranty

guaranty는 명사로 '보증(인)'이라는 뜻이다. 같은 '보증'이라도 상품의 품질에 대한 '보증'과 '보증서'는 warranty이고, 법률 용어의 '보증인'은 warrantor이다. '피보증인'은 warrantee이다.

몸을 덮은 '의복'은 garments

garment는 「덮는 것」에서 한 벌의, 하나의 '옷, 의복'이라는 의미가 되었다. 격식을 차린 단어로, 주로 상업적인 용어로는 the garment Industry (의류 제조업), a garment factory(의류품 공장)와 같은 형태로 사용된다. garments는 '의류, 옷'이다.

garnish는 요리를 덮는 고명

garnish는 「요리를 덮다」에서 '고명을 얹다, 장식하다'라는 의미가 되었다. garnish가 명사로 쓰이면 '(요리의) 고명, 장식, 곁들임' 등의 의미로 쓰인다. garret은 덮어놓은 이미지가 있는 '(작고 어두컴컴한) 다락방'이다.

커버(cover)는 완전히 덮는 것

wer는 ver로도 변한다. '덮다, 커버하다'의 cover는 「co(완전히)+ver(덮다)」가 어원이다.

discover는 「덮개를 벗기다(dis)」에서 '발견하다'가 되었고, discovery는 명사로 '발견'이다. recover는 「다시(re) 덮어 원상태로 되돌리다」에서 '회복하다, 되돌리다', recovery는 명사형으로 '회복, 복구'이다. covert는 고대 프랑스어의 과거 분사로 「덮인」에서 '숨겨진, 내밀한'이 되었고, covert action은 '비밀공작'이다. 반대로 overt는 「덮여 있지 않은」에서 '공공연한, 명백한'이 되었고, overt hostility는 '공공연한 적대감'이다.

통금 시간 curfew는 불을 끄는 것

curfew(통금 시간)는 고대 프랑스어 couvre-feu(영어로는 cover fire(불을 끄다)라는 의미)를 노르만인들이 영국으로 가져와서 쓰던 단어이다. couvre-feu는 '소등의 때를 알리는 종'을 의미했다. 종을 울리는 원래의 목적은 요리나 난방에서 사용한 불씨로 인해서 발생하는 화재를 막기 위해서 시작된 것으로 알려져 있다. 「cur(덮다)+few(화)」이며, 이때 few는 fuel(연료)이나 focus(초점)와 같은 어원이다.

앙코르와트는 '수도의 사원'

태국, 라오스, 캄보디아에서 '와트(wat)'는 불교 사원을 의미한다. wat은 산스크리트어(고대인도의 문학어)로 '울타리' '나무숲'을 의미하는 vata에서 유래했으며, 인도유럽조어의 wer(덮다)로 거슬러 올라간다.

캄보디아에 있는 세계 문화유산 '앙코르와트(Angkor Wat)'는 크메르어로 '수도의 사원'이다. 한편 태국의 수도인 방콕에서 가장 오래된 사원인 '왓 포(Wat Pho)'는 거대한 열반불로 유명한 '보리수 사원'에서 유래했다.

085

「득점(score)」에 20의 의미가 있는 이유는?

sc/sh = 자르다

score 칼집을 넣어 점수를 표시하던 것 ➡ 득점, 스코어

sharp
자르다
➡ 날카롭다

shear 양털을 깎다 ➡ 큰 가위

skirt
자른 것 ➡ 스커트

share
잘라내다 ➡ 공유하다

shirt
자른 것 ➡ 셔츠

 shirt/skirt/short/sharp는 '자르다(sker)'에서

　shirt(셔츠)나 skirt(스커트)는 큰 천을 짧게 잘라 몸에 걸친다는 의미의 고대영어 scyrte와 고대 노르드어 skyrta에서 유래했으며, 인도유럽조어에서 '자르다'라는 의미의 sker로 거슬러 올라간다. sker가 가진 '자르다'라

는 이미지에서 형용사 sharp(날카로운)와 short(짧은)이 탄생했다.

'득점'의 score는 '절단면, 자른 자리'

'득점, 점수'의 score도 같은 어원으로, 옛날에 양을 셀 때 양 20마리마다 막대기에 V자 모양의 칼집(score)을 넣은 것에서 유래했다. score는 원래 '자른 자국, 새긴 자국'이라는 의미인데 현재도 a score on the table(테이블 위에 새긴 표시)와 같이 사용한다. score는 과거 영국 술집에서 손님이 마신 술의 수를 기록하기 위해 칠판에 표시한 것이 기원으로, 나중에 경기의 득점을 칠판에 표시한 것에서 유래했다. 왜 20마리씩 묶어서 수를 세었을까? 아마도 사람의 손가락 발가락을 합친 숫자가 20이라는 것과 관련이 있지 않을까 상상해본다.

현대에도 20의 의미를 가진 score

현대 영어에도 score에 '20'이라는 의미가 남아 있다. '국민의, 국민에 의한, 국민을 위한 정치'로 유명한 제16대 미국 대통령 링컨의 게티즈버그 연설의 시작은 "four score and seven years ago(87년 전)"이다. 숫자 20을 기본으로 하는 셈법은 현대 프랑스어에도 남아 있다. 프랑스어로 87은 quatre-vingt-sept[콰트르-뱅트-셉트] 즉 '4×20+7'로 87이다. 또한 scores of ~의 형태로 '다수의'라는 의미로도 사용된다.

토막 자투리의 scrap

'스크랩북(scrapbook)'은 신문이나 잡지를 '오려서 만든 책'을 뜻한다. 이때 scrap은 '토막, 자투리'라는 뜻이다. 모양이 비슷한 scrape는 '긁다, 긁어내다'라는 동사로 scrap과 같은 어원이다. scar는 자른 후에 남는 '흉터'

338

나 '흉터를 남기다'이다. 또한 scratch(긁다), scrub(문지르다, 문질러서 닦다), shrub(관목), rub(문지르다), brush(붓, 솔) 등도 모두 같은 어원이다.

 ## ship(배)은 나무를 잘라내서 만든 것

share/shear/shears/sheer/shore/ship 등도 인도유럽조어의 sker(자르다)가 변화한 것이다. share는 원래 '잘라내다'인데, '공유하다, 나눠주다'라는 의미가 되었다. shear는 '양털을 깎다'라는 동사로, 명사형 shears는 양털이나 식물을 자르는 '큰 가위'를 뜻한다. sheer는 「불필요한 것을 잘라내다」에서 '진정한, 순수한', shore는 「바다로부터 분리된 육지」에서 '해안, 해변'이 되었다 ship은 나무를 '잘라내서' 만든 '배'에서 유래했다. 이 ship이 모태가 되어 탄생한 단어가 equip(장비를 갖추다)인데, 원래는 「배에 장치를 갖추다」라는 의미였다. equip의 명사형은 equipment(장비, 비품)이다.

 ## 카니발(carnival)은 '한 조각의 고기'

가톨릭 국가에서는 '사순절(Lent)'이라는 절기가 있다. 사순절은 '재의 수요일(Ash Wednesday)'에서 그리스도의 부활을 축하하는 '부활절(Easter)' 전날인 일요일을 제외한 40일 동안 육식을 금하고 기도와 참회하는 기간이다. 40은 기독교인에게는 상징적인 숫자로, 그리스도가 광야에서 40일 동안 수행한 것과 부활 후 승천하기까지 40일이었던 데서 유래한 것으로 보인다. 이 사순절 직전 3일간의 축제를 '카니발(carnival)'(사육제)이라고 부르고, 고기를 먹으며 즐거운 시간을 보낸다. 브라질의 '리오 카니발'이 유명한데, carnival은 라틴어 「caro(고기)+levare(가볍게 하다)」에서 유래했다. caro는 인도유럽조어 sker의 s 소리가 사라진 것인데, 원래 '한 조각의 고기'라는 뜻이다. carnivorous는 「고기를 감키다(vor)」에서 '육식성의', carnivore는 '육식 동물'이다. incarnation은 '육체화, 구체화'이고,

reincarnation은 '영혼의 환생, 화신, 윤회'이다.

붉은 카네이션(carnation)의 어원에는 유력한 두 가지 설이 있다. 하나는 셰익스피어 시대, 새로운 국왕이 즉위할 때 '대관식(coronation)'에서 사용된 '왕관(corona)'의 형태와 비슷했던 것에서 유래했다는 설이다. 또 다른 하나는 품종 개량 전의 카네이션의 색상이 고기의 색상과 비슷했던 것에서 유래했다는 설이다.

인도유럽조어의 sker(자르다)에서 파생된 skribh는 얇게 자르고 홈을 파서 '쓰다'라는 의미가 들어간 단어를 많이 만들었다. 52쪽에 소개된 manuscript는 「손으로(maus) 쓰다」에서 '원고'가 되었고, postscript는 「나중에(post) 쓰다」에서 '추신', conscript는 「명단에 함께(con) 쓰다」에서 '징집하다', describe는 「아래에(de) 써놓다」에서 '서술하다, 특징을 말하다'가 되었다. prescribe는 「의사가 미리(pre) 쓰다」에서 '처방하다', inscribe는 「안에(in) 쓰다」에서 '새기다, 파다', subscribe는 신청서의 「아래에(sub) 이름을 쓰다」에서 '정기구독하다, 회비를 지불하다'가 되었고, 명사형 subscription은 '정기구독'이다.

transcribe는 「장소를 넘어(trans) 쓰다」에서 '(다른 형태로) 옮겨쓰다, 기록하다', ascribe는 「~라고 쓰다」에서 '~로 간주하다, 탓으로 돌리다'가 되었고, scribble은 「scrib(쓰다)+ble(반복)」로 '여러 번 쓰다'에서 '휘갈겨 쓰다, 낙서하다', script는 「쓴 것」에서 '대본'이 되었다. Scripture는 '성서'인데, 소문자로 쓰면 기독교 외의 '경전'이나 '성전'을 말한다.

⭐ 접미사로 사용하는 vorous는 '식성의' 형용사형

'육식성의'의 carnivorous에 있는 vorous는 라틴어로 '삼키다'라는 뜻의 vorare 에서 유래했다. devour는 「de(아래)+vour(삼키다)」에서 '집어삼키다, 게걸스레 먹다, 탐독하다'가 되었다. voracious는 '탐욕스러운', herbivorous는 '초식성의', insectivorous는 '곤충을 먹는, 식충성의'이고, omnivorous는 '잡식성의'라는 뜻이다.

086

나무에서 '잘라낸' 얇은 목판으로 만든 「스키판(ski)」

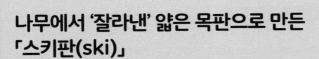

sci/sect/sh = 자르다, 나누다

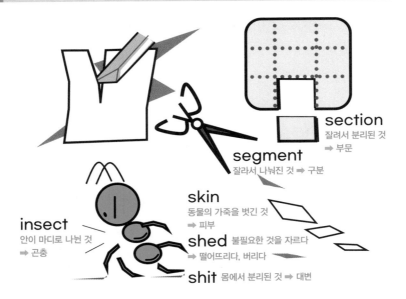

section
잘려서 분리된 것
➡ 부문

segment
잘라서 나눠진 것 ➡ 구분

insect
안이 마디로 나뉜 것
➡ 곤충

skin
동물의 가죽을 벗긴 것
➡ 피부

shed 불필요한 것을 자르다
➡ 떨어뜨리다, 버리다

shit 몸에서 분리된 것 ➡ 대변

 science는 라틴어로 '아는 것', 인도유럽조어로 '자르는 것'

science(과학)는 라틴어로 '지식, 아는 것'을 의미하는 scientia에서 유래했다. 라틴어로 '알다'라는 의미의 scire는 인도유럽조어에서 '자르다, 나누다'를 의미의 skei나 sek로 거슬러 올라갈 수 있다. 즉 science는 나누

342

고 구분하고 식별하는 능력과 관련이 있다. scientist는 '아는 사람'에서 '과학자'가 되었다. 형용사형 scientific은 '과학적인'인데, 접미사의 fic은 라틴어로 '만들다, 하다'라는 뜻의 facere에서 유래했다. 그밖에 horrific 은 「공포(horror)로 느끼다」에서 '무서운', pacific은 「평화(pac=peace)롭게 하다」에서 '온화한'이라는 의미가 되었다.

 섹터(sector)는 잘라서 분리된 것

회사 등을 구성하는 '부문'이나 '과'를 의미하는 section은 원래 「잘라서 분리된 것」이라는 뜻이다.

the third sector(제3부문)는 제1부문(국가나 지방 공공단체)과 제2부문 (민간기업)이 공동 출자해 설립한 사업체를 말한다. 이 sector는 분리된 것 에서 '부문, 분야'이고, 세그먼트(segment)도 마찬가지로 '부분'이나 '구분' 을 뜻한다.

 곤충(insect)은 안에 마디가 있어서

insect(곤충)는 '몸이 마디로 나뉜 생물'이다. intersection(교차로)은 「사이(inter)를 자르는 것」에서 태어났다. 동사 intersect는 '가로지르다, 교차하다'이고, bisect는 '이등분하다'이고, skin(피부)도 동물의 가죽을 벗 긴 것에서 유래했다.

 nice(멋지다)는 알지 못하는 것

scire(알다)와 관련된, '멋진, 친절한, 즐거운' 등의 긍정적인 이미지가 있 는 형용사 nice가 있다. nice의 어원을 거슬러 올라가면 「ni(~가 아니다)+ ce(=scire 알다)」에서 '모르다'라는 의미에 도달하게 된다.

조금 무리가 있을지도 모르지만, nice는 '모르는, 무지한→어리석은→까다로운→안목이 있는→섬세한 판단을 할 수 있는→기분 좋은→멋진, 훌륭한'으로 의미가 변화해간다.

conscious는 「완전히(con) 알고 있는」에서 '의식하고 있는, 깨닫는'이 되었다. conscience는 '양심, 분별, 죄의식'으로 형용사형은 conscientious (의식하는, 지각이 있는)이다.

나무에서 잘라낸 얇은 나무판은 ski

ski는 명사로 '스키판', 동사로 '스키를 타다'의 의미로, 「나무에서 잘라낸 얇은 나무 조각」이 어원이다. [sk]의 발음은 [ʃ]로 변한 단어에는 shit/shed/shin/shingle/sheath 등이 있다.

속어로 '젠장!', '개새끼!'라는 의미로 사용하는 shit은 동사로는 '똥을 누다'이지만, 사실 이 말은 원래 「몸에서 분리된 것」을 뜻했다. shed tears (눈물을 흘리다)의 shed(떨어뜨리다, 흘리다)도 같은 어원으로 '불필요한 것을 잘라내다'라는 뜻이다.

shin(정강이)은 잘라내서 얇아진 부분, sheath(칼집, 피복)는 부러진 막대기, shingle(지붕널)은 찢어진 나무 조각이 원래의 뜻이다.

잘라서 표시를 붙이는 싸인(sign)

형태는 조금 바뀌지만, 자르고 '표시'를 한다는 발상에서 생긴 sign도 인도유럽조어의 sek에서 유래했다. sign은 명사로 '표, 표식, 신호'이고, 동사로 '서명하다'이다. 파생어도 signal(신호, 징조), signature(사인, 서명), signify(의미하다, 표명하다) 등이 있다. signify의 형용사형 significant는 '의미심장한, 중요한', 명사형 significance는 '의미, 중요성'도 함께 기억해 두면 좋을 단어들이다.

아래에 표시하는 디자인(design)

　design은 「de(아래에)+sign(표시)」을 붙여 그린다는 뜻에서 '설계도, 설계하다'이고, designate는 '지정하다, 지명하다'이다. assign은 「a(s)(~쪽으로)+sign(표시하다)」에서 '할당하다'가 되었고, 명사형 assignment는 '할당받은 일→과제, 임무'이다.

　resign은 「re(뒤로)+sign(표시하다)」에서 '사임하다', consign은 「con(함께)+sign(표시하다)」에서 '발송하다, 맡기다' 등의 의미가 되었다.

COLUMN　더 재미난 어원 이야기

　★ 결심하다(decide)는 어정쩡한 마음을 단칼에 끊어버리는 것
　어원은 다르지만, 라틴어로 '자르다'라는 뜻의 어근 cidere를 포함한 영어 단어를 소개한다.
　decide는 「혼란스러웠던 마음을 확 자르다」에서 '결심하다'가 되었고, 명사형 decision은 '결심', 형용사형 decisive는 '결정적인'이다.
　concise는 「불필요한 부분을 완전히(con) 잘라내는」에서 '간결한'이 되었고, precise는 「미리(pre) 정확하게 자르는」에서 '정확한'이 되었다. 원래 「자르는 것」이라는 뜻인 scissors는 '가위'이다.

087

「사원(temple)」은
속세와 '단절된' 점을 보는 장소

tem/tom = 자르다, 절단하다

atom 더 이상 나눌 수 없는 것 ➡ 원자

temple
속세에서 분리된 장소
➡ 사원

contemplate
완전히 사원(점보는 장소)으로
만들다
➡ 심사숙고하다

 원자(atom)는 더 이상 끊어지지 않는다

atom(원자)은 그리스어로 「더 이상 나눌 수 없는 것」이 어원으로, 형용사 atomic은 '원자(력)의', 동사 atomize는 '원자화하다, 세분화하다', atomizer는 '분무기'이다. 어근의 tom(자르다)은 인도유럽조어로 '자르다'

라는 뜻의 tem으로 거슬러 올라간다.

 규조(diatom)는 둘로 분열하는 단세포생물

규조토(diatomite)는 무수히 많은 작은 구멍이 있어 수분을 순식간에 흡수하거나 수분이 일정량이 되면 자연적으로 방출하는 구조로 되어 있어서 규조토 매트는 다양한 용도로 사용된다. 단세포 생물인 '규조'는 영어로 diatom이며, diatom은 「둘(dia=2)로 자르다」로 두 개로 분열하여 증식하는 특성에서 유래했다.

 epitome은 안을 잘라낸 것이므로 '요약, 축약'

dichotomy는 '이분(법)'이나 '분열'을 뜻하고, trichotomy는 '삼분법'이다. epitome은 「속을(e) 자르다」에서 '요약, 축약'이 되고, epitomize는 '축약적으로 나타내다'이다. entomology는 몸 안이 마디로 나뉘어진 곤충을 연구하는 학문(logy)인 '곤충학'이다.

 CT는 computerized tomography의 약자

의료기기 CT는 computerized[computed] tomography의 약자로 '컴퓨터 단층촬영'을 말한다. 'X선 단층사진 촬영법'을 뜻하는 tomography는 「잘라낸 기록(graphy)」에서 유래했다.

 사원(temple)은 속세에서 분리된 신성한 장소

'사원, 신전'의 temple은 원래 '속세와 분리된 곳에 있어서 점을 치는 신성한 장소'였다. contemplate는 「완전히(con) 점을 치는 장소로 만들다」

에서 '찬찬히 보다, 심사숙고하다'가 되었고, 명사형 contemplation은 '사색, 숙고'이다.

 ## 해부학(anatomy)은 완전히 자르는 것

그리스어 anatome에서 기원한 anatomy는 「완전히 자르는 것」에서 '해부학'을 의미하게 되었다. 《타펠 아나토미아 Anatomische Tabellen》는 독일 의사 쿨무스가 쓴 해부학 교과서의 네델란드어 번역본으로 일본에서 《해체신서》라는 제목으로 번역되었다.

 ## 의학용어 ectomy는 그리스어로 '절제술'

의학용어에서 접미사로 쓰이는 ectomy는 그리스어로 「잘라내는 것」이라는 뜻으로, '절제술'의 의미가 있는 많은 단어를 만들었다.

어원적으로 흥미로운 예를 몇 가지 들면, mastectomy는 '유방(mast) 절제술'인데 라틴어로 '유방'은 mamma이다. mammal은 '포유동물'이고, '맘모그래피(mammography)'는 「젖(mammo)을 기록하다(graphy)」로 '유방 X선 촬영법'이고, mammogram은 '유방 X선 사진'이다. 어근 mamm은 '유방'을 뜻하며, mama나 mammy는 '어머니, 엄마'이다.

orchidectomy는 '고환절제술'인데, orchid(난초)의 덩이줄기가 고환 모양과 비슷해서 생겨난 단어이다.

penectomy는 '음경(penis) 절제술'인데, '음경'을 뜻하는 '페니스(penis)'는 라틴어의 '꼬리'에서 유래했다. pencil(연필)도 원래 「작은 꼬리」라는 뜻이었다.

작은 점을 '가리키는'
「포인트(point)」

pun/pin/poin
= 가리키다, 찌르다, 점, 작다

punctual
한 점을 찌르다 ➡ 시간을 잘 지키는

appoint
누군가를 향해서 손가락으로 가리키다 ➡ 지명하다

disappoint
손가락으로 가리키지 않는다
➡ 실망시키다

 '때리다'와 '구멍을 뚫다'의 punch는 같은 어원

주먹으로 '세게 치는 행동'이나 종이, 차표, 공작물 등에 '구멍을 뚫는 공구'를 '펀치'라고 하는데, 영어로 punch라고 표현할 수 있다. punch in은 '출근시간을 기록하다', punch out은 '퇴근시간을 기록하다'이다. punch는 고대 프랑스어로 '찌르다, 각인하다'라는 뜻의 ponchonner에서 유래하고, 이는 다시 인도유럽조어 peuk으로 거슬러 올라간다.

못에 찔려서 펑크 난 타이어

punctual은 「한 점을 찌르는」에서 '시간을 잘 지키는'이 되었고, 명사형 punctuality는 '시간 엄수'이다. 동사 punctuate는 '구두점을 찍다, 중단시키다', 명사형 punctuation은 '구두점'이다. puncture는 '찌르기'에서 '타이어의 펑크, 작은 구멍'이 되었다.

코를 찌르듯이 자극하는 pungent

pungent는 코를 찌르는 듯한 자극으로 '톡 쏘는, 신랄한', repugnant는 「쿡 찌르고 뒤로 물러나는」에서 '불쾌한, 혐오감을 일으키는'이 되었고, 명사형 repugnance는 '혐오, 반감'이다. expunge는 「찌르고 밖으로(ex) 내보내다」에서 '삭제하다, 말소하다'가 되었고, poignant는 「감정이나 마음을 찌르는」에서 '가슴에 사무치는, 신랄한, 코끝이 찡한'이 되었다.

핀포인트(pinpoint)는 핀으로 찌르는 듯이 정확한

'포인트(point)'는 원래 「뾰족한 끝」이라는 뜻으로, 명사로 '요점, 목적, 첨단', 동사로 '가리키다, 지적하다'이다. pinpoint는 「핀으로 찌르는 듯한」에서 '(한 치의 오차도 없이) 정확한; 정확히 찾아내다'가 되었다.

appoint는 「누군가를 가리키다」에서 '지명[임명]하다, 설정하다', 명사형 appointment는 날짜나 시간을 정하여 만나는 '약속'이나 '임명', disappoint는 「지명하지 않다」에서 '실망시키다', 형용사형 disappointing은 '실망스러운', 명사형 disappointment는 '실망'이다.

작은 악기 피콜로(piccolo)

아마존강 상류에 분포하는 머리에서 몸통까지의 길이가 13~14cm인 포유류 영장목의 '피그미마모셋(pygmy marmoset)'. 세계에서 가장 작은 이 원숭이의 이름에 있는 pygmy는 '매우 작은, 소형의'이다. '작은 플루트'라고 불리는 목관악기 '피콜로(piccolo)'도 같은 어원이다.

pinkie/pinky는 '새끼손가락'이며, 색상의 '핑크(pink)'는 패랭이꽃, 카네이션 등 꽃잎 끝부분이 톱니 모양인 작은 꽃잎의 색에서 유래한다.

COLUMN 　더 재미난 어원 이야기

★ 갈색(brown)과 곰(bear)은 같은 어원

색깔의 어원을 조금 더 소개한다. 게르만조어로 '갈색'을 뜻하는 bero에서 brown(갈색), brunet(피부·머리칼·눈이 거무스름한), brunette(흑갈색 머리칼의 백인 여성), bruin(갈색 곰), beaver(비버), bear(곰) 등의 단어가 만들어졌다.

★ 성장하다(grow), 잔디(grass), 녹색(green)은 동의어

게르만 조어로 '자라다'라는 의미의 gro에서 나온 단어에는, '풀'이나 '잔디'의 grass, '녹색'의 green, '성장하다'의 grow, '성장'의 growth, 가축이 '풀을 뜯어먹다'의 graze가 있다.

★ 루비(ruby)와 루즈(rouge)는 같은 어원

'빨간색'의 red는 '빨간, 붉은빛을 띤'을 의미하는 인도유럽조어 reudh에서 유래했다. 붉은색의 프랑스어 형용사에서 온 rouge(립스틱, 볼연지), 붉은빛 보석 '루비(ruby)', 쇠가 산화하여 붉은색을 띠는 rusty(녹슨; 녹슬다), 담홍색 발진이 생기는 rubella(풍진), 불그레한 얼굴빛을 나타내는 ruddy(혈색이 좋은, 불그레한) 등이 있다.

089

똑똑 규칙대로 '측정하는'
「메트로놈(metronome)」

mens/meter = 측정하다

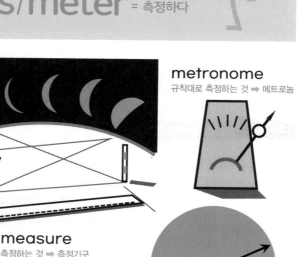

metronome
규칙대로 측정하는 것 ➡ 메트로놈

geometry
지구를 측정하는 것
➡ 기하학

measure
측정하는 것 ➡ 측정기구

diameter
원을 가로질러서 측정하는 것
➡ 지름

 달(moon)이 지구를 한 바퀴 도는 시간이 month

Monday(월요일)와 moon(천체의 달)은 밀접한 관계가 있다. Monday는 the day of the moon(달의 날)이 어원이다. moon의 어원은 인도유럽조 어로 '측정하다'를 의미하는 me에서 유래했다.

month는 moon이 지구를 한 바퀴 도는 데 걸리는 시간을 뜻하는 라틴어 mensis에서 유래한 것으로, 여기서 menstrual(월경의)이 파생되었다. 한 달이라는 주기의 '측정'이라는 의미를 담고 있다.

menopause는 월경이 멈추는 것

'생리 중'에 해당하는 표현은 menstrual period이지만, menopause는 「월경이 멈추다(pause)」에서 '폐경'이나 '갱년기'라는 의미가 된다. 남성의 갱년기는 andropause이다.

메트로놈(metronome)은 일정한 속도를 측정하는 것

악기 연주나 합창 연습을 할 때 곡의 템포를 일정하게 유지하기 위해 metronome(메트로놈)이라는 장비를 사용한다. 이 단어의 어원은 「규칙(nome)을 측정하는 것」으로 metro도 인도유럽조어에서 '측정하다'라는 의미인 me에서 유래했다.

길이의 기본 단위인 meter(미터)도 「측정하는 것」이 어원이다. 이 단어에는 '계량기'나 '개량하는 사람'이라는 의미도 있다. '측정(하다)'의 measure는 라틴어로 '측정하다'라는 뜻의 mensurare에서 유래했다.

접미사로 사용하는 meter

접미사로 사용하는 meter는 '측정하는 것'이란 의미를 나타낸다. 예를 들어, '써모미터(thermometer)'는 「열(therm)을 측정하는 것」에서 '온도계', pedometer는 「발(ped)을 재는 것」에서 '만보계', barometer는 「대기의 무게(bar)를 재는 것」에서 '기압계', '크로노미터(chronometer)'는 「시간(chron)을 재는 것」에서 '고정밀 시계'이다.

chronometer에서 어근의 chron(시간)은 그리스어에서 유래한 말이다. chron이 들어간 단어에는 chronic(만성의), chronicle(연대기, 기록), synchronize(동시에 발생하다) 등이 있다. 아나크로니즘(anachronism)은 「시간에 거스르는(ana) 것」에서 '시대착오'가 되었다.

접미사로 사용하는 metry

접미사로 사용하는 metry는 「측정하는 것」이라는 의미이다. geometry는 「지구(goe)를 재는 것」에서 '기하학'이 되었고, symmetry는 「똑같이(sym) 재는 것」이므로 '균형, 좌우 대칭', asymmetry는 「대칭이 아닌(a) 것」이므로 '좌우 비대칭'이다.

정시에 먹는 식사는 meal

meal(식사, 식사시간)도 '측정하다'와 관련이 있다. meal은 고대 영어의 male(치수, 정시)이 어원으로, 지정된 시간에 식사를 한다는 뜻에서 '식사, 식사시간'으로 불리게 되었다.

immense는 「im(할 수 없는)+mense(재는 것)」에서 '거대한, 헤아릴 수 없는', dimension은 떨어져 있는 두 지점을 측정해놓은 것이므로 '치수, 부피, 차원', diameter는 원을 가로질러(dia) 측정하는 데서 '지름'이라는 의미가 되었다.

090

자신의 앞에 '던져진'
「문제(problem)」

bol/ble(m) = 던지다, 도달하다

problem
자신 앞에 던져진 것
➡ 문제

ballistic
던져진
➡ 탄도의

symbol
함께 던진 것과 비교하여 확인하는 것
➡ 상징

emblem
안으로 던져진 것 ➡ 상징적인 문양

 대사증후군은 metabolic syndrome

현대인의 건강을 말할 때 화제가 되는 '대사증후군'은 '메타볼릭 심드롬
(metabolic syndrome)'이다. syndrome는 「syn(함께)+drome(달리다)」
에서 공통적으로 나타내는 현상인 '증후군'이 되었다. 내장 비만(허리둘레

남성 90㎝ 이상, 여성 85㎝ 이상)에 최고 혈압(130㎜Hg 이상), 지질 이상(중성 지방 150㎎/㎗ 이상), 고혈당(공복 혈당치 110㎎/㎗ 이상) 등의 증상 중 두 가지 이상이 동반된 상태를 말한다. metabolic은 '신진대사'를 의미하는 metabolism의 형용사형이다. 어원은 그리스어 metaballein(변화하여 던지다)이 프랑스어를 거쳐 영어에 들어온 것으로, 체내에 투입된 물질을 에너지나 영양으로 바꾸는 것을 의미한다. 지방이 쌓이면 대사가 정상이 아니게 되는 것이다.

anabolic은 근육에 영양을 투여하는 것

어근의 bol은 인도유럽조어로 '던지다, 도달하다'의 gwele로 거슬러 올라간다. 과거 근육 증강제로 사용되었던 '아나볼릭 스테로이드(anabolic steroid)'의 anabolic은 원래 「위로(ana) 던져진」이라는 뜻으로 '동화작용의'라는 의미이다. 동화작용이란 에너지가 충분한 상태에서 적당한 운동을 함으로써 근육의 성장을 촉진하는 것으로, '합성대사'라고도 한다.

problem은 자신의 앞에 던져진 문제

problem(문제)은 원래 「자신의 앞에(pro) 던져진 것」에서 유래한 말이다. '심볼(symbol)'도 「함께(syn) 던진 것과 비교하면서 자신의 것이 진짜인지 확인하는 것」에서 유래했고 '상징, 표, 기호'을 의미하게 되었다.

emblem은 기업과 조직의 상징적인 문양

'상징'을 의미하는 '엠블렘(emblem)'도 「안으로(em) 던져진 것」이 어원이다. emblem은 어떤 개념을 나타내는 그림으로, 거기에 그려진 것이 '상징'이다. 기업이나 조직 등의 '상징적인 문양', '문장' 등의 의미로 사용된다.

무도회 ball과 무도극 ballet

'무도회'나 '댄스파티'를 뜻하는 ball은 몸을 던져 춤을 추는 것에서 유래했다. 라틴어 ballare(춤추다)에서 그리스어 ballein(던지다)으로 거슬러 올라가는 단어이다.

'발라드(ballad)'는 원래 춤에 맞춰 부르는 노래라는 뜻으로, 민간전승의 이야기나 느린 템포의 사랑 노래를 의미한다. 무도극은 '발레(ballet)'이다.

 ## ICBM은 대륙간 탄도 미사일

ICBM은 intercontinental ballistic missile의 약자로, '대륙간 탄도 미사일'을 의미한다. ballistic은 '탄도의', ballistics는 '탄도학'이다. 위성에서 다양한 정보를 수신하기 위해 그릇 모양의 포물면 반사판이 붙은 안테나를 '파라볼라 안테나(parabola antenna)'라고 부르는데, 이때 parabola는 옆(para)으로 던졌을 때 그려지는 궤적으로 '포물선'을 뜻한다. hyperbola는 「넘어(hyper) 건너편으로 던지는 것」으로 '쌍곡선'이라는 뜻이다다.

COLUMN ▶ 더 재미난 어원 이야기

★ 동시에 발생하는 '증후군'은 신드롬(syndrome)

대사증후군에 등장했던 syndrome의 drome은 그리스어로 '달리는 길'이나 '달리는 것'을 의미한다. syndrome은 「많은 사람이 함께(syn) 달리는 것」에서 동시에 발생하는 증상인 '증후군'이 되었다. palindrome은 「되돌아 달려오는(pali) 것」에서 level, SOS, rotator처럼 앞뒤 어느 쪽에서 읽어도 동일한 단어나 구인 '회문(回文)'을 뜻하게 되었다. hippodrome은 「말(hippo)이 달리는 것」에서 '승마장, 마술 경기장', airdrome/aerodrome은 '비행장'이다.

091

「프로젝터(projector)」는 공간에 영상을 '던지는' 것

ject/jet = 던지다

project
앞으로 던지다 ➡ 계획, 영사

eject
밖으로 던지다 ➡ 쫓아내다

reject
원래의 장소로 던지다
➡ 거절하다

 종이비행기처럼 던져진 제트기

　이번 주제는 '제트(jet)'이다. jet은 인도유럽조어에서 '던지다'라는 뜻의 ye로 거슬러 올라간다. 어근의 ye는 대부분 ject의 형태로 변화하여 영어 가 되었다. '제트기'는 jet (plane), '제트 기류'는 jet stream, '제트 여객기'

는 jetliner, 제트기에 의한 '시차'는 jet lag이다.

 프로젝터(projector)는 앞에 던진 것

'영사기'를 뜻하는 '프로젝터(projector)'는 원래 「앞으로 던진 것」이라는 뜻으로, '프로젝션 매핑(projection mapping)'은 프로젝터를 사용하여 물체나 공간에 영상을 겹쳐 다양한 시각적 효과를 주는 기술을 말한다. projection은 '투사, 투영'의 의미로, 앞으로 던져진 이미지가 한층 더 확장되어 보는 '전망'의 의미까지 더해졌다.

 object는 던지는 '대상'이나 '물체'

project는 영상을 「앞으로(pro) 던지다」에서 스크린에 필름을 '영사하다'가 되었다. 생각을 앞으로 던지면 '계획(하다)'이다. object는 「향해(ob) 던지다」에서 명사로 '사물, 대상, 목적', 동사로 '반대하다'가 되었고, 명사형 objection은 '반대'이다.

subject는 「아래로(sub) 던지다」에서 동사로 '복종시키다', 형용사로 '(지배나 영향)을 받는', 명사로 '화제, 학과'가 되었다. 형용사형 subjective는 '주관적인'이다.

 injection은 바늘을 몸 안에 던진다는 뜻에서 '주사'

reject는 내민 것을 「뒤로(re) 던지다」에서 '거절하다'가 되었고, 명사형 rejection은 '거절'이다. inject는 「바늘을 몸속에(in) 던지다」에서 '주사하다, 주입하다', 명사형 injection은 '주사, 주입'이다. eject는 '쫓아내다 꺼내다'이고, 명사형 ejection은 '방출, 배출'이다. interject는 「사이에(inter) 던지다」에서 '말참견을 하다', 명사형 interjection은 '불시의 외침, 감탄사'

가 되었다. abject는 「멀리(ab) 던져진」에서 '비참한'이 되었고, adjective 는 「명사 쪽에(ad) 던져놓은 것」에서 '형용사'라는 의미이다.

★ 점보 제트기 명칭의 유래

미국의 보잉사가 개발하고 제조한 대형 여객기 '보잉 747'의 애칭은 '점보 제트 (Jumbo Jet)'였다. 점보(Jumbo)는 19세기 후반에 런던의 동물원에서 사육되던 거 대한 아프리카 코끼리의 이름에서 유래했다. 점보는 나중에 미국 서커스단에 팔려 인기를 얻었지만, 흥행하던 중에 캐나다에 있는 역 근처에서 기관차와 충돌해 죽었 다.

서커스단 주인이 점보가 다른 어린 코끼리를 지키기 위해 자신을 희생했다는 미 담을 퍼뜨리면서 점보의 이름이 유명해졌다. Jumbo라는 이름은 원래 서아프리카 의 언어로 코끼리를 의미하는 말이었는데, jumbo라고 소문자로 쓰면 '거대한, 특대 의'라는 의미로 사용된다.

★ 디즈니 '덤보'의 명칭 유래

디즈니의 '덤보(Dumbo)'는 앞에서 말한 코끼리 Jumbo와 '바보'라는 의미의 dumb를 합쳐서 탄생한 이름이다. 덧붙여서, 아프리카에서 자주 사용하는 인사인 '점보'는 Jambo라고 쓴다. 스와힐리어로 Hu Jambo는 "당신은 아무 일 없습니 까?" 즉 "안녕하세요?"라는 의미라고 한다. '사파리(safari)'도 스와힐리어로 '여행' 이라는 의미이다.

092

「서로인 스테이크」는 Sir라는 칭호가 붙을 정도로 맛있는 고기?

tend/tent/tain/tin

= 펴다, 뻗다, 늘리다, 유지하다

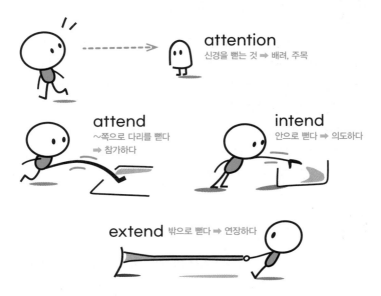

attention
신경을 뻗는 것 ➡ 배려, 주목

attend
~쪽으로 다리를 뻗다
➡ 참가하다

intend
안으로 뻗다 ➡ 의도하다

extend 밖으로 뻗다 ➡ 연장하다

 '서로인'과 '텐더로인'의 어원은?

'서로인 스테이크(sirloin steak)'는 영국 헨리 8세가 이 스테이크를 먹고 너무 맛있어서 기사 작위인 Sir를 붙인 것에서 유래했다는 말을 자주 듣게 되는데, 이는 사실과 다르다. sirloin은 '등심'으로 「sir(=sur 위에)+loin(허

361

리)」이 어원이며, '허리 위쪽 부분의 고기'가 정확한 해석이다. 마블링(지방이 희끗희끗 박혀 있는 부위)이 잘 되어 부드럽고 적당한 단맛과 풍미가 있는 스테이크의 최상급 부위 중 하나로 꼽는다.

텐더로인(tenderloin)은 '안심'으로 서로인 아래 부위에서 얻을 수 있는 최상급의 부위이다. 거의 사용되지 않는 근육이기 때문에 매우 부드러운 것이 특징이다. '히레'나 '필레'라고 불리며, 어원은 「tender(부드러운)+loin(허리)」의 고기이다.

tender는 얇게 펴서 부드럽게 만든 것

'부드러운, 상냥한'의 tender는 '부드러운, 무른'을 뜻하는 고대 프랑스어 tendre에서 유래했으며, '쭉 뻗다, 늘리다'라는 의미의 인도유럽조어 ten으로 거슬러 올라간다. tender는 동사로는 손을 뻗어 '제출하다'라는 의미지만, 형용사일 때는 얇게 펴진 상태에서 고기 등이 '연한', 사람의 마음이 부드러워져서 '상냥한, 여린, 민감한' 등의 의미가 된다.

페인트 등의 '희석제'인 '시너(thinner)'도 원래 「얇게 하는 것」이라는 뜻으로, thin(얇은)은 ten(쭉 뻗다, 늘리다)의 변화형이다.

뻗는 방향을 나타낸 어근 tend

tend는 방향을 나타내는 전치사 to/toward/upward 등이 이어져 '~로 향하다, ~하는 경향이 있다'라는 의미로, 명사형 tendency는 '경향, 추세'를 뜻한다.

tend는 접미사로 쓰여, attend는 「~에게(at) 신경을 뻗다(쓰다)」에서 '돌보다, 주의를 기울이다', 「~에(at) 발을 뻗다」에서 '참가하다, 출석하다'라는 의미가 되었다. intend는 「안으로(in) 주의를 뻗다」에서 '의도하다', extend는 「밖으로(ex) 뻗다」에서 '연장하다, 넓히다', contend는 「con(함께)+tend(뻗다)」에서 서로 잡아당겨 '싸우다, 경쟁하다'라는 의미가 되었다. pretend는 「pre(앞에)+tend(뻗다)」에서 상대방 앞에서 펼쳐 보인다는 뜻에서 '~인 척하다'가 되었다.

 ## 텐션이 지나치면 고혈압(hypertension)

ten을 어근으로 가진 단어에는 우리에게 친숙한 tent(텐트)와 tension (긴장)이 있다. 둘 다 쫙 펴고 팽팽하게 늘리는 느낌이다. hypertension은 「hyper(초과)+tension(긴장)」으로 '고혈압'이고, hypotension은 「hypo (아래로)+tension(긴장)」으로 '저혈압'이다. 과거 냉전 시대에 미국과 소련의 '긴장 완화'라는 의미로 사용되던 '데탕트(detente)'는 「de(떨어져서)+tente(긴장)」가 어원이다.

 ## 손님을 배려하는 바텐더(bartender)

비행기의 '객실 승무원'인 cabin attendant는 '객실(cabin)에서 긴장된 마음으로 승객을 돌보는 사람'이다. '바텐더(bartender)'도 '바(bar)에서 긴장된 마음으로 주위의 손님들을 돌보는 사람'이 어원이다.

 ## 테니스(tennis)의 어원은 '공을 잡아라'

'테니스(tennis)'는 프랑스어로, 서브를 하는 선수가 상대방을 향해 "Tenez!(공을 잡아라!)"라고 말한 데서 유래했다. 라틴어로 '잡다, 유지하다'라는 의미의 tenere로 거슬러 올라가는데, 이 역시 인도유럽조어 ten이 어원이다. '손을 뻗어 잡는' 이미지이다.

'잡다, 유지하다'라는 뜻의 라틴어 tenere에서 파생된 단어들도 있다.

entertain은 「끼어들어 즐거운 자리를 유지하다」에서 '즐겁게 하다'라는 의미가 되었다. entertainment는 '재미, 오락'이고, entertainer는 '예능인'이다. '컨테이너(container)'는 「모두(con) 정리해 보관하는 것」이고, contain은 '~을 포함하다'이다.

건물 등을 유지·관리하는 '메인터넌스(maintenance)'는 「손(main)으로 유지하는 것」이고, maintain은 '유지·관리하다'이다.

sustain은 '밑에서' 유지하여 '지탱하다, 지속하다'라는 뜻이고, 형용사형 sustainable은 '지속 가능한'이다. detain은 '멀리서' 유지하여 '구금하다, 억류하다', retain은 '뒤에(re)' 유지하여 '계속 보유하다, 간직하다', obtain은 '가까이(ob)' 유지하여 '얻다, 획득하다'가 되었다.

남성의 가장 높은 음역을 가리키는 '테너(tenor)'는 주된 선율을 벗어나지 않고 유지하며 노래하는 목소리라는 뜻이다. 또 tenant(세입자, 임차인)는 돈을 지불하고 그 자리를 보유하는 사람을 뜻한다.

'계속하다'의 continue는 원래 「함께(con) 유지하다」라는 의미이다. 하나로 붙어있는 '대륙'은 continent이고, 형용사형 '콘티넨털(continental)'은 '미국 본토의'와 '유럽 대륙의'라는 의미가 있다.

093

「트리플(triple)」은
세 번 '접으니까' 3배로!

ple/plek = 접다, 겹치다

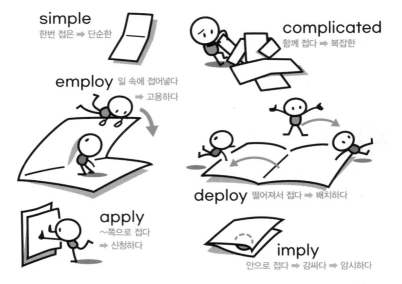

simple
한번 접은 ➡ 단순한

complicated
함께 접다 ➡ 복잡한

employ 일 속에 접어넣다
➡ 고용하다

deploy 떨어져서 접다 ➡ 배치하다

apply
~쪽으로 접다
➡ 신청하다

imply
안으로 접다 ➡ 감싸다 ➡ 암시하다

 simple은 한 번만 접어서 '단순한'

130쪽에 나온 simple은 「한 번 접은(ple)」에서 '단순한', triple은 「세 번 접은(ple)」에서 '3배(의)', quadruple은 「네 번 접은(ple)」에서 '4배(의)'가 되었다. ple는 라틴어로 '접다, 겹치다'라는 의미의 plus에서 유래했으며,

plus는 인도유럽조어의 pel로 거슬러 올라간다.

simple(단순한)과 달리 complex나 complicated는 「함께(com) 접는」에서 '복잡한'이라는 의미가 되었다.

다른 사람과 비교해 자신이 뒤떨어지고 있는 듯한 복잡한 기분에서 나온 '열등감'의 의미로 '콤플렉스'란 단어를 쓰곤 하는데, 영어로 '열등감'은 an inferiority complex이다. 반대로 '우월감'은 a superiority complex이다.

perplex는 「완전히(per) 접어서」 전혀 알 수 없게 한다는 의미에서 '당황하게 하다'가 되었다. 형용사형 perplexing은 '당혹스러운, 복잡한'이고, 명사형 perplexity는 '당혹감'이다.

employ는 「일 속에(en) 접어넣다」에서 '고용하다, 사용하다'가 되었고, 명사형 employment는 '고용', employer는 '고용주', employee는 '직원, 고용인'이다. exploit는 「밖으로(ex) 접다」에서 '개발하다, 이용하다'가 되었고, deploy는 「멀리(de) 접히다」에서 '배치하다'가 되었다.

apply는 「~쪽으로 접다」에서 '신청하다, 적용하다'가 되었고, 명사형 application은 '신청, 적용, 응용'이다. 특정 작업을 처리하기 위해서 컴퓨터나 스마트폰에 '집어넣은' 소프트웨어가 '앱'이다. 명사형 appliance는 「응용하도록 지원된 것」에서 '기구, 도구', applicant는 '지원자, 응모자'이다.

reply는 되접어 '답장하다'

reply는 「다시(re) 접다」로 내가 한 말이나 보낸 글이 되돌아오는 것이니 '대답(하다), 답장(하다)'라는 뜻이다. reply와 모양이 비슷한 단어로 '레플리카(replica)'가 있는데 여러 번 접어서 만든 '복제품'과 '축소 모형'을 뜻한다. imply는 무언가를 감싸는 이미지에서 '함축하다, 암시하다'가 되었고, implicit는 '암시된, 내포된'이다. explicit는 '분명한, 명백한'이다.

 많이 겹쳐서 늘리다

multiply는 「여러 개로(multi) 접다」에서 '크게 증가시키다, 곱하다'가 되었다. multiple은 '다수의'이고, multiplex는 레스토랑, 카페, 바, 영화관 등이 들어간 '다목적 복합시설'을 말한다.

 자음 p에서 f로 변화

인도유럽조어의 pel은 '그림의 법칙'에 따라 게르만어를 거쳐 p가 f 발음으로 변화한다. fold는 동사로 '접다, 개키다'이고, 명사로 '접기'이다. unfold는 「접지 않다(un)」에서 '펼치다'나 '밝히다'라는 의미가 되었다. fold는 접미사로 「숫자+fold」의 형태로 쓰이는데, twofold는 '2배의, 2중의'이고 threefold는 '3배의, 3중의'이다. manifold는 「많이 접다」에서 '다수의, 여러 종류의'라는 의미가 된다. billfold는 미국 영어로 '지갑(특히 지폐를 넣는 접이식 지갑)'이나 '명함 지갑'을 뜻한다.

목에 '매달려' 있는
「펜던트(pendant)」

pend/pens

= 당기다, 늘리다, 회전하다, 매달다, 매달리다, 무게를 재다

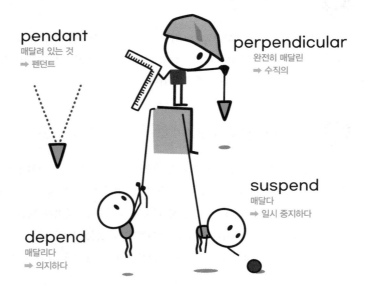

pendant
매달려 있는 것
➡ 펜던트

perpendicular
완전히 매달린
➡ 수직의

suspend
매달다
➡ 일시 중지하다

depend
매달리다
➡ 의지하다

 spin은 회전해서 실을 뽑다

서킷 레이스 등에서 자동차가 빠르게 회전하는 것을 '스핀(spin)'이라고 한다. spin에는 거미와 누에가 실을 뱉어내면서 같은 장소를 여러 번 회전하여 둥지와 고치를 만드는 데서 '돌리다'라는 의미 외에 거미와 누에가 '실

을 내다, 둥지와 고치를 만들다'라는 의미도 있다. spin의 어원은 인도유럽 조어로 '늘리다, 회전하다'라는 뜻의 (s)pen이 게르만어를 거쳐 영어에 들어온 단어이다.

spider(거미)도 같은 어원으로 원래 「실을 짜는 것」을 뜻했다. spinster (실을 짜는 사람)는 한때 영국에서는 주로 독신 여성들이 방적하는 작업에 종사했기 때문에 '독신 여성'이란 의미가 되었다. span은 손을 뻗었을 때 엄지손가락 끝에서 새끼손가락 끝까지의 길이를 나타내는 말인데, '기간, 길이'가 되었다. '스패너(spanner)'는 「회전하는 것」에서 너트나 볼트를 돌려서 조여 고정하거나 풀어서 제거하는 공구를 말한다.

목에 매달리는 펜던트(pendant)

목걸이의 일종으로 목에 매달려있는 이미지의 '펜던트(pendant)'는 '매달리다'라는 의미의 라틴어 pendere에서 유래한다. 이 역시 인도유럽조어의 (s)pen으로 거슬러 올라갈 수 있다.

펜트하우스(penthouse)는 어떤 건물?

'펜트하우스(penthouse)'는 현재는 빌딩이나 호텔 등의 옥상 테라스가 있는 고급 주택을 의미하지만, 본래는 '지붕에 매달려 있는 건물'에서 유래했다. perpendicular는 「완전히(per) 매달린」에서 '수직의, 직각의'라는 의미가 되었다.

'충수(맹장 아래 끝에 위치한 관 같은 돌기)'나 책의 '부록'을 뜻하는 appendix나 '충수염'의 appendicitis도 각각 매달려 있는 이미지이다.

매달려있어서 '미해결' pending

비즈니스 현장에서 pending은 '보류'나 미룬다는 뜻이다. pending은 「매달려 있다」에서 '미정의, 미결의'라는 의미가 되었다. pendulum은 시계의 '추', depend는 매달려서 '의지하다, 의존하다', 형용사형 dependent는 '의지하는, 의존하는'이다. 반의어 independent는 '독립적인'이고, 명사형 independence는 '독립'이다.

 바지를 매다는 멜빵(suspenders)

'멜빵'은 바지나 스커트가 내려가지 않도록 양 어깨에 매달아 놓은 한 쌍의 끈으로, 복수형인 suspenders로 써야 한다. suspend는 「sus(아래)+pend(매달다)」에서 '매달다' 외에 '일시 중지하다, 정직[정학]시키다'라는 의미가 되었다. 명사형 suspension은 '정직, 정학, 일시 중단, 매달기', a suspension bridge는 케이블로 지지가 되는 다리인 '현수교'이다.

 suspense는 마음이 공중에 떠 있는 상태

'서스펜스(suspense)'도 suspend의 명사형 중 하나이다. 「아래에(sus) 매달리는 것」으로 앞으로 어떻게 될지 알 수 없을 때 마음이 허공에 떠 있는 상태로 '불안, 긴장감, 흥분'을 의미한다.

 expense는 천칭 저울에 매달아 무게를 재는 것

expense는 천칭 저울에 매달아 무게를 재는 것에서 '비용, 지출'의 의미가 되었다. 형용사형 expensive는 '비싼', 명사형 expenditure는 '경비, 지출'이며, 여기서 pense나 pend에 '무게를 재다', '지불하다'라는 의미가 탄생했다. spend도 마찬가지로 「s(=ex 밖으로)+pend(무게를 재다)」에서 '쓰다, 지출하다'가 되었다.

 ### 무게의 단위 파운드(pound)는 무게를 재는 것

영국의 화폐 단위이자 중량의 단위인 '파운드(pound)'와 필리핀, 멕시코, 쿠바 등 중남미 국가의 통화 단위인 '페소(peso)'는 원래 「저울의 추」라는 뜻이다. dispense는 「무게를 재서 내놓다」에서 일정량의 것을 '나누어 주다, 제공하다'가 되었고, dispenser는 '현금자동지급기'이다. dispensable은 「공급할 수 있는」에서 '없어도 되는, 불필요한'이 되었고, indispensable은 '없어서는 안 될, 필수적인'이다.

 ### 팬지(pansy)의 꽃말은 생각

천칭 저울에 달아놓고 곰곰이 생각하는 것에서 ponder는 '숙고하다', pensive는 '깊은 생각에 잠긴'이 되었다. '팬지(pansy)'꽃은 8월이 되면 앞으로 기울어지는데, 그 모습이 사색에 빠진 것처럼 보이는 데서 유래했다.

 ### 무게를 재서 국민에게 지급하는 연금 pension

pension은 무게를 재서 국민에게 지급하는 '연금'을 의미한다. compensate는 함께(com) 무게를 재서 지불하는 것으로 '보상하다, 보충하다', 명사형 compensation은 '보상(금)', recompense는 '배상하다, 보상하다'이다. 민박의 가정적인 분위기와 호텔의 편의성을 갖춘 숙박 시설을 '펜션(pension)'이라고 한다. 유럽에서 pension은 '작고 저렴한 호텔'을 뜻하며 '연금 수급자(pensioner)'가 자택의 빈방을 하숙식 호텔로 만든 것을 말한다.

095

「팩토리(factory)」는 제품을 '만드는' 장소

fac(t)/fic(t) = 만들다, 하다

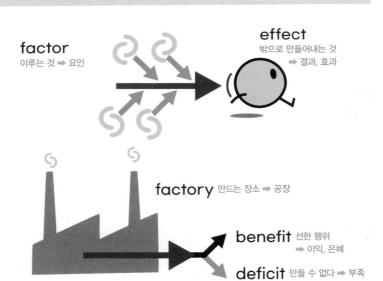

factor
이루는 것 ➡ 요인

effect
밖으로 만들어내는 것
➡ 결과, 효과

factory 만드는 장소 ➡ 공장

benefit 선한 행위
➡ 이익, 은혜

deficit 만들 수 없다 ➡ 부족

 factory는 제품을 만드는 장소

fact(사실, 현실)는 원래 「이루어진 것」이라는 뜻으로, '만들다, 하다'를 의미하는 라틴어 facere의 과거분사에서 유래했다. faction(파벌), factor(요인), faculty(기능, 학부), factory(공장), fashion(유행)은 같은 어원이다.

facility는 쉽게 하기 위한 '설비'

facile은 「~하기 쉬운(ile)」에서 손을 대지 않아도 될 만큼 '손쉬운'이 되었고 facilitate는 '손쉽게 하다, 촉진하다'이다. facilitator는 모임 등의 '진행자, 조정자'이고, facility는 「facile+ty(명사)」로 '수월하게 하기 위한 것'이므로 '설비, 시설, 기능'이라는 의미가 되었다.

 ### face를 사용한 단어의 공통점은 '면'

face는 「모양을 만드는 것→겉모습」에서 '얼굴; 직면하다'가 되었다. facade는 건물의 얼굴이므로 '정면, 외관', deface는 '표면을 더럽히다, 외관을 훼손하다', surface는 '표면', interface는 '접점, 경계면'이다.

 ### 접미사로 사용하는 fect

fac(t)는 fec(t)/fic(t)/ fit으로 바뀌어 다양한 단어를 만든다. perfect는 「통해서/완벽하게(per) 만들다」에서 '완벽한; 완성하다', effect는 「밖으로(e) 만들어내는 것」에서 '영향, 결과, 효과', defect는 「떨어져나가게(de) 만들다」에서 '결점, 결함'이 되었다.

infect는 바이러스 등이 인체에 들어가 '감염시키다, 전파시키다', 반의어 disinfect는 '소독하다'이다. affect는 「~쪽으로 만들다」로 상대방을 향할 때는 '영향을 미치다', 자신을 향할 때는 '~인 척하다, 가장하다'이다.

 ### 함께 만드는 요리 confit

프랑스 요리에 '콩피(confit)'가 있다. 돼지, 오리, 칠면조, 거위 등을 그 지방으로 끓여서 절인 것으로, 어원은 「함께(con) 만들다」이다.

confection은 과일 등의 '설탕 절임'이다. 별사탕을 [콘페이토]라고 부르기도 하는데, 포르투갈어로 '사탕'을 뜻하는 confeito가 일본어로 건너가 생긴 말이다. confectionery는 '과자점, 케이크 가게'나 '과자류'를 뜻하고, confectioner는 '과자장인, 제과점(주인)'이다.

 ## 소설(fiction)은 만든 이야기

difficult(어려운)는 「만들 수 없는(dis)」이 어원이다. fiction은 「만들어진 것(tion)」에서 '소설, 만든 이야기'가 되었다. office(회사, 사무소)는 원래 「일을 하는 장소」라는 뜻이고, 형용사 official은 '공식적인'이다. beneficial은 '유익한', superficial은 '표면적인, 피상적인'이다. efficient는 한 일이 「밖으로(ef) 나오다」에서 '효율적인', proficient는 「사람 앞에서(pre) 하다」에서 '능숙한, 숙달한', sufficient는 「아래에서(suf) 위로 하다」에서 '충분한'이 되었다. deficient는 「만들 수 없는(de)」에서 '부족한'이 되었고, 명사형 deficit는 '적자, 부족'이다.

suffice는 sufficient(충분한)의 동사형으로 '충분하다'이고, sacrifice는 「신성한(sacred) 것으로 만들다」에서 '희생(하다)'가 된다.

 ## feat은 '이룬 것'이므로 위업

feat은 이뤄낸 '위업', 뛰어난 '솜씨'이고, defeat은 상대를 「떼어놓다」에서 '패배시키다, 이기다', feature는 「만들어진 것」에서 '특징, 외모, 특집기사', feasible은 '실현 가능한', surfeit는 '과잉', counterfeit는 「법률에 반하다(counter)」에서 '위조하다; 위조품; 위조의', profit는 '이익(을 얻다)', benefit은 「선한 행위」에서 '이익, 혜택'이 되었다.

096

쇼핑할 때 계산이 끝난 뒤 '받는' 「영수증(receipt)」

cap/cup/cept/cieve/cip = 잡다

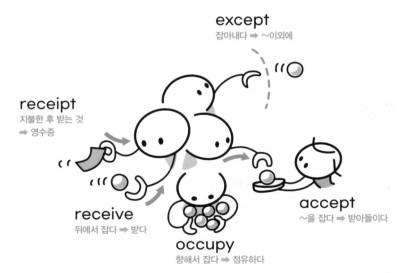

except
잡아내다 ➡ ~이외에

receipt
지불한 후 받는 것
➡ 영수증

receive
뒤에서 잡다 ➡ 받다

occupy
향해서 잡다 ➡ 점유하다

accept
~을 잡다 ➡ 받아들이다

 have/heave/heavy/behave는 같은 어원

'가지다, 가지고 있다'의 have는 인도유럽조어로 '잡다'라는 뜻의 kap에서 유래했다. '그림의 법칙'에 따라 인도유럽조어의 k 발음은 게르만어를 거쳐 h 발음으로 변화하여 영어에 들어왔다.

h로 시작하는 어원의 단어로 무거운 것을 힘껏 '들어올리다'라는 뜻의 heave가 있는데, 여기서 형용사 heavy(무거운)가 태어났다. behave는 「완전히(강조의 be) 움켜잡다」로 자신의 행동을 완전히 잡는다는 뜻에서 '행동하다'가 되었고, 명사형 behavior는 '행동, 행위'이다. heave와 마찬가지로 heft도 무거운 것을 '들어올리다'나 '중량, 무게'를 의미하고, 형용사형 hefty는 '크고 무거운'이다.

 ## 발톱으로 잡아채는 이미지의 매(hawk)

영어로 hawk인 '매'의 발톱은 먹이를 잡기에 딱 좋은 모양을 하고 있다. hawk의 어원도 '잡다'이다. 칼이나 도끼 등을 들 때 잡는 '손잡이'는 haft이다.

 ## catch/chase/case/cable은 같은 어원

'잡다'를 연상시키는 영어 단어도 많이 있다.

catch는 '잡다, 붙들다'이고, chase는 '쫓아가다'이다. purchase는 「pur(=pro 전에)+chase(쫓아가다)」에서 '구입하다', case는 「손으로 잡고 보관하는 것」에서 '상자, 용기', cable은 「가축을 붙들어매는 줄」에서 '케이블 선'이 되었다.

 ## cap으로 시작하는 단어는 '잡는다'는 이미지

capsule은 약이나 액체를 담는 '작은 용기, 캡슐'이고, capture는 '붙잡다, 포로로 잡다'이고, captive는 '포로가 된, 사로잡힌'이고, captivate는 사람의 마음을 사로잡아 '매혹하다'이다.

'캡션(caption)'은 신문 기사 등에서 독자의 마음을 사로잡는 '헤드라인'이나 영화의 '자막'이고, capacity는 많은 것을 잡을 수 있는 '용량'이나 '능력'이다. capable은 「잡을 수 있는(able)」이므로 '능력이 있는'이라는 뜻이다.

도둑을 잡는 cop

형태는 조금 다르지만, cop은 '획득하다, 훔치다'라는 뜻으로 도둑을 잡는 '경찰관'으로도 쓰인다.

occupy는 「o(c)(향해)+cup(잡다)」이므로 손에 쥐는 것에서 '점유하다, 차지하다'가 되었다. 명사형 occupation은 하루의 대부분을 차지한다는 뜻에서 '직업, 점령'이 되었고, 형용사 occupied는 점유되고 있는 것이므로 '사용 중인, 점령된'이다.

제2차 세계대전 이후 일본에서는 한때 수출하는 제품에 'made in occupied Japan(점령지 일본산)'으로 표기하는 것이 의무화되어 있었다.

인도유럽조어의 kap은 cept/ceive/cip 등으로 소리를 변화시켜 많은 단어를 만들어냈다.

접미사로 사용하는 cept

accept는 「~쪽으로 잡다(cept)」에서 '받아들이다'가 되었고, concept는 모두가 「공통적으로(con) 잡는 것」에서 '개념'이 되었다. except는 「밖으로(ex) 잡아내는」에서 '~외에는, ~을 제외하고는', intercept는 「사이에(inter) 끼어들어 잡다」에서 '가로채다'가 되었고, receipt는 돈을 지불한 후에 받는 '영수증, 수령액'이다.

접미사로 사용하는 ceive와 ception

receive는 「뒤에서 다시 잡다」에서 '받다', deceive는 「상대로부터 가지고 가다」에서 '속이다', perceive는 「완전히(per) 잡다」에서 '인지하다, 파악하다', conceive는 「전부(con) 잡다」에서 '이해하다, 생각해내다'가 되었다.

각각의 명사형은 다음과 같다. reception은 '접수, 연회', deception은 '속임수, 사기행위', perception은 '지각, 인식', conception은 '이해, 착상'이다.

 ## cap이 cip으로 변화

204쪽에 나온 participate는 「전체의 일부(part)를 잡다」에서 '참여하다, 참가하다'가 되었고, anticipate는 「미리(anti) 잡다」에서 '예상하다, 기대하다'가 되었다.

municipal은 「의무(mune)를 잡는」에서 '지방 자치의'라는 의미가 되었다. recipient는 '수취인' 특히 '기증자로부터 장기를 받는 사람'의 의미로 사용된다. '레시피(recipe)'는 라틴어로 '복용하라'라는 뜻이다. 과거에는 내과 의사가 내리는 '처방전'을 의미했지만, 점차 '조리법'의 의미로 쓰이게 되었다.

097

「도킹(docking)」은
우주선끼리 '이끌어서' 결합하는 것

duc(t) = 이끌다, 끌다

produce
앞으로 이끌다 ➡ 생산하다, 꺼내다

conduct
함께 이끌다 ➡ 안내하다

product
앞으로 끌어낸 것 ➡ 제품

introduce
안으로 이끌다 ➡ 도입하다

 docking은 우주선끼리 결합하는 것

선박의 건조나 수리, 화물의 하역 등을 위한 설비를 독(dock)이라고 한다. dock은 명사로 '배의 선창, 부두', 항공기의 '격납고', 복수형으로 '조선소'를 뜻하고, 동사로는 배를 '독에 넣다, 부두에 대다', 우주선이 '도킹하다'

라는 의미가 있다. dock의 어원은 인도유럽조어로 '이끌다'라는 뜻의 deuk 에서 유래했다. '도킹(docking)'은 우주 공간에서 우주선끼리 서로 이끌어 결합하는 것인데, 두 사물이 결합할 때도 사용한다. '인간도크(단기 입원해 서 종합검진을 받는 것)'에서 도크(dock)도 인간을 배에 비유하여 병원에서 검사를 받는 것에서 유래한 단어이다.

team/tie/tug는 같은 어원

인도유럽조어에서 d 발음은 '그림의 법칙'에 따라 게르만어를 통해 영어 에 들어오면 t 발음으로 변화한다. 게르만어를 경유하면 인도유럽조어가 다양한 형태로 변화하기 때문에 모두 깔끔하게 설명하기는 어렵지만, 다음 단어들은 같은 어원이다.

team(팀)은 서로 이끄는 것, tie(묶다, 넥타이)는 당기는 것에서 유래했 다. '줄다리기'는 tug of war인데, tug도 같은 어원으로 '세게 당기다'라는 뜻이다. tugboat는 배나 수상 구조물을 밀거나 당기는 '바지선(화물 운반 선)'이다. tow는 배와 차를 '견인하다, 끌다', taut은 '팽팽한', teem은 「인도 하여 이끌다」에서 사람과 동물이 '가득하다, 번성하다'가 되었다.

컨덕터(conductor)는 오케스트라를 이끄는 사람

conductor는 「이끄는 사람/것(or)」으로 오케스트라를 이끄는 사람이면 '지휘자', 승객을 이끄는 사람이면 '승무원', 그리고 전기를 통하게 하는 물 질인 '전도체'를 뜻한다. semiconductor는 '반도체'이다. conduct는 동 사로는 '행하다, 지휘하다, 안내하다', 명사로는 '행동'이다. misconduct는 '부정행위, 비행'이다.

프로듀서(producer)는 앞으로 이끄는 사람

produce는 「앞으로(pro) 이끌다」에서 '생산하다, 꺼내다'가 되었고, 명사형 production은 '제조, 생산'이다. producer는 '생산자, 제작자'이고, product는 '제품'이고, 형용사형 productive는 '생산적인'이다.

 납치(abduction)는 멀리 끌고 가서 떼어내는 이미지

abduct는 「ab(멀리)+duct(이끌다)」로 멀리 끌고 가서 떼어내는 이미지에서 '납치하다'가 되었다. 명사형 abduction은 '납치', abductee는 '납치된 사람', deduct는 「아래로(de) 이끌다」에서 '공제하다, 빼다'가 되었고, 명사형 deduction은 '공제'이다. 앞에서 나온 aqueduct는 「물(aqu)을 인도하다」에서 '수도교, 송수로'가 되었다.

 교육(education)은 잠재적 능력을 이끌어내는 것

음악에서 곡 시작 부분의 짧은 도입부를 '인트로'라고 하는데, 이는 introduction(소개, 도입)을 뜻한다. 동사형 introduce는 「안으로(in) 이끌다」에서 '소개하다, 도입하다'가 되었다.

reduce는 「원래대로(re) 이끌다」에서 '환원하다, 감소시키다'가 되었고, seduce는 「멀리(se) 이끌다」로 무리에서 이탈하도록 이끄는 것이므로 '유혹하다'이다. induce는 '설득하다, 유도하다', deduce는 「아래로(de) 이끌다」에서 '추정하다, 추론하다', subdue도 「아래로(sub) 이끌다」에서 패배시켜 '정복하다', 억눌러 '진압하다'라는 의미가 되었다.

educate는 아이가 잠재적으로 가지고 있는 '능력을 끌어내는' 것이므로 '교육하다'이고, 명사형 education은 '교육'이다.

평민을 이끄는 공작 duke

　인도유럽조어의 deuk(이끌다)가 거의 그대로 영어에 전해진 duke는 평민을 이끄는 상황에 있는 영국 귀족의 작위 중 가장 높은 '공작'을 뜻한다. 여성형은 duchess(여공작, 공작부인)이다.

098

「열차(train)」는 줄지어 차량을 '끌어당기는' 것

dra/tra = 끌다, 당기다

draw
매끄럽게 당기기
➡ 제비뽑기, 무승부

drag
질질 끌다

train
당기다 ➡ 조련하다, 훈련하다

trail
끌린 흔적 ➡ 자취

tractor
끄는 것 ➡ 트랙터

 '끌다, 당기다'라는 의미의 두 단어 draw와 drag

인도유럽조어로 '끌다, 당기다'라는 뜻의 단어에는 dhragh와 tragh가 있다. dhragh는 게르만어를 통해 문자 그대로 '끌다'라는 뜻의 draw나 drag로 변화했다. 반면, tragh는 라틴어에서 trahere로 바뀌었고, 영어에는

trace/track/trail/train/tract 등의 형태로 들어왔다.

 스포츠에서 draw는 무승부

draw는 선을 긋는 것처럼 평균적인 힘으로 물건을 '끌다, 끌어당기다'라는 뜻으로 대상과 접촉면의 마찰을 느끼지 않는다는 뉘앙스가 있다. 명사로 draw는 '제비뽑기'인데, 스포츠에서는 '무승부'를 의미한다. drawer는 '서랍'이고, draft는 선으로 '그리는 것, 초안', 제비뽑기나 추천으로 뽑은 '징병', 은행이 발행한 '어음', 스포츠의 '드래프트 제도' 등에 사용한다. '통에서 꺼낸 생맥주'는 draft beer이다. 또한, draft는 동사로 '밑그림을 그리다, 선발하다'라는 의미도 있다.

 drag는 '질질 끌다'

drag는 당기는 대상물과 접촉면의 마찰이 있어, 무게와 관계없이 '질질 끌다'라는 이미지가 있다. 아버지가 병원에 가는 것을 싫어하는 아이를 데려가는 상황을 "The father dragged his son to the hospital."이라고 표현할 수 있는데, 이때 drag는 '데리고 가다'와 '끌고 다니다'라는 의미가 있다. 항만, 하천 등의 물밑 토사를 퍼내기 위한 '준설선'은 dredger로, dredge(준설하다, 긁어내다)도 마찰을 느낄 수 있다. dragnet은 '쓰레그물(저인망)'이다.

 트레이서빌리티는 유통경로를 추적할 수 있는 상태

건축학에서 도면에 반투명 종이를 얹어서 따라 그리는 것을 '트레이싱(tracing)'이라고 한다. trace는 원래 「발자취를 따라가다」라는 뜻이 있는데, 동사로는 '추적하다, 추적하여 밝혀내다, 찾아내다', 명사로는 '자취, 흔

적'이라는 의미이다. '트레이서빌리티(traceability)'는 '찾아서 알아낼 수 있
는 것'에서 물품의 유통경로를 추적할 수 있는 상태를 의미하게 되었다.

경기장의 달리는 길은 트랙(track)

'육상 경기'는 영어로 track and field이다. 경기장의 주로(走路, 달리는
길)를 말하는 '트랙(track)'은 원래 사람이나 동물의 발이 끌린 흔적을 뜻
하는데, 명사로는 '작은 도로, 철도의 선로', 동사로는 '추적하다'라는 의미
가 있다. 산기슭을 가로지르는 '도보 여행'을 '트레킹(trekking)'이라고 하
는데, 이것도 같은 어원이다.

트레일러는 끌려가는 것

견인차 '트랙터(tractor)'에 끌려 짐이나 승객을 실어나르는 차량을 '트레
일러(trailer)'라고 한다. 요컨대, trailer는 「끌려가는 것」이고, tractor는
「끄는 것」이다. track과 마찬가지로 trail도 명사로는 '작은 길, 흔적', 동사
로는 '추적하다, 끌다'라는 의미이다. traitor는 「발을 끄는 사람」에서 '반역
자'가 되었다.

train(열차)은 끄는 것

열차는 '줄을 지어 달리는 차량'을 뜻하며, 2량 이상이어야 '열차'라고 할
수 있는데, 이것은 영어 train의 발상에서 비롯된 것이다. '기차, 열차'의
train은 원래 「당기는 것」을 뜻했는데, 여기에서 '연속, 긴 줄' 등의 의미가
생겨났다. train은 동사로는 대상이 동물이면 '조련하다', 사람이면 '훈련
하다'라는 의미가 된다. 몸을 단련하는 '트레이닝(training)'은 '훈련을 받는
것'에서 유래했다.

treat은 집에 끌어들여서 대접하다

treat은 「끌다, 거래하다」에서 '취급하다, 치료하다, 논의하다'라는 의미가 되었고, 집에 끌어들여서 '대접하다, 한턱내다'라는 의미도 있다. 명사로는 '대접, 잔치'라는 뜻이다.

핼러윈의 "Trick or Treat?"은 "장난을 칠까? 대접할래?(사탕 안 주면 장난칠 거야.)"이다. '트리트먼트(treatment)'는 '취급, 치료'이고, treatise는 '논문', treaty는 국가 간의 일을 끌어서 다루는 '조약'이다.

 trait는 얼굴 특징을 선으로 그리는 것

retreat은 「뒤로(re=back) 당기다」에서 '철수(하다), 후퇴(하다)'가 되었다. trait는 원래 「그려진 선」이라는 뜻으로, 특히 얼굴의 특징을 선으로 그렸다는 점에서 '특징'이나 '특성'의 의미로 사용된다. portrait는 「앞으로 끌어내진 것」에서 그 사람의 특징이 잘 묘사된 '초상화'가 되었고, 동사형 portray는 '묘사하다, 표현하다'이다.

 extract는 끌어내는 것

접미사로 사용되는 tract에도 많은 단어가 있다. 사람들의 관심을 끄는 '볼거리'나 '관광명소'를 말하는 attraction은 「흥미를 끄는 것(ion)」이 어원이다. 동사 attract는 '끌어당기다, 매혹하다'이고, 형용사형 attractive는 '매력적인'이다.

contract는 「함께(con) 거래하다」에서 '계약(하다)', 서로 끌어당겨서 가늘어지는 것에서 '축소하다'라는 의미가 되었다. '축소하다'의 명사형은 contraction(단축, 수축)이다.

detract는 「아래로(de) 당기다」에서 가치나 명성을 '떨어뜨리다', 명사형 detraction은 '비난'이다. distract는 '주위를 딴 데로 돌리다, 산만하게 하다'이고, 명사형 distraction은 '주의 산만, 혼란'이다. subtract는 「아래로(sub) 당기다」에서 '감소하다, 빼다'가 되었고, 명사형 subtraction은 '뺄셈'이다. 밖으로 당기는 이미지의 extract는 동사로 '인출하다, 추출하다', 명사로 '발췌, 추출'이다.

099

퍽퍽!「배틀(battle)」은
배트로 여러 번 '두드리는' 싸움

bat = 치다, 두드리다

battle
여러 번 치는 것 ➡ 전투

battleship
전투용 큰 배 ➡ 전함

battery 때리는 장소 ➡ 대포

combat
서로 치다 ➡ 싸우다

 두 가지 의미가 있는 **batter**

야구에서 공을 치는 도구는 '배트(bat)'이다. 동사로는 '배트로 치다'로, batter는「배트로 치는 사람」이므로 '타자'이다. battle은「bat(배트로 치다)+tle(반복)」로 '여러 번 치는 것'에서 '전투, 투쟁'이 되었고, batttleship은

'전함', battlefield는 '전장', battalion은 '대대'나 '군단'을 의미한다.

batter는 「bat(배트로 치다)+er(반복)」로 동사로는 '난타하다, 학대하다', 명사로는 달걀과 우유, 밀가루를 세게 저어서 만든 '반죽'이나 '튀김옷'이다.

 battery는 원래 '대포'라는 뜻

battery는 「batter(치다)+(er)y(장소)」가 어원으로, 군함에 장착한 '대포'나 '포열'이 본래의 의미이며, 대포가 죽 늘어선 포열의 이미지에서 '한 벌의 기구'라는 의미가 생겨났다. 예를 들면, a cooking bettery(한 벌의 요리 도구)나 a battery of(일련의~)와 같이 쓰인다. 대포에서 포탄이 연이어 발사되는 모습이 볼을 던지는 동작과 비슷하다고 해서 야구에서 '투수와 포수'의 호흡을 battery라고도 한다. 또 전기가 마이너스에서 플러스로 흐르는 모습도 비슷하게 생각해서 '건전지'의 의미가 생겨났다.

또한, battery를 batter(난타하다, 학대하다)의 명사형으로 봐서 법률 용어로는 '폭행죄', 음악 용어로는 '타악기부'라는 의미도 있다.

 토론(debate)은 말로 쳐서 이기는 것

bat/batter/battalion 등의 단어는 인도유럽조어로 '치다, 두드리다'라는 뜻의 bhau로 거슬러 올라간다. '토론(하다)'의 debate는 「내리치다」로 원래 상대를 '쳐서 이기다'라는 의미이다.

 combat은 배트로 치고박고 싸우는 것

combat은 함께 치고박고 싸우는 이미지로 동사로는 '싸우다', 명사로는 '전투'이다. combatant는 명사로 '전투원'이고, 형용사로 '싸우는, 교전 중인'이다.

abate는 「a(=to ~을)+bate(치다)」에서 '줄이다, 감소시키다, 약화시키다' 라는 의미가 되었다.

신세를 졌을 때 주는 보상이나 뇌물을 '리베이트'라고 말하곤 하는데, 영어의 rebate는 「다시(re) 줄이다」로, 비즈니스 현장에서 지불한 금액 일부를 '환불'이나 '할인'해준다는 의미로 사용되며, 결코 부정적인 의미는 아니다.

비틀즈(The Beatles)의 어원

1960년대에 전 세계를 휩쓸었던 영국의 리버풀 출신의 록그룹 '비틀즈 (The Beatles)의 이름은 '딱정벌레'의 beetle과 '박자'의 '비트(beat)'를 합쳐서 만든 조어이다. beat도 마찬가지로 '치다, 두드리다'의 bat이 어원이다.

beat은 동사로 원래 '계속해서 치다'라는 뜻으로, '치다, 두드리다'라는 의미 외에 '상대를 이기다, 극복하다'라는 의미가 있다. 요리할 때 계란 등을 '강하게 저어주다, 거품을 내다' 등의 의미로도 사용된다.

복싱에서 '버팅(butting)'은 박치기

복싱에서 '버팅(butting)'은 상대방에게 머리 박치기를 하는 반칙을 말한다. butt(머리로 들이받다, 부딪히다)의 어원도 '치다, 맞히다'이다. butt은 두드려서 납작해진 이미지에서 '넙치과의 물고기'를 의미하기도 한다(160쪽 참조). halibut은 '큰 넙치(서양식 광어)'라는 물고기로 '명절(holiday)'에 먹는 넙치과(butt)의 물고기'에서 유래했다. '엉덩이, 둔부'의 buttocks는 의자에 앉았을 때 닿는 부분을 말한다.

야구의 번트(bunt)는 가볍게 배트로 치는 것

　야구에서 '번트(bunt)'는 타자가 배트를 휘두르지 않고 타구가 내야로 굴러가도록 배트를 볼에 가볍게 치는 타법이다. 이 bunt도 butt(머리박치기)에서 나온 단어로 소나 염소가 뿔로 '찌르다'가 본래의 뜻이다. b는 f로 소리를 바꾸는데, confute는 「완전히(con) 치다」에서 '논파[논박]하다', refute는 「뒤로(re) 치다」에서 '반박하다'라는 의미가 되었다.

COLUMN　더 재미난 어원 이야기

★ bite/bit/bitter/boat/bait은 같은 어원

　비틀즈(The Beatles) 얘기가 나온 김에 관련 어원에 대해 좀 더 얘기해보겠다. beetle(딱정벌레)은 고대 영어의 bitel 즉 「bite(씹다)+el(작은 것)」에서 유래했는데, 이것은 인도유럽조어로 '찢다, 쪼개다'를 의미하는 bheid로 거슬러 올라갈 수 있다. 쪼개기 위해 씹는 행위가 bite이고, 씹는 것을 먹을 때 윗니와 아랫니를 서로 맞물리게 하는 것에서 '쓴, 씁쓸한'은 bitter가 되었다. 씹는 작은 조각은 bit(조금)이고, boat(보트)는 나무의 줄기를 쪼개서 만든 것에서 유래했다. 물고기가 달려들어 먹는 '먹이(미끼)'는 bait이고, abet은 「먹이(bet=bait) 쪽으로(a)」에서 부추겨서 죄를 저지르게 하거나 돕는 '사주하다, 교사하다, 방조하다'라는 의미가 되었다.

100

「스테이크(steak)」는 꼬치에 '찔러서' 구운 고기

stick/stinc(t) = 찌르다

stick
찌르다 ➡ 막대기

steak
꼬치에 찔러서 구운 고기 ➡ 스테이크

distinguish
찌르고 떼어내다 ➡ 구별하다

extinguish 찌르고 밖으로 밀어내다 ➡ 소멸하다

 스티커(sticker)는 끈적끈적 달라붙는 것

막대기는 영어로 '스틱(stick)'이지만, 어원은 인도유럽조어로 '찌르다'라는 뜻인 steig로 거슬러 올라간다. 동사 stick은 '찌르다, 붙이다'라는 뜻이고, sticker는 '붙인 것', 형용사 sticky는 '달라붙는, 끈적끈적한'이다. 날

씨가 sticky하다는 것은 '무더운, 후덥지근한'이라는 말이다.

 스테이크(steak)는 꼬치에 찔러 구운 고기

stick과 모양이 비슷한 '스테이크(steak)'는 꼬치에 찔러 구운 고기를 말한다. stake는 지면에 꽂아서 경계선으로 사용하는 '말뚝'으로, 비즈니스 용어로 '출자금'이다.

 에티켓과 티켓은 친척관계

예의범절이란 말로 통용되는 '에티켓(etiquette)'은 프랑스에서 태어난 단어로, 궁정에 초대받은 손님이 정원에 서서 소변을 보거나 잔디밭이나 화단을 훼손하지 않도록 주의사항을 지나다니는 문 또는 벽에 붙인 안내문을 가리키는 말이었다. 여기에서 유래해 궁정에서의 예의범절을 가리키는 말이 되었다고 한다. 영어에서는 etiquette의 e를 떼어내 ticket(티켓, 입장권)이 탄생했다.

 지느러미로 구분한 회

'회'의 어원으로, 회로 손질한 생선에 그 생선의 지느러미를 찔러 어떤 생선인지 구분할 수 있도록 한 것에서 유래했다는 설이 있다. 이와 비슷한 발상에서 나온 단어가 distinguish이다. 어원은 「dis(떨어져서)+sting(찌르다)+ish(하다)」로 떨어져 있어도 표식이 되는 것을 '찔러두면' 구별할 수 있다는 뜻에서 '구별하다, 특징짓다'가 되었다. 명사형 distinction은 '구별, 특징', 형용사형 distinct는 '분명한, 뚜렷이 다른, 별개의'이다.

extinguish는 「찌르면 밖으로(ex) 나오다」에서 '끄다, 소멸시키다'가 되었고, 명사형 extinction은 '멸종', extinguisher는 '소화기', 형용사형

extinct는 '멸종한'이며, extinct volcano는 '사화산'이다.

'스티그마(stigma)'는 뜨거운 철이나 뾰족한 물건으로 표시를 하거나 문신을 새기는 뜻에서 '낙인'이나 '오명'이라는 의미가 있다.

 접미사로 사용하는 stick

stick을 접미사로 사용하는 단어에는 마녀가 타고 하늘을 날아가는 broomstick(빗자루), drumstick(북채), lipstick(막대 모양의 립스틱), nightstick(야경봉), candlestick(촛대), slapstick(희극용으로 쓰는 끝이 갈라진 대막대기) 등이 있다.

COLUMN 더 재미난 어원 이야기

★ 촛불(candle)은 빛나는 것

candlestick과 관련된 단어 candle(촛불)은 라틴어로 '빛나는'을 의미하는 candere에서 인도유럽조어의 kand로 거슬러 올라간다. chandelier(샹들리에), candor(성실함, 솔직함), candid(솔직한) 등도 같은 어원의 단어들이다.

candidate(후보자)는 고대 로마시대에 선거에 출마한 후보자가 흰 옷을 입었던 것에서 유래했다. '인센스(incense)'는 「안에서(in) 빛나고 타오르는 것」에서 '향기, 방향'이 되었다.

B

D

E

405

S

417

W

X

Y

Z

ad : ~쪽으로, ~을

⇒ **ad의 d는 뒤에 오는 어근에 따라 다양하게 변화한다. 간단히 a가 되는 경우도 있다.**

accept는 「~을 잡다(cept)」에서 '받아들이다'

adequate는 「동등한(equ) 쪽으로」에서 '충분한, 적절한'

afford는 「앞(ford)쪽으로」에서 '여유가 있다'

allege는 「~쪽으로 말을 보내다(leg)」에서 '주장하다, 단언하다'

appoint는 「누군가를 가리키다(point)」에서 '지명[임명]하다'

arrest는 「머무는(est) 쪽으로, 움직이지 못하게 하다」니까 '체포하다'

assent는 「~쪽으로 느끼다(sent)」에서 '찬성하다, 동의하다'

attend는 「~쪽으로 다리를 뻗다(tend)」에서 '참가하다'

avert는 「~쪽으로 얼굴을 향하다(vert)」에서 '피하다'

ob : ~을 향해서, 쪽으로

⇒ **ob의 b는 뒤에 오는 어근에 의해 여러 형태로 변화한다.**

obstacle은 「상대방을 향해 서 있는 것(stacle)」에서 '장애(물)'

occupy는 「~을 향해서 잡다(cup)」에서 '점유하다, 차지하다'

offer는 「상대 쪽으로 발길을 옮기다(fer)」에서 '제의하다'

opportunity는 「항구(port)를 향해 가는 것」에서 '좋은 기회'

co : 함께, 완전히

⇒ **co는 con/com으로 변화한다. l이나 r로 시작하는 어근 앞에서는 col/cor로 변화한다**

coordinate는 「질서(order)와 함께 하다」에서 '조화를 이루다'

collect는 「함께 모으다(lect)」에서 '수집하다'

combine은 「두 개(bin)를 하나로 하다」에서 '조합하다'

concept는 「공통적으로 잡는 것(cept)」에서 '개념'

corrupt는 「모두 무너지다(rupt)」에서 '부패한'

de / di / dis / ab / se : 멀리 떨어져, 따로따로, 아래로, ~가 아니다

decide는 「혼란스러웠던 마음을 확 자르다(cide)」에서 '결심하다'

differ는 「다른 곳으로 운반하다(fer)」에서 '다르다'

dismount는 「산(mount)에서 떠나다」에서 '내려가다'

disappoint는 「지명(appoint) 하지 않다」에서 '실망시키다'

abduct는 「멀리 이끌다(duct)」에서 '납치하다'

separate는 「따라 떼어놓고 정리하다(pare)」에서 '구별하다', '떼어내다'

sub : 아래에, 아래에서 위로

➡ **sub의 b는 뒤에 오는 어근에 따라 여러 형태로 변화한다.**

subway는 「아래의 길(way)」에서 '지하철, 지하도'

succeed는 「아래에서 위로 올라가다(ceed)」에서 '성공하다'

suffer는 「아래에서 무거운 것을 옮기다(fer)」에서 '괴로워하다'

support는 「아래로 운반하다(port)」에서 '지지하다'

suspend는 「아래에 매달다(pend)」에서 '일시 중지하다'

sur / super : 위에, 넘어, 넘어서

survey는 「위에서 보다(vey)」에서 '조사(하다)'

supervise는 「위에서 보다(vise)」에서 '감독하다'

ex / extra : 밖으로, 넘어서

➡ **특정 문자로 시작하는 어근에서 x는 사라지거나 다른 문자로 변하기도 한다.**

exceed는 「밖으로 가다(ceed)」에서 '~을 넘다, 초과하다'

educate는 「아이의 잠재 능력을 끌어내다(duc)」에서 '교육하다'

effect는 「밖으로 만들어내는 것(fect)」에서 '결과'

escape는 「망토(cape)를 벗어버리다」에서 '도망치다'

extraordinary는 「보통(ordinary)을 넘어선」에서 '특이한, 놀라운'

pro / pre / pri / for : 전에, 미리

proceed는 「앞으로 가다(ceed)」에서 '계속하다, 진행하다'

preview는 「사전에 보는 것(view)」에서 '시사회, 예고편'

prior는 「~보다(or) 전의」에서 '우선하다'

foresee는 「미리 보다(see)'에서 '예견하다'

re : 다시, 뒤로, 원래대로, 완전히

renew는 「다시 새롭게(new) 하다」에서 '재개하다, 갱신하다'

refuse는 「다시 쏟아붓다(fuse)」에서 '거절하다, 거부하다'

resist는 「뒤로 서 있다(sist)」에서 '저항하다'

resent는 「몇 번이나 완전히 느끼다(sent)」에서 '분개하다'

423

in / im / en / em : ~속에, ~위에, ~가 아닌, ~할 수 없는

inspect는 「속을 보다(spect)」에서 '검사하다'

import는 「항구 안으로 운반하다(port)」에서 '수입하다'

impress는 「위에서 누르다(press)」에서 '(깊은) 인상을 주다'

immense는 「측정(mense)할 수 없는」에서 '거대한'

impartial은 「부분적(partial)이지 않은」에서 '공정한'

embrace는 「팔(brace) 안에」에서 '껴안다, 수용하다'

endemic은 「민중(dem)의(ic) 속에」에서 '한 지방 특유의; 풍토병'

enemy는 「친구(emy)가 아닌」에서 '적'

enhance는 「높게(hance)하다」에서 '높이다, 향상시키다'

a : 없다, 아니다

➡ 어근이 모음으로 시작할 때 an으로 바뀌며, 특정 자음일 때 어근의 첫 문자를 겹쳐쓰기도 한다.

amoral은 「도덕(moral)이 없는」이므로 '도덕관념이 없는'

anemia는 「혈액(emia)이 없는 것」이므로 '빈혈'

arrhythmia는 「리듬(rhythm)이 없는 증상」이므로 '부정맥'

ap : 떨어져서

apology는 「죄를 피하기 위해 말하는 것(logy)」에서 '사과, 사죄'

contra : 반대로, ~ 에 반대해서

contrast는 「반대편에 서다(st)」에서 '대조(하다), 차이'

dia / per : 통해서

diagonal은 「각(gon)을 통해서」이므로 '대각선의'

perfect는 「통해서 만들다(fect)」에서 '완벽한'

epi : 위에, 사이에

epidemic는 「민중의 (demic) 사이에」에서 '전염성의'

inter : 사이에

intercept는 「사이에 끼어들어 잡다(cept)」에서 '가로채다'

pan : 모든

pandemic은 「모든 민중의(demic)」에서 '세계적으로 유행하는(병)'

para : 옆구리에, 옆에

paragraph는 「한 칸을 비워서 쓰는 것(graph)」에서 '단락'

peri : 주위에

periscope는 「주위를 보는 것(scope)」에서 '잠망경'

sym / syn : 함께

syndrome은 「많은 사람이 함께 달리는 것(drome)」에서 '증후군'

trans : 넘어서, 지나가서

transit는 「넘어서 가다(it)」에서 '통과(하다)'

교양의 아카이브
영어어원 백과사전

초판 1쇄 발행 · 2023년 11월 30일
초판 2쇄 발행 · 2024년 1월 20일

지은이 · 시미즈 켄지, 스즈키 히로시
옮긴이 · 신은주
발행인 · 이종원
발행처 · (주)도서출판 길벗
브랜드 · 길벗이지톡
출판사 등록일 · 1990년 12월 24일
주소 · 서울시 마포구 월드컵로 10길 56(서교동)
대표 전화 · 02)332-0931 | **팩스** · 02)323-0586
홈페이지 · www.gilbut.co.kr | **이메일** · eztok@gilbut.co.kr

편집 · 임명진(jinny4u@gilbut.co.kr) | **디자인** · 강은경 | **제작** · 이준호, 손일순, 이진혁
마케팅 · 이수미, 장봉석, 최소영 | **영업관리** · 김명자, 심선숙 | **독자지원** · 윤정아

전산편집 · 이현해 | **CTP 출력 및 인쇄** · 금강인쇄 | **제본** · 경문제책

- 길벗이지톡은 길벗출판사의 성인어학서 출판 브랜드입니다.
- 잘못 만든 책은 구입한 서점에서 바꿔 드립니다.
- 책 내용에 대한 문의는 길벗 홈페이지(www.gilbut.co.kr) 고객센터에 올려 주세요.

독자의 1초까지 아껴주는 정성 길벗출판사
(주)도서출판 길벗 | IT교육서, IT단행본, 경제경영서, 어학&실용서, 인문교양서, 자녀교육서
www.gilbut.co.kr
길벗스쿨 | 국어학습, 수학학습, 어린이교양, 주니어 어학학습, 학습단행본
www.gilbutschool.co.kr